J.-B. Estrade

Les Apparitions de Lourdes

Souvenirs intimes d'un témoin

TOURS

A. Mame et Fils, éditeurs

—

1899

LES

APPARITIONS DE LOURDES

SOUVENIRS INTIMES D'UN TÉMOIN

BERNADETTE

LES

APPARITIONS DE LOURDES

SOUVENIRS INTIMES D'UN TÉMOIN

PAR

J.-B. ESTRADE

RECEVEUR PRINCIPAL DES CONTRIBUTIONS INDIRECTES

EN RETRAITE

TOURS

ALFRED MAME ET FILS, ÉDITEURS

1899

DÉCLARATION DE L'AUTEUR

Si dans le cours de cet ouvrage j'ai quelquefois employé les mots de *saint* ou de *miracle,* je déclare, pour me conformer au décret d'Urbain VIII, que je n'ai eu nullement l'intention de préjuger les décisions de la sainte Église, seule juge en ces matières.

A S. ÉM. LE CARDINAL LANGÉNIEUX

ARCHEVÊQUE DE REIMS

Bazas, le 31 mai 1899.

Révérendissime Seigneur,

Ce livre a été écrit, il y a longtemps déjà, sur votre conseil, et il me semble que l'heure est venue de le publier.

J'ai connu Bernadette. J'ai suivi de près les événements miraculeux de Lourdes. Les choses dont je parle, je les ai vues, je les ai entendues; et ces quelques pages, dont personne mieux que moi ne sent l'imperfection, n'ont d'autre mérite que d'être le récit d'un témoin. A ce titre, du moins, pourront-elles faire quelque bien, surtout si Votre Éminence daigne les couvrir de sa haute bienveillance et en accepter la dédicace.

Malgré qu'il ait été si court, votre passage dans nos montagnes a été singulièrement béni de la Providence, et tous savent que jamais les grandes œuvres qu'il vous a été donné d'accomplir, plus tard, au service de l'Église et de la France, n'ont pu détourner votre cœur du sanctuaire des Apparitions. Vous aimez à y revenir. Aux heures plus graves de votre épiscopat, toutes les fois qu'une mission plus importante était confiée à votre sollicitude, on vous a revu aux pieds de Notre-Dame.

C'est cette piété si tendre à la Vierge immaculée qui vous inclinera encore vers mon modeste travail. J'espère, Éminence, que bénis par la douce Dame de la Grotte et présen-

a*

tés par vous aux innombrables pèlerins de Lourdes, mes *Souvenirs intimes* trouveront partout un accueil sympathique.

Daignez donc agréer,

Révérendissime Seigneur,

avec l'expression de ma reconnaissance, l'hommage du religieux respect avec lequel j'ai l'honneur d'être,

De Votre Éminence,

le très humble et dévoué serviteur,

ESTRADE.

Reims, le 6 juin 1899.

BIEN CHER MONSIEUR,

J'ai retrouvé dans votre récit tout le charme de l'entretien auquel vous faites allusion ; et, si le désir que je vous ai exprimé en 1888 a pu vous déterminer à publier vos *Souvenirs intimes*, je m'en félicite, car j'ai la conviction que la lecture n'en sera pas sans profit.

Les moindres particularités ont leur importance dans cette merveilleuse histoire des apparitions de Lourdes : on vous saura gré de n'avoir pas gardé pour vous ces notes recueillies au jour le jour par un témoin et presque sous la dictée de Bernadette.

Vous aurez ainsi apporté votre pierre à l'incomparable monument que la Vierge Immaculée, tout d'abord, puis la piété et la foi des peuples, les grandioses et enthousiastes manifestations des multitudes, l'art chrétien sous toutes ses formes, le miracle en permanence, ont élevé à Lourdes, sur la parole d'une enfant prédestinée, pour rendre confiance à notre patrie éprouvée, consoler la sainte Église du Christ, que l'on persécute, et confondre, par l'évidence palpable du surnaturel, l'orgueilleuse et aveugle apostasie de ce siècle, qui a déjà fait tant de ruines.

Agréez, bien cher Monsieur, avec mes vœux paternels, mes sentiments tout dévoués en N.-S.

† B. M. CARD. LANGÉNIEUX,
ARCHEV. DE REIMS.

LETTRE DE S. ÉM. LE CARDINAL LECOT

ARCHEVÊQUE DE BORDEAUX

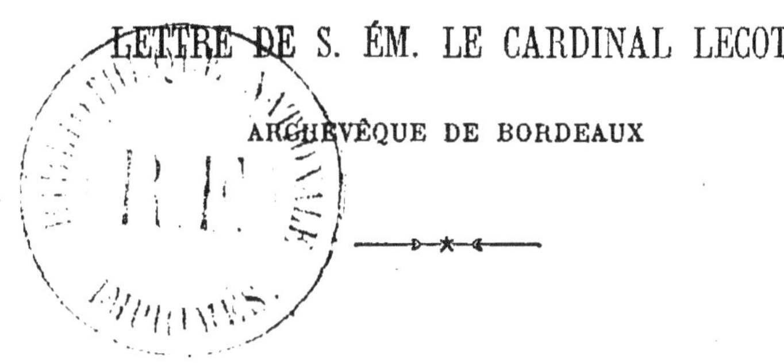

Bordeaux, le 15 juin 1899.

CHER MONSIEUR,

Je viens d'achever la lecture de votre livre.

Ce n'est pas sans une douce et vive émotion que j'ai retrouvé dans votre récit, avec leurs saisissantes impressions, les scènes si merveilleuses des apparitions de Lourdes.

Vous fûtes souvent le témoin oculaire de ces prodiges. Votre digne sœur et vous jouissiez en outre de l'entière confiance de Bernadette, et dans ses entretiens naïfs l'ingénue enfant des Soubirous dut vous révéler plus d'un de ces mystères qu'elle tenait cachés à d'autres.

Aussi on se demandera comment vous n'avez pas écrit plus tôt.

Évidemment vous aviez droit à parler ; vous aviez vu après avoir douté et nié ; votre âme, droite et amie de la vérité avant tout, était une de ces âmes vaincues et convaincues à Massabieille.

Vous aviez noté avec soin, jour par jour, les phases diverses des apparitions ; vous aviez suivi avec le plus vif intérêt les agissements de l'autorité civile, les approuvant peut-être au début, mais les regrettant plus tard, parce que vous aviez trouvé sur le sentier de la roche de Massabieille votre chemin de Damas.

Un moment d'accord avec les intellectuels de la charmante

petite cité pyrénéenne pour critiquer et pour repousser l'idée d'un prodige, vous aviez peu à peu senti votre âme s'attendrir devant l'évidence des faits et la parfaite ingénuité de la voyante.

Aussi vous laissiez bientôt à d'autres le soin de poser les doutes et de produire les difficultés ; et, dans votre bonne foi franche et pure, vous étiez le premier à proclamer devant vos amis que le merveilleux s'accentuait de jour en jour, à la grotte de Massabieille, avec son caractère surnaturel et divin.

Et vous aviez la consolation de voir se détacher peu à peu, du camp des opposants, vos vieux amis, ébranlés par votre parole et touchés par votre conversion.

Comment n'avez-vous pas répondu plus tôt au vœu qu'exprimaient de toutes parts autour de vous les supérieurs ecclésiastiques, l'éminent archevêque de Reims, votre ancien évêque, les Pères de la Grotte, et tous ceux qui vous savaient si naturellement désigné comme l'historiographe des apparitions ?

Votre modestie, sans doute, explique ce long retard. Mais ne serait-ce pas le cas de vous appliquer la parole de l'Apôtre : *Oportet sapere ad sobrietatem ?*

Vous êtes un témoin, Monsieur : rien ne vaut la parole d'un témoin prudent et sage, consciencieux, dans une cause aussi délicate.

On attendait ce témoignage, que vous consentez enfin à produire. Après vous avoir lu, je puis dire que j'ai entendu la voix de la conscience rendant hommage à la vérité.

Vous parlez ou vous écrivez, non pour le charme du lecteur, mais pour la divulgation de faits que vous savez absolument authentiques ; et pas un mot n'est sorti de votre plume que pour l'accomplissement de ce premier grand devoir de l'historien.

Soyez donc hautement loué, cher Monsieur, d'avoir enfin cédé aux instances qui vous demandaient ce récit.

Votre nom a été souvent prononcé comme l'un de ceux qui apportaient à la cause le plus d'autorité et le plus de crédit. A présent ce ne sera pas seulement l'attestation indirecte d'un témoin qui n'a pas voulu rendre publique sa parole, mais ce sera l'affirmation simple, franche, victorieuse, de l'homme honnête et droit, disant ce qu'il a vu, racontant ce qu'il a entendu, et prouvant à tous, par sa vie si honorable et si chrétienne, la révélation d'un nouveau et plus pur idéal.

Oui, si la valeur du livre se tire pour une part de la valeur de l'homme, le livre sera estimé et aimé comme on estime et comme on aime les meilleurs parmi les hommes.

Puisse la Vierge de Massabieille vous garder longtemps encore au respect et à l'affection de vos concitoyens! Nul ne le désire plus que moi, et nul plus que moi n'en témoignera à l'Immaculée Conception sa vive et profonde reconnaissance.

Veuillez recevoir, cher Monsieur, avec mes meilleures bénédictions, l'assurance de mon affectueux dévouement en Notre-Seigneur.

† V. L. Card. LECOT, Arch. de Bordeaux.

ARCHEVÊCHÉ DE TOURS

RAPPORT PRÉSENTÉ A S. G. Mgr RENOU

ARCHEVÊQUE DE TOURS

Tours, le 27 mai 1899.

Monseigneur,

J'ai l'honneur de solliciter l'*imprimatur* et l'approbation de Votre Grandeur pour un ouvrage intitulé : *Les Apparitions de Lourdes, Souvenirs intimes d'un témoin*, par M. Estrade.

L'auteur a vu de ses yeux Bernadette en extase, et a reçu maintes fois ses confidences; il a pris des notes au jour le jour sous la dictée des événements; il a contrôlé, par des enquêtes très minutieuses, tous les faits qui sont venus à sa connaissance, et après quarante ans il se décide enfin, non sans peine, à livrer son trésor, composé de souvenirs et d'impressions qui ont été la joie de sa vie.

Son livre, tout embaumé des parfums de Lourdes, n'est pas l'œuvre d'un artiste ni d'un poète; c'est le témoignage d'un honnête homme, rien de plus. Ce qu'il a vu et entendu il le raconte simplement, sans la moindre préoccupation littéraire, mais avec tant de charme et une émotion si communicative, qu'il est impossible de n'être pas entraîné, subjugué et ravi.

Partout, j'en ai la certitude, on bénira M. Estrade de n'avoir pas gardé pour lui seul ses « souvenirs intimes », et la sainte Vierge, qui l'a vu à la Grotte, « à genoux et croyant, » lui enverra du ciel la seule récompense qu'il ambitionne ici-bas : un nouveau regard et un sourire.

Daignez agréer,

Monseigneur,

l'hommage du filial respect avec lequel je suis,

de Votre Grandeur,
le très humble et très obéissant serviteur,

P. VERGER,

Chan. hon., Curé de Saint-Julien.

Tours, le 27 mai 1899.

CHER MONSIEUR LE CURÉ,

Non seulement je permets d'imprimer l'ouvrage de M. Estrade, mais je le bénis de grand cœur, et fais des vœux pour qu'il contribue à propager la piété et l'amour envers Notre-Dame de Lourdes.

† RENÉ-FRANÇOIS, ARCHEV. DE TOURS.

AVANT-PROPOS

―――

ORIGINE DE MON LIVRE

A l'époque des apparitions, j'étais en résidence à Lourdes, employé dans l'administration
des contributions indirectes. Les premières
nouvelles venues de la grotte me laissèrent tout
à fait indifférent; je les tenais pour des contes
et dédaignais de m'en occuper. Cependant l'é-
motion populaire allait grandissant de jour en
jour et, pour ainsi dire, d'heure en heure; les
habitants de Lourdes, les femmes surtout, se
portaient en foule aux roches de Massabieille,
et racontaient ensuite leurs impressions avec
un enthousiasme qui tenait du délire. La foi
naïve et l'exaltation de ces braves gens ne m'inspiraient que de la pitié : je m'en amusais, je les
tournais en ridicule, et sans étude, sans examen, sans la moindre enquête, je continuai de

le faire jusqu'au jour de la septième apparition.

Ce jour-là, ô souvenir inoubliable de ma vie! la Vierge immaculée, par des industries cachées, où je reconnais aujourd'hui les attentions de sa tendresse, m'attira jusqu'à elle, me prit par la main, et, comme une mère anxieuse qui remet sur la voie son enfant égaré, me conduisit à la grotte. Là, je vis Bernadette dans l'éclat et les jubilations de l'extase!... C'était une scène du ciel, indescriptible, inénarrable... Vaincu, terrassé par l'évidence, je ployai le genou et fis monter vers la Dame mystérieuse et céleste, dont je sentais la présence, le premier hommage de ma foi.

En un clin d'œil, toutes mes préventions s'étaient évanouies; non seulement je ne doutais plus, mais à partir de ce moment j'avais le désir très vif de revoir ce que j'avais vu, et tous les matins je me sentais attiré et comme poussé vers la grotte. Je m'y rendais avec la foule, très empressé, les yeux bien ouverts, et chaque fois je prenais note des incidents qui se déroulaient devant moi. Lorsque les devoirs de ma charge m'obligeaient à quitter Lourdes, ce qui arrivait de temps en temps, ma sœur, — une sœur bien-aimée qui vivait près de moi, et qui suivait de son côté, avec une attention toute religieuse, les événements de Massabieille, —

me rendait compte le soir de ce qu’elle avait
vu et entendu, et nous mettions en commun
toutes nos observations. Je les consignais par
écrit à leur date pour n’en rien oublier, et il
arriva ainsi qu’à la fin de la quinzaine des
visites promises à la Dame de la grotte par
Bernadette, nous avions un petit trésor de
notes, informes sans doute, mais authentiques
et sûres, auxquelles nous attachions beaucoup
de prix.

Ces constatations faites par nous-mêmes ne
nous donnaient cependant pas la connaissance
complète des faits merveilleux de Massabieille.
A part le récit de la jeune voyante que j’avais
entendu chez le commissaire de police, je ne
savais presque rien des six premières apparitions, et comme j’avais grand désir de tout
savoir, je cherchais à me mettre en rapport
avec les témoins. La Providence alors me servit
à souhait. Bernadette, après les extases, venait
souvent chez ma sœur; elle était notre petite
amie, une de nos familières, et j’avais le loisir
de l’interroger. Nous lui demandions tous les
renseignements possibles, les plus précis, les plus
minutieux, et cette chère enfant nous racontait
tout avec l’abandon et la simplicité qu’elle seule
savait y mettre. C’est ainsi que j’ai recueilli,
entre mille autres choses, les détails émouvants
de ses premières entrevues avec la Reine du ciel.

L'historique spécial des visions, tel qu'il est exposé dans mon livre, n'est donc en réalité, sauf peut-être quelques menus détails, que le résumé des déclarations de Bernadette, et le compte rendu très fidèle de ce que ma sœur et moi nous avons pu remarquer personnellement.

Sans doute, dans des événements de cette importance, il y a des choses qui échappent fatalement à l'action directe de l'observateur le plus attentif. On ne peut pas tout voir ni tout entendre, et l'historien est obligé de recourir à des informations d'emprunt. J'ai interrogé autour de moi, je me suis livré à une enquête approfondie pour séparer l'ivraie du bon grain, et ne rien admettre dans mes récits qui ne fût conforme à la vérité. Mais, après sélection, je n'ai guère retenu, somme toute, que les renseignements de mon principal témoin, Bernadette, ceux de ma sœur et les miens.

*
* *

Tant que dura la période des apparitions, la ville de Lourdes fut tout à la joie et à l'expansion de ses ferveurs religieuses. Puis, tout à coup, l'horizon se rembrunit; une sorte d'angoisse étreignit tous les cœurs; on sentait venir l'orage. Et, en effet, au bout de quelques jours, cet orage éclata. Les hauts dignitaires du pouvoir et les puissances de l'enfer parurent s'entendre et se coaliser pour chasser la Vierge de son humble et rustique demeure des bords du Gave. La grotte fut fermée. Pendant quatre longs mois, je fus le témoin attristé du séquestre jeté sur le lieu des prodiges. Le peuple de Lourdes était consterné. Enfin, la tempête s'apaisa; malgré les menaces, les interdictions et les procès, les barrières furent enlevées, et la Reine du ciel reprit possession du modeste trône qu'elle s'était choisi. Aujourd'hui comme alors, et plus que jamais, c'est là qu'elle reçoit, triomphante et bénie, les hommages empressés des multitudes qui accourent vers elle de toutes les parties du monde.

Je donne plus loin, au cours de mes récits, le détail des tracasseries et des mesures d'obstruction dirigées contre l'œuvre de la Grotte. Je cite le nom des fonctionnaires de l'État qui conçurent et soutinrent cette malheureuse entreprise. Ces fonctionnaires, que j'ai connus presque tous, n'étaient pas hostiles aux idées religieuses. Ils se trompèrent, j'en conviens, mais à mon avis de bonne foi, et sans croire faire injure à la Mère du Sauveur. Je parle de leurs actes avec indépendance; je m'arrête devant leurs intentions, qui n'ont été connues que de Dieu.

Quant aux menées diaboliques, je les expose

simplement. C'est affaire aux théologiens de les juger.

*
* *

En notant les incidents de toutes sortes qui se déroulaient sous le rocher de Massabieille, je ne poursuivais d'autre but que celui de me créer une satisfaction personnelle et durable : je voulais avoir sous la main un mémorial intime, un répertoire me rappelant à moi-même les douces émotions qui avaient envahi et subjugué mon àme à la Grotte. Jamais je n'avais songé à en publier quoi que ce fût. Par quelles considérations, ou mieux sous quelles influences ai-je été amené à changer d'avis? Je tiens à le dire au lecteur.

Depuis 1860, que j'avais quitté Lourdes, il était rare que chaque année, à la saison des vacances, je ne vinsse à la Grotte pour y prier la sainte Madone et aussi pour y raviver les souvenirs heureux des temps passés. A toutes les entrevues que j'avais avec le R. P. Sempé, le bon supérieur des missionnaires m'engageait à coordonner mon travail sur les apparitions et à le mettre en lumière. Les instances du saint religieux me troublaient, car le P. Sempé était l'homme de la Providence, et j'étais toujours frappé de la sagesse de ses paroles et de ses œuvres, visiblement empreintes de l'esprit de

Dieu. A l'intérieur de la maison de Massabieille, qu'il dirigeait, tout respirait la cordialité, l'harmonie, le zèle ardent pour le salut des âmes. La règle y était observée, moins sous la pression du maître que par l'ascendant et l'exemple de ses grandes vertus. Au dehors tout resplendissait des créations émanant de son initiative. Les magnificences dont il a décoré le mamelon de Massabieille suffiraient à elles seules pour illustrer un homme dont l'ambition se bornerait aux gloires de la terre. Le talisman du P. Sempé pour faire réussir ses projets et protéger ses entreprises, c'était le chapelet. La couronne de Marie ne quittait jamais ses mains, et lorsque dans les réunions pieuses il en récitait les douces invocations, il faisait monter les âmes vers les régions supérieures. *Tout pour Dieu :* voilà quelle était la devise de sa vie, et cette devise a été entendue sur ses lèvres à l'heure même de sa mort.

A côté du R. P. Sempé, dans la maison de Massabieille, vivait un homme aux manières exquises, au savoir consommé, simple et modeste comme le dernier des religieux. Sa physionomie souriante, son amabilité, les charmes de sa conversation, inspiraient à tous la sympathie et le respect. Cet homme, un laïque, n'était autre que le savant docteur baron de Saint-Maclou. Indigné de la mauvaise foi des journaux impies et

sectaires à l'égard des miracles opérés par la
puissance de la Vierge, il vint à la Grotte s'en
constituer l'apologiste. Faisant appel au concours
et à la loyauté de ses confrères dans l'art de guérir, il les invita, sans distinction d'opinion ou de
croyance, à étudier avec lui les prodiges qui s'accomplissaient aux piscines de Massabieille. Cet
appel fut entendu, et le bureau des constatations, créé à cette date et dans ce but, a pris
par degrés le développement et l'importance
d'une clinique en renom. C'est là que chaque
année, à l'époque des pèlerinages, on voit des
savants en tout genre, des notabilités appartenant aux sectes dissidentes, des sceptiques jusqu'alors irréductibles, incliner leur raison,
abjurer leurs erreurs et revenir à leurs anciennes
croyances au contact des choses surnaturelles
qui éclatent sous leurs yeux.

Si j'ai paru sortir de mon sujet en signalant
ici les vertus et les travaux du R. P. Sempé et
du baron de Saint-Maclou, qu'on me le par-
donne : j'ai voulu faire connaître ma déférence
et mon respect pour ces hommes éminents et
la juste influence qu'ils exerçaient sur mes dé-
terminations. Et pourtant j'ai résisté à toutes
leurs instances. Le noble docteur, à l'instar du
vénérable Père supérieur de la Grotte, me pressait vivement de publier mes souvenirs sur les
apparitions de Massabieille. J'étais à la torture,

il m'en coûtait de le contredire, mais en définitive je lui répondais invariablement, comme au P. Sempé, que je me sentais incapable de m'élever à la hauteur du sujet.

Enfin une autorité morale, qui compte aux premiers rangs de l'épiscopat français et à laquelle je crus devoir obéir, vint dissiper mes scrupules et vaincre mes obstinations.

En 1888, à l'une des visites annuelles que je faisais à Lourdes, le R. P. Sempé me présenta à Mgr Langénieux, archevêque de Reims, qui se trouvait à ce moment chez les Pères, au chalet des Évêques. L'illustre prélat m'accueillit avec beaucoup de bienveillance, et me fit même l'honneur, très grand pour moi, de m'inviter à sa table. A la réunion figuraient : l'archevêque et son secrétaire, le R. P. Sempé et moi. Dès les débuts de la conversation, l'archevêque se tourna de mon côté et me dit :

« Il paraît que vous êtes l'un des témoins favorisés des apparitions de la Grotte ?

— Oui, monseigneur ; quoique indigne, la Vierge a voulu m'accorder cet honneur.

— A la fin du repas, je vous prierai de nous dire les impressions qui vous sont restées de ces grandes et belles choses.

— Volontiers, monseigneur... »

Quand le moment fut venu, je fis le récit des scènes qui m'avaient le plus impressionné.

L'archevêque reprit :

« Les faits que vous venez de nous raconter sont vraiment admirables, mais il nous faut mieux que des paroles, nous voulons que vos relations soient imprimées, et qu'elles soient livrées au public sous votre signature et avec votre titre de témoin.

— Monseigneur, permettez-moi de vous faire observer très humblement qu'en accédant à votre désir, je craindrais de décolorer l'œuvre de la Vierge et d'attiédir la foi des pèlerins.

— Comment cela?

— Parce que je ne sais pas écrire, et qu'il faudrait ici le talent d'un véritable homme de lettres et d'un grand maître.

— Nous ne vous demandons pas d'écrire en homme de lettres, nous vous demandons d'écrire en honnête homme, cela nous suffit. »

Devant les instances gracieuses et autorisées de Mgr Langénieux, appuyées par les signes approbatifs du R. P. Sempé, il fallut me rendre et promettre de m'exécuter. Quoi qu'il m'en coûte, et malgré mon insuffisance, je le fais aujourd'hui.

Et maintenant, ô bonne Vierge de la Grotte, je dépose ma plume à vos pieds, trop heureux d'avoir pu balbutier vos louanges et raconter vos bienfaits.

En vous offrant l'hommage de mon humble

travail, je vous renouvelle mes plus ferventes prières, celle que je vous adressais en racontant ici même la septième de vos apparitions, dont je fus l'heureux témoin :

« O Mère! mes cheveux ont blanchi et je suis près de la tombe. Je n'ose arrêter mon regard sur mes iniquités, et plus que jamais j'ai besoin de me réfugier sous le manteau de vos miséricordes. Quand, à l'heure suprême, je paraîtrai devant votre auguste Fils, daignez vous faire ma protectrice et vous souvenir que vous m'avez vu, aux jours de vos manifestations, à genoux et croyant, sous la voûte sacrée de votre grotte de Lourdes. »

J.-B. ESTRADE.

LES
APPARITIONS DE LOURDES

PREMIÈRE PARTIE

I

LOURDES

La petite ville de Lourdes, dont le nom est devenu si populaire, n'était presque pas connue à l'époque des apparitions. Elle est située au sud-ouest du département des Hautes-Pyrénées, à l'entrée de la gorge qui, en se ramifiant, conduit aux stations thermales de Cauterets, de Saint-Sauveur et de Barèges. Lorsque le voyageur, venant de Tarbes, s'arrête à la gare de Lourdes, il aperçoit tout à coup, au midi, la petite cité de Marie, assise dans un bassin de verdure, gracieusement encadré par les premiers contreforts des montagnes. Une vieille citadelle, hissée sur un rocher à pic, protège la ville à l'ouest et constitue, avec le groupe des maisons blanches qui s'étalent à ses pieds, un tableau plein de contrastes, du plus saisissant effet.

Mais obéissant à une pensée intérieure, l'œil du voyageur, touriste ou pèlerin, cherche autre chose. A l'ouest encore, un peu plus loin, il ne tarde pas à découvrir une flèche, svelte et gracieuse, qui s'élance hardie vers le ciel. Cette flèche annonce la Grotte et la Basilique de Notre-Dame de Lourdes.

Si l'on vient de Pau, la scène est bien différente. Après avoir traversé une gorge resserrée, on entre dans un vallon pittoresque, limité au fond par la montagne de Ger et les murailles grisâtres du vieux château fort; à droite, par un massif rocheux, et, à gauche, par de verdoyantes collines étagées en amphithéâtre. Au centre de ce riant vallon, où serpente le Gave aux flots bleus, apparaît, dans sa blancheur nacrée, l'élégante Basilique surmontée de sa flèche aérienne; à ses pieds courent les rampes monumentales qui embrassent la nouvelle église du Rosaire. De tous côtés le regard contemple une riche floraison de monastères formant comme une couronne autour du sanctuaire de la Vierge Immaculée.

Enfin, voici la Grotte vénérée, témoin de tant de prodiges! Si c'est le soir, un jour de grand pèlerinage surtout, elle est illuminée des clartés de mille flambeaux, dont les reflets donnent à ce petit bassin un aspect vraiment féerique.

Lourdes, ancienne capitale du pays du Lavedan, renferme une population agglomérée de 6,000 habitants. Quoiqu'elle ne soit aujourd'hui qu'un simple chef-lieu de canton, elle partage avec Argelès les prérogatives d'un chef-lieu d'arrondissement. Elle ne possède pas la sous-préfecture, ni la recette particulière des Finances ; mais, par contre, elle est dotée d'un tribunal de première instance et détient les bureaux centralisateurs de diverses administrations publiques. A l'époque des apparitions, un peloton de fantassins gardait le château fort, et deux ou trois compagnies de cavalerie habitaient un quartier de remonte situé à quelques centaines de pas de la ville.

La population de Lourdes, comme toutes celles du Midi, est intelligente et vive. Dans ses rapports avec les étrangers, elle parle français ; mais, revenue à son milieu familier, elle préfère se servir de son patois, dont elle sait manier les finesses avec un esprit qui étonne. Rien de plus piquant qu'une conversation joviale entre gens de la localité.

Des sociétés de bienfaisance, auxquelles on a toujours conservé le vieux nom de confréries, existent à Lourdes de temps immémorial. Chaque corps de métier avait anciennement la sienne, et, en 1858, on en comptait encore huit, ayant pour bannières et pour vocables : Notre-Dame du Mont-Carmel, Notre-Dame du Mont-Serrat, Notre-Dame des Grâces, Sainte-Luce, Sainte-Anne, le Saint-Sacrement, l'Ascension, Saint-Jean et Saint-Jacques. Grâce aux effets salutaires de ces institutions, toutes pénétrées de l'esprit évangélique, les habitants de la petite cité n'ont jamais rompu avec les saines doctrines, ni avec les pratiques de leur foi religieuse. A leurs yeux, les associations n'ont de vertu qu'autant qu'elles sont comprises et appliquées au sens chrétien. Forts de ces principes, qui les ont rendus heureux jusqu'ici, ils ferment l'oreille aux théories des réformateurs modernes et continuent à vivre paisiblement dans les traditions du passé.

Ce n'est pas, toutefois, que Lourdes se refuse à suivre le mouvement ascensionnel de la civilisation et qu'elle s'immobilise, en abdiquant toute initiative, dans une aveugle routine. Depuis un demi-siècle, la petite cité s'est développée et embellie dans des proportions qui tiennent du prodige. Au point de vue intellectuel, elle n'a rien à envier aux populations urbaines les plus instruites. Longtemps avant l'arrivée de nos législateurs contemporains, les édiles de Lourdes avaient ouvert dans leur localité des établissements scolaires où tout ce qui pouvait être utile à la classe ouvrière était enseigné d'une manière pratique.

Les écoles, dirigées, les unes par des maîtres laïques, les autres par des congréganistes, étaient dotées des mêmes subsides et recevaient une égale protection : c'est que, dans les unes comme dans les autres, l'enseignement religieux avait une large place. Les préférences des parents ne manquaient pas d'entretenir une noble émulation, qui ne pouvait qu'être profitable à tous. Ajoutons que, grâce aux revenus communaux, ces écoles étaient absolument gratuites.

Sans vouloir comparer l'état des choses ancien avec celui des temps présents, je ferai néanmoins remarquer que Lourdes n'était pas sans mouvement et sans vie aux époques qui ont précédé les apparitions. D'abord, il y régnait l'animation particulière aux petites villes de garnison. Les foires et les marchés, réputés, après ceux de Tarbes, les plus beaux et les meilleurs de la contrée, y amenaient à jours périodiques des affluences considérables. Durant l'été, les voitures venant de Pau, de Tarbes et de Bagnères-de-Bigorre, y déposaient les gens d'affaires, les touristes, les baigneurs qui se rendaient, en grand nombre, dans les stations thermales du haut de la vallée. A certains moments de la saison des eaux, la rue principale qui traverse la ville ressemblait, par son agitation et son bruit, à un boulevard de grande cité.

Le château fort de Lourdes prêterait à des récits historiques et légendaires du plus haut intérêt. Comme je n'ai pas à entrer dans cet ordre de faits, je me bornerai à indiquer sommairement que la vieille citadelle, dont la fondation remonte aux siècles les plus reculés, a vu flotter successivement sur ses créneaux les étendards des Romains, des Sarrasins et des Anglais; que les seigneurs féodaux, dans leurs haines et leurs convoitises rivales, se heurtèrent souvent autour de ses remparts; et qu'enfin les hordes protestantes cherchèrent, mais en vain, à s'introduire dans son enceinte pour y apporter la destruction et la mort. Dans des temps plus rapprochés de nous, le château fort devint la résidence armée du gouverneur de la province ; et plus tard encore, changeant de destination au détriment de sa gloire militaire, il fut converti en prison d'État. De décadence en décadence, la vieille citadelle a été réduite au rôle effacé de caserne ou de simple dépôt d'approvisionnement.

Malgré son activité relative et ses vieux souvenirs, la ville de Lourdes paraissait condamnée à demeurer dans l'oubli, si un événement, sortant de la sphère ordinaire des choses humaines, n'était venu la tirer de son obscurité.

Le grand fait que je vais rappeler est aujourd'hui connu d'un bout du monde à l'autre.

En 1854, le Pape Pie IX, de glorieuse et sainte

mémoire, agissant avec l'assistance de l'Esprit-Saint et en vertu de son autorité infaillible, consacrait solennellement, en l'élevant aux certitudes d'un dogme révélé, la croyance universelle, et déjà bien des fois séculaire, à la conception immaculée de la très sainte Vierge Marie, Mère de Dieu. Le monde entier tressaillit d'allégresse et fit monter vers le ciel un immense et enthousiaste *Credo*. Touchée des marques de tendresse que lui prodiguaient ses enfants de la terre, la Vierge Immaculée, comme une souveraine aimée qui se prête aux ovations de ses sujets, ne dédaigna pas de descendre au milieu d'eux et de leur apporter comme un écho du Ciel, répondant ainsi à la parole infaillible du Vicaire de Jésus-Christ. C'était en 1858. Prenant les traits d'une jeune fille, c'est-à-dire les traits emblématiques de l'innocence et de la candeur, elle quitta les cieux et vint poser son pied virginal sur un rocher de Lourdes. Là, revêtue des splendeurs du Thabor et parlant à une humble et chétive enfant du peuple, elle lui dit, après avoir porté un regard de sublime reconnaissance vers les hauteurs éternelles : JE SUIS L'IMMACULÉE CONCEPTION.

II

LA FAMILLE SOUBIROUS

A l'extrémité nord de Lourdes, au quartier désigné sous le nom de Lapaca, coule un gros ruisseau sur lequel étaient établis autrefois six ou sept moulins échelonnés à peu de distance les uns des autres. L'un de ces moulins, dit *moulin de Boly*, était tenu en ferme, depuis longues années, par la famille Castérot, de Lourdes. En 1841, le chef de cette famille, Justin Castérot, vint à mourir, laissant à sa veuve quatre filles : Bernarde, Louise, Basile, Lucile, et un garçon encore jeune, du nom de Jean-Marie. L'aînée des enfants, Bernarde, était déjà mariée à un honnête artisan de la ville. La seconde, Louise, appelée par rang d'âge à devenir le soutien de la famille, n'avait encore que seize ans. Comme il fallait un homme pour diriger le moulin de Boly, la mère Castérot songea à l'établir de bonne heure. Les jeunes gens qui se crurent des titres à l'attention de Louise ne tardèrent pas à se présenter, et l'un des plus empressés fut François Soubirous, garçon meunier à Lourdes. François Soubirous ne disposait que d'une très petite dot, et la famille Castérot, qui jouissait d'une certaine aisance, aurait pu prétendre à mieux sous le rapport de la fortune. Toutefois, comme il était du métier et que les préférences de Louise allaient de son côté, le mariage fut résolu et célébré, à l'église paroissiale, le 9 janvier 1843.

Sous l'administration des nouveaux meuniers, les revenus du moulin de Boly ne tardèrent pas à décroître. Soubirous n'avait pas l'air avenant qui attire la clientèle ; puis, enclin à une certaine indolence, il n'apportait pas à son travail toute la vigilance et tous les soins nécessaires. Les farines qui sortaient de chez lui étaient défectueuses, et il était rare qu'elles fussent remises aux pratiques dans les délais convenus. Louise, sa femme, était douce, propre et rangée ; mais, aveuglée par les tendresses de son cœur et trop jeune pour s'occuper sérieusement des intérêts du ménage, elle ne s'apercevait pas ou

ne tenait aucun compte des négligences de son
mari.

Les deux époux passèrent ainsi les premières
années de leur mariage dans une sorte de torpeur
insouciante qui les fit tomber, d'échelon en échelon,
jusqu'au bas-fond de la misère. Tandis que les revenus du moulin devenaient de plus en plus restreints,
les charges de la famille se développaient dans une
proportion inverse. Dans un délai relativement court,
la famille Soubirous s'était accrue de six enfants :
bien des sollicitudes, on le conçoit, devaient se mêler
à ses joies .En 1855, les épargnes laissées, à son décès,
par le vieux père Castérot étaient épuisées, et les époux
Soubirous se trouvèrent dans l'impossibilité de payer
le fermage du moulin de Boly. Renvoyés de ce moulin, ils louèrent une vieille masure dans le quartier
qu'ils habitaient, c'est-à-dire dans le quartier de
Lapaca, et se mirent à la disposition de ceux qui
voulurent les employer à la journée.

Les heures d'épreuves commençaient pour le malheureux couple imprévoyant.

Tant que le père et la mère pouvaient utiliser
leurs bras au dehors, ils revenaient du moins le soir
avec le morceau de pain à peu près suffisant pour
nourrir la petite famille. Lorsque, au contraire, le
travail extérieur manquait ou que, pour toute autre
cause, les parents étaient obligés de demeurer dans
l'inaction, c'était la misère noire qui entrait au domicile des malheureux Soubirous. Le gîte même était
loin de leur être assuré : quand arrivait le terme des
loyers à payer, les malheureux ouvriers se trouvaient
les mains vides et souvent obligés de quitter les
locaux qu'ils occupaient. C'est ainsi qu'on les vit,
durant trois années, courir périodiquement de porte

en porte à la recherche d'un logis et faire des haltes passagères dans les différents quartiers de la ville.

A certain moment de détresse plus grande que d'habitude, le père Soubirous se rappela qu'un parent de sa femme, André Sajous, possédait dans la rue des Petits-Fossés une habitation sans locataires et presque toujours fermée. Cette habitation n'était autre que l'ancienne maison d'arrêt de Lourdes, et malgré la répulsion qui s'attache à pareilles demeures, Soubirous alla la réclamer à son propriétaire. Ce dernier, touché de compassion pour le ménage infortuné, accéda à la demande de son parent, et, sans exiger de redevance, il installa la malheureuse famille dans le vieux pénitencier qu'on appelait communément à Lourdes *le Cachot*.

Bientôt après, c'est-à-dire en 1858, de cette demeure obscure, malsaine, presque odieuse, sortait tous les matins, pendant quinze jours, la fille aînée des Soubirous, pour aller recueillir à la grotte de Massabielle, face à face, cœur à cœur, les sourires, les confidences et les messages de la souveraine du Ciel.

Jusqu'à l'époque où ces événements se produisirent, le silence se fit autour des anciens fermiers du moulin de Boly. Ils continuèrent à vivre dans les expédients de la pauvreté ; mais, grâce à l'hospitalité gratuite du parent Sajous, ils ne furent plus exposés aux humiliations d'un déménagement forcé.

On dit, et souvent la chose n'est que trop vraie, que la misère aigrit les cœurs et pousse à la discorde ; il n'en fut jamais ainsi dans le ménage Soubirous. Le lot d'affections apporté au mariage par chacun des époux demeura toujours intact, et les six enfants que le Ciel leur donna ne firent qu'accroître et resserrer les liens de l'union conjugale.

Les Soubirous n'étaient pas ce qu'on appelle familièrement des dévots, mais ils ne se dérobaient jamais aux devoirs essentiels de la religion. Au temps de leur prospérité, ils s'étaient un peu relâchés de leur piété comme de leur travail. Au contact des mauvais jours, une heureuse réaction se produisit en eux. Ils se réveillèrent de leur ancienne apathie et marchèrent avec courage dans la voie des résolutions qui honorent. Le dimanche, les deux époux se rendaient assidûment aux offices de la paroisse, tenant leurs enfants par la main ou portant au bras ceux qui ne savaient pas marcher. Chaque année, à Pâques et quelquefois plus souvent, ils allaient recevoir pieusement le Dieu qui console et fortifie. Tous les soirs, sans y manquer, après une longue journée de fatigue et une réfection habituellement incomplète, la prière de famille était faite en commun. A la fin des formules ordinaires, presque toujours, rapportent les anciens voisins, une voix d'ange s'élevait à l'intérieur du « cachot », redisant avec amour les invocations pieuses du chapelet. Cette voix, on le devine, était celle de l'enfant bénie qui devait faire plus tard la gloire des Soubirous. Avant que ces temps arrivent, faisons connaître la petite affectionnée de la Vierge dont le nom devait être porté jusqu'aux extrémités du monde.

III

BERNADETTE

Comme on l'a vu plus haut, du mariage de François Soubirous avec Louise Castérot naquirent six enfants, dont l'aînée reçut le nom de Bernadette, nom de présage heureux, car il rappelle celui d'un grand saint, dévoué à la Vierge. Cette enfant vint au monde le 7 janvier 1844, et fut baptisée, le lendemain, à l'église paroissiale, par M. l'abbé Forgues, alors curé-doyen de Lourdes. Les soucis n'étaient pas encore entrés au moulin de Boly, et Bernadette y fut reçue au milieu des joies et des fêtes.

Six mois après, la jeune mère, pour ne pas compromettre une nouvelle grossesse, se voyait dans la nécessité d'éloigner de son sein l'enfant qu'elle allaitait. A ce même moment, une femme de la commune de Bartrès, Marie Aravant, qui venait de perdre un fils à la mamelle, cherchait un nourrisson d'emprunt. On lui indiqua la famille Soubirous, et Bernadette, couchée dans son berceau, fut transportée à Bartrès, où elle resta quinze mois.

Bernadette était née faible et chétive ; dans les premières années de sa vie, elle grandit péniblement, et, sans cesser précisément d'aller et de venir, elle demeura languissante et souffreteuse. Dès ce temps-là, les symptômes d'une maladie qui ne devait plus la quitter commencèrent à se manifester. Un asthme tenace oppressait sa petite poitrine, et quand

des quintes de toux la prenaient, elle était suffoquée
et tombait dans des défaillances inquiétantes et pro-
longées. Il aurait fallu à cette constitution délicate
des soins assidus et une alimentation substantielle ;
mais, hélas ! on connaît la position précaire où se
débattaient les malheureux Soubirous.

Les pauvres parents ne négligeaient cependant
rien de ce qui était en leur pouvoir pour protéger
et raffermir la santé de leur enfant bien-aimée. Bernadette était vêtue et chaussée un peu plus chaude-
ment que ses frères et ses sœurs ; au lieu de la pâte
de maïs, nourriture habituelle de la famille, on
achetait pour elle un peu de bon pain, et, quand les
ressources le permettaient, on y ajoutait même un
peu de vin qu'on adoucissait par un morceau de sucre.
Ce régime, tout insuffisant qu'il était, aurait pu, dans
une certaine mesure, porter remède à la débilité de
la petite malade ; mais ce que les parents ne savaient
pas, c'est que Bernadette n'était pas souvent appelée
à en recueillir le bénéfice.

On sait la jalousie des enfants pour tout ce qui
est privilège. Qui de nous n'a pas protesté et fait
tapage en pareille occurence ? Trop jeune pour se
rendre compte du mobile qui dirigeait leur père et
leur mère, les petits Soubirous voyaient d'un œil
d'envie les attentions particulières dont Bernadette
était l'objet. Ils aimaient beaucoup leur sœur aînée ;
mais quand il s'agissait de parts inégalement faites,
l'égoïsme leur faisait oublier l'affection. Les petits
égalitaires se seraient bien gardés de formuler leurs
revendications en présence des parents ; mais dès
que ces derniers s'étaient éloignés de la maison, ils
partaient en guerre contre Bernadette. Quand celle-
ci consentait à mettre en commun le petit lot qui lui
était attribué à titre de malade, l'affaire s'arrangeait

à l'amiable ; lorsque, au contraire, Bernadette voulait faire mine de résister, les petits révoltés prenaient une attitude plus résolue et passaient à l'instant de la menace aux voies de fait. Bernadette avait tant d'affection pour ses petits frères et sœurs, que jamais elle ne provoqua contre eux ni punition, ni réprimande.

A l'âge de dix ans, l'enfant fut séparée une seconde fois de sa famille. L'hiver de 1855 se montra particulièrement rigoureux dans les Pyrénées. De longs chômages se produisirent dans la classe ouvrière, et, à Lourdes, le ménage Soubirous fut l'un de ceux qui eurent le plus à souffrir. La tante Bernarde, toujours pleine de sollicitude pour sa sœur Louise, dont elle connaissait la détresse, crut devoir venir à son aide en lui prenant passagèrement Bernadette. La filleule demeura sept ou huit mois chez sa marraine et y fut traitée, non pas en étrangère, mais avec les mêmes soins et la même affection que les enfants de la maison. Quand la crise de l'hiver fut passée, Bernadette retourna dans sa famille, rue des Petits-Fossés.

Bernadette n'était pas encore au bout de ses émigrations, et, durant l'été de 1857, elle s'éloignait pour la troisième fois de la maison paternelle. La femme Aravant, de Bartrès, n'avait jamais perdu de vue l'enfant du meunier, qu'elle avait allaitée. Toutes les fois qu'elle venait à Lourdes, elle déposait au fond de son panier de voyage un bouquet, un fruit, une galette, un souvenir quelconque destiné à faire plaisir à Bernadette. Celle-ci, de son côté, par un penchant qui est dans la nature, s'était également attachée à sa nourrice. Plusieurs fois dans l'année, elle franchissait la distance qui la séparait de Bartrès et allait embrasser sa seconde mère.

1*

Arriva le moment où les Aravant eurent besoin
d'une jeune bergère pour conduire au pâturage un
petit tronpeau de brebis et d'agneaux élevé dans
l'exploitation. On vint demander Bernadette. Comme
on le pense bien, les Soubirous ne mirent pas d'obstacle au départ de leur fille ; c'était une bouche de
moins dans le ménage ; puis, malgré les regrets de
la séparation, ils savaient que leur enfant ne faisait
que changer de famille.

Bien des gens se souviennent encore, à Bartrès,
de la petite pastourelle des Aravant. On aime à s'entretenir d'elle, et tous disent qu'elle était douce,
souriante, pleine d'amabilité. Quand on la rencon-
trait dans les chemins, poussant devant elle son
petit troupeau, chacun avait un mot sympathique
à lui adresser, et l'enfant d'y répondre avec une
grâce et un à-propos qui charmaient. Un jour, le
prêtre de la paroisse la vit passer à ses côtés et reçut
son salut au moment où la petite bergère, une houssine à la main, se dirigeait vers les pacages du haut
des plateaux. Il fut tellement frappé de l'air modeste
et du regard si profondément pur de l'enfant, qu'il
se retourna à différentes reprises pour la voir s'éloigner. S'adressant ensuite à l'instituteur de la commune, M. Barbet fils[1], qui se promenait avec lui,
il lui dit :

« Si le portrait que je me suis fait des enfants de
la Salette est exact, cette petite bergère, à coup sûr,
doit bien leur ressembler. »

Le bon prêtre ne se doutait pas alors que la com-
paraison qu'il établissait allait recevoir, à bref délai,
une éclatante et solennelle confirmation.

Bernadette avait atteint sa quatorzième année et

----

[1] M. Barbet est devenu plus tard instituteur communal à
Lourdes, où il a pris sa retraite.

personne ne lui avait encore parlé de sa première communion. Sa petite taille, son jeune visage trompaient les prêtres sur son âge, et dans les catéchismes elle était toujours reléguée aux arrière-bancs des groupes. Seule, la nourrice de Bartrès comptait les années et se préoccupait de l'instruction religieuse de sa petite pupille. Tous les soirs, à la veillée, elle se retirait dans un coin avec l'enfant, et là, dans de longues séances, elle lui apprenait les premières notions de la doctrine chrétienne. Comme Bernadette ne savait pas lire, elle éprouvait de la difficulté à retenir les instructions qui lui étaient données.

« Elle avait la tête dure, disait plusieurs années après la femme Arvant, en laissant échapper un sourire où l'affection perçait. J'avais beau répéter mes leçons, rien n'y faisait, et c'était toujours à recommencer. Parfois, ajoutait-elle, l'impatience me gagnait ; je jetais là le livre et, toute dépitée, je lui disais :

« — Va, tu ne seras jamais qu'une sotte et une ignorante. »

Bernadette ne gardait aucune rancune des brusqueries de sa bonne maîtresse. Elle était un peu confuse, mais jamais trace de bouderie n'apparut sur sa figure. Souvent elle mettait fin à l'embarras qui suivait la bourrasque en sautant au cou de sa seconde mère. La pauvre enfant se consolait de ses insuccès de mémoire en recourant à son petit chapelet, qu'elle récitait avec persévérance et ferveur.

La femme Aravant était trop bonne chrétienne, et trop pénétrée de ses devoirs de maîtresse de maison, pour ne pas se préoccuper de cet état de choses. Elle se rendit chez le pasteur de Bartrès pour appeler son attention sur l'enfant du meunier de Lourdes.

Le prêtre jugea, en effet, qu'il ne fallait plus laisser l'enfant dans l'oubli, et il se serait chargé lui-même de réparer les négligences commises, si un projet qu'il méditait n'avait été à la veille de se réaliser. Depuis plusieurs mois, le pieux ecclésiastique sollicitait son admission dans l'ordre des Bénédictins, et une lettre récente lui faisait espérer la réussite prochaine de ses démarches[1]. Craignant qu'après son départ la vacance de Bartrès ne se prolongeât durant une période trop longue, il engagea fortement la mère Aravant à faire rentrer Bernadette dans sa famille et à la recommander, pour les soins de la première communion, au zèle charitable du clergé de Lourdes. Le conseil fut écouté, et, aux premiers jours de l'année 1858, l'innocente bergère de Bartrès reprenait le chemin de la ville et rentrait sous le toit paternel de la rue des Petits-Fossés.

La main secrète qui dirigeait tous ces petits événements conduisait Bernadette vers le rocher mystérieux où devaient s'opérer tant de grandes choses.

---

[1] Le bon prêtre alla faire un essai de la vie religieuse dans un couvent des Bénédictins ; mais, trahi dans ses aspirations par une santé délicate, il revint dans le diocèse de Tarbes et fut nommé desservant de la paroisse d'Oroix, où il mourut relativement jeune.

IV

LA GROTTE ET SES ALENTOURS

Les lieux privilégiés, visités par la Reine du ciel, quoique demeurés les mêmes pour le cadre et les perspectives générales, ont subi, dans quelques-uns de leurs détails, des transformations nécessaires et vraiment merveilleuses. C'est bien le cas de répéter le mot connu : « Quel état, et quel état! »

Toutefois, pour l'intelligence des récits qui vont suivre, je veux essayer, à l'aide de mes souvenirs déjà lointains, de reconstituer la physionomie primitive du bassin de Massabieille, tel qu'il était au temps des apparitions. Afin d'éviter toute confusion, je prie le lecteur d'oublier momentanément l'état de choses actuel et de se reporter à l'année 1858.

La Grotte est située au couchant de Lourdes, au delà du Gave, à sept ou huit cents mètres de la ville. Pour nous y rendre, nous prendrons le chemin que suivait Bernadette.

Et d'abord, à la sortie de la ville, au bout de la rue du Baous [1], on passe sous une tour carrée, dépendance vieillie et délaissée de l'ancien château fort. Après avoir franchi cette porte, on descend par un chemin pierreux et rapide jusqu'au bord du Gave. Un pont en pierre, aux parapets rapprochés, dit Pont-Vieux, jeté sur la rivière au-dessus d'un

---

[1] Appelée actuellement rue de la Grotte.

gouffre, donne passage sur la rive opposée. Au débouché du pont, on incline un peu à droite et l'on entre dans un petit chemin tortueux et étroit appelé « le chemin de la forêt ». Ce chemin est bordé, d'un côté, par une haie vive de buis et de pruneliers, et de l'autre, par une façade rocheuse irrégulièrement établie en saillies et en rentrées. A la partie droite, au delà de la haie, s'étend une immense prairie entourée de peupliers, appartenant à M. de Lafitte, de Lourdes. Cette vaste nappe de verdure se développe dans un splendide circuit vers le nord et se retourne ensuite dans la direction de l'ouest pour aller finir en pointe sous le mamelon de Massabieille, presque en face de la Grotte. A la partie gauche du chemin, au-dessus des talus, s'élèvent en pente les carrés de plusieurs petits champs, couronnés à la cime par les ruines d'épaisses murailles construites au temps jadis.

Quand du Pont-Vieux on s'est avancé d'environ deux cents mètres dans le sens de la forêt, on voit la barrière rocheuse de gauche se dérober subitement au midi, pour donner ouverture au petit vallon de la Merlasse. De ce vallon, empierré et sans végétation, descend un ruisseau qui traverse la route sous une lavasse et qui va se confondre, à quelques mètres plus bas, avec les eaux d'un canal dérivé du Gave. Les deux courants réunis mettent en mouvement le moulin et la scierie *de Savy*. A la sortie de ces usines, derrière les constructions, ils pénètrent dans un bosquet d'aunes et de peupliers, passent à la partie orientale du monticule de Massabieille, font un contour vers l'ouest et vont se jeter dans le Gave, juste au point où se termine la prairie de **M. de Lafitte.**

Aucune voie n'est établie pour communiquer direc-

LA GROTTE AU MOMENT DES APPARITIONS

tement, par les bas-fonds, du vallon de la Merlasse
à la Grotte des apparitions.

Après avoir franchi la passerelle de la Merlasse,
on grimpe, par un chemin abrupt à peine ébauché
dans le roc, sur le point culminant où s'élèvera
plus tard la Basilique. On contourne le monticule
à l'ouest; puis, par une pente escarpée, sur des
terrains caillouteux et mouvants, on descend jusqu'au bord du Gave. On fait quelques pas à droite,
en rasant les roches, et l'on se trouve en face de
la Grotte.

Le rocher des apparitions, du côté du nord, est
coupé suivant un plan vertical, à l'instar d'une
imposante et gigantesque muraille. Au bas de ce
rocher, il existe une excavation de huit mètres de
profondeur sur douze mètres de largeur, ressem-
blant par sa structure à une chapelle d'église. Cette
cavité est ce qu'on appelle la Grotte. A droite et
à gauche du cintre qui en forme l'entrée, se laissent
tomber et se portent en avant des tentures de marbre
paraissant avoir pour mission de protéger la demeure
recueillie, visitée par la Vierge. Au-dessus des excavations de la roche poussent des mousses, des lierres,
des arbrisseaux de tout genre.

Le devant de la Grotte est couvert par les eaux du
Gave, auxquelles se mêlent, à cet endroit même, les
eaux du canal de Savy. Au confluent des deux courants, à l'extrémité de la prairie de M. de Lafitte, se
dressent trois ou quatre gros blocs de pierre, à demi
submergés dans la rivière, qui établissent une espèce
de barrière à l'entrée des excavations. De cette barrière jusqu'au fond de la Grotte s'étend un espace
vide d'environ quinze mètres de longueur sur douze
mètres en moyenne de largeur. Le terrain s'élève

progressivement en pente jusqu'à hauteur de taille
d'homme, si ce n'est du côté du levant où le niveau
est un peu déprimé. Quand on pénètre dans l'intérieur de la Grotte, on aperçoit à la voûte, au-dessus
de sa tête, un conduit oblique en forme de cylindre
penché, se dirigeant vers une galerie supérieure
éclairée par la lumière du jour. Cette galerie trans-
versale pénètre, d'un côté, dans l'intérieur de la
roche et, de l'autre, vient aboutir à l'extérieur par
une espèce de baie ogivale, en partie interceptée par
un bloc de granit, à forme cubique. Sous ce bloc prend
naissance un énorme buisson se répandant au dehors
et tombant vers le sol comme une cascade de verdure. Bernadette, dans son patois imagé, l'appelait
gracieusement *le rosier,* parce que les tiges et les
branchages d'un églantier en constituent le principal
élément. C'est à l'entrée de la porte ogivale dont j'ai
parlé que la Vierge est apparue, ayant derrière elle
le bloc de granit, qui obstrue le passage, et sous ses
pieds les premiers jets du buisson qui plonge vers
la terre.

Aucune source visible ne coule à l'intérieur de la
grotte. Un suintement, qu'on attribue aux pluies,
se manifeste simplement à la surface des rochers
extérieurs de gauche exposés au couchant. Au bas
de ces mêmes rochers, on voit encore une flaque d'eau,
dont l'origine sera expliquée ailleurs[1].

De petits bouquets de plantes naines poussent çà
et là sur le sol de la Grotte. On y remarque, en particulier, la dorine à feuilles opposées (*chrysosplenium
oppositifolium*) et la cardamine des bois (*cardaminea
sylvatica*).

Reléguée dans un lieu désert et d'un abord difficile,

____

[1] Voir l'appendice.

la Grotte est à peu près ignorée. Quelques rares bergers, gardant leurs troupeaux le long du Gave, viennent s'y réfugier en temps de pluie ou d'orage ; il en est de même de quelques praticiens de la pêche à la ligne, forcés d'interrompre momentanément leur paisible exercice.

De tout temps, le bassin de Massabieille a été considéré comme une retraite où la nature s'est montrée particulièrement gracieuse. Quand, du haut de la petite colline rocheuse appelée dans le pays la *montagne des Espélugues*[1], on jette un coup d'œil sur le paysage, on a d'abord devant soi la splendide prairie de M. de Lafitte arrêtée dans son pourtour par la ceinture argentée du Gave scintillant à travers le feuillage. Plus haut, au delà de la rivière, sur un mamelon escarpé, on aperçoit le château de Lourdes faisant parade de sa vieille tour à mâchicoulis. En se tournant du côté du nord, on se trouve en présence de magnifiques collines superposées les unes aux autres et se dérobant, par étages, jusqu'aux hauteurs des villages de Bartrès et de Poueyferré. Toutes ces pentes, tous ces coteaux, marquetés de champs, de prés, de bosquets, de bruyères, offrent le spectacle animé de nombreux troupeaux parcourant les pacages en tous sens. Dans la direction de l'ouest, la vallée du Gave s'enfuit en contours précipités jusqu'au fond du ciel, dans les lointains de l'horizon. A droite et à gauche, se profilent les dernières montagnes de Lourdes, auxquelles succèdent celles de Peyrouse et de Saint-Pé, portant sur leurs épaules les draperies ondoyantes de leurs forêts séculaires. Au midi, la

---

[1] Du latin *spelunca,* grotte. Les grottes des *Espélugues* ont été transformées en deux chapelles, sous le vocable de *Notre-Dame des douleurs* et de *Sainte Marie-Madeleine.*

vue est ravie par le rideau majestueux de la chaîne
pyrénéenne.

V

LA NOUVELLE

La ville de Lourdes traversait l'hiver de 1857-58
dans le calme qui caractérise les petites villes, quand
une nouvelle étrange, sortant du cercle ordinaire des
choses, vint réveiller tous les esprits et animer toutes
les conversations. Cette nouvelle se produisit sans
éclat, sans secousse, et quelques rares personnes
seulement en eurent d'abord connaissance. Un nom
sacré était mis en avant; mais ce nom, par respect,
on n'osait le prononcer encore.

On racontait à Lourdes que le jeudi, 11 février,
la fille d'un ancien meunier, une fille presque enfant,
répondant au nom de Bernadette, était allée, selon
la manière de faire des pauvres, ramasser des branches
sèches le long de la rivière; qu'arrivée sous le mamelon de Massabieille, elle s'était trouvée tout à coup
en présence d'une Dame merveilleusement belle,
tenant un chapelet à la main et lui souriant avec
bonté du haut d'un buisson suspendu aux rebords
de la roche.

Un fait de nature aussi insolite devait nécessairement frapper l'imagination populaire. A l'instant
on se demanda quelle pouvait être cette Dame si
merveilleusement belle, se montrant en un lieu inac-

cessible et se donnant pour parure un objet religieux. La foule n'alla pas s'égarer en vains raisonnements ni en vaines conjectures ; avec l'intuition qui lui est propre, elle perça le voile qui couvrait le mystère, et au fond des obscurités et des nuages elle aperçut la figure radieuse de la Mère de Dieu. La foule ne se trompait pas.

Toutefois, comme je l'ai dit, aux premiers moments, on ne s'entretint de l'événement que d'une manière cachée et avec la réticence sur les lèvres. On voyait certaines femmes du peuple s'isoler par deux, par trois, dans quelque recoin, et là converser entre elles à voix basse et avec des signes de confidence. Les secrets reçus dans ces petits conciliabules ne manquaient pas, il est vrai, de faire naufrage à quelques mètres plus loin et de donner lieu à d'autres confidences également mystérieuses. La nouvelle se transmettait donc de proche en proche et gagnait du terrain ; mais elle n'était pas encore de notoriété publique, quand on apprit que les apparitions se renouvelaient et que la petite Bernadette se rendait tous les matins à la Grotte.

Quelques voisines de la voyante commencèrent à accourir sur le lieu du prodige ; elles en revinrent enthousiasmées et presque hors d'elles-mêmes. Le lendemain et le surlendemain, à ces premières pèlerines s'en joignirent beaucoup d'autres, et toutes firent éclater les mêmes transports. L'entraînement devint général ; on criait déjà au miracle, et bientôt, tous les matins, la population ouvrière de Lourdes, hommes et femmes, se portait en masse, avec un élan indescriptible, aux roches de Massabieille.

Tandis que la foule se répandait en admiration et en louanges sur les choses extraordinaires qui s'accomplissaient à la Grotte, un groupe d'hommes, se

croyant les seuls sages, se tenaient à l'écart et trai-
taient de chimères les versions qui circulaient. Ces
hommes étaient les lettrés, les savants, les penseurs
de la localité. Pour eux la question était résolue *a
priori*, et sans rien voir ni rien examiner, ils dé-
pouillaient les visions de tout caractère surnaturel.
Au sens le plus favorable, ils n'admettaient ces
visions que comme des hallucinations d'une imagination malade. Je vivais alors au milieu de ces
hommes et je partageais leurs idées. Voici, du reste,
la manière dont j'accueillis la nouvelle des apparitions. Je fais précéder ce détail d'une note biogra-
phique, que j'eusse épargnée au lecteur si cette
note n'avait pas été nécessaire à l'intelligence de
mon récit.

A l'époque dont je rappelle le souvenir, j'habitais
Lourdes, où je remplissais un emploi de commis
principal dans l'administration des contributions
indirectes. Une sœur affectionnée, qui est demeurée
la compagne fidèle de ma vie de pérégrinations, se
trouvait déjà près de moi et m'entourait de ses plus
tendres soins. J'étais relativement jeune au temps
dont je parle, et le souci de mon salut ne venait
qu'en seconde ligne dans le classement de mes
préoccupations. Ma sœur, quoique moins âgée que
moi, me sermonnait et me rappelait les traditions
religieuses de la famille. Grâces à Dieu, je n'avais
pas perdu la foi, mais cette foi était obscurcie par
une foule de préjugés qui m'en cachaient les véritables harmonies. Ainsi, en matière de miracles, je
croyais bien aux récits évangéliques, aux prodiges
du divin Maître; mais en dehors de ces prodiges, je
ne voyais que fantômes, illusions, aberrations populaires. Dans les dispositions d'esprit où je me trou-

vais, on peut concevoir à l'avance la réception que j'aillais faire à la légende naissante de la Grotte.

Un jour, ma sœur, revenant du dehors, entra dans mon cabinet de travail et vint me dire :

« Tu ne connais pas les bruits qui circulent? On dit qu'une petite fille de la ville a été favorisée d'une apparition de la Vierge dans une grotte près du Gave.

— C'est charmant, ça, et même très poétique, » répondis-je à ma sœur d'une manière distraite et en continuant à faire courir ma plume sur les registres étalés devant moi.

Ma sœur, s'apercevant que sa nouvelle demeurait sans crédit, ne fit que traverser le bureau et disparut. Le reste de la journée il ne fut plus question entre elle et moi des visions de Massabieille.

Le lendemain ou le surlendemain, — c'était de bonne heure, car je n'avais pas encore quitté le lit, — elle vint entre-bâiller la porte de ma chambre et me dire :

« Mon cher, il paraît qu'il n'y a plus à rire de l'annonce que je t'ai apportée hier au bureau. L'apparition se confirme, et Mᵐᵉ Millet, notre voisine, qui a accompagné la voyante à la Grotte, déclare formellement qu'il y a quelque chose d'extra-naturel dans ce qui se passe à Massabieille. »

Ma sœur allait continuer lorsque, me retournant dans mon lit, je lui répondis sans plus de gêne ni de rhétorique :

« Veux-tu bien me laisser dormir! »

Il existait à Lourdes, à l'époque des apparitions, un cercle où se réunissaient les notables de la ville, c'est-à-dire les avocats, les médecins, les notaires, les magistrats, les rentiers, les fonctionnaires de tout ordre. C'est à ce cercle que je faisais allusion dans les pages précédentes. Si je reviens à ces hommes avec lesquels je me trouvais en communauté de vues, c'est pour dire que beaucoup d'entre eux, par le fait même des visions, furent bientôt obligés de donner une nouvelle orientation à leurs idées. Au début de nos discussions, nous étions unanimes à repousser les opinions accréditées dans le milieu populaire. Tout ce qui nous était rapporté de la Grotte nous paraissait vain, puéril, ridicule, et nous en haussions les épaules. Un esprit réfléchi aurait cependant remarqué un contraste qui se manifestait dans notre manière d'apprécier. Si l'affaire de Massabieille était aussi futile que nous semblions le dire, pourquoi prolonger nos discussions? Or, nous avions beau faire diversion, le thème de la Grotte revenait sans cesse sur nos lèvres, et, comme dans les suggestions fatidiques, après en avoir parlé, nous sentions le besoin d'en reparler encore.

A force de discourir, nous tombions dans des redites interminables, et quelques membres du cercle s'aperçurent finalement que nous n'avions à opposer aux croyants que des considérations d'ordre purement hypothétique. Espérant se créer des arguments nouveaux et de nature mieux définie, ils conçurent le projet, mais chacun en son particulier, d'aller à la Grotte pour s'y rendre compte des mystères dont elle était le théâtre. Ces hommes pensaient être à l'abri de toute surprise; mais au fur et à mesure qu'ils arrivaient à Massabieille, saisis d'une émotion indicible, ils étaient terrassés comme Saul sur le chemin de Damas.

Parmi les principaux habitants de la cité qui se déclarèrent ouvertement vaincus, il faut nommer en première ligne : M. de Lafitte, ancien intendant militaire; M. Pougat, président du tribunal; M. Dufo, avocat; M. Dozous, médecin; M. Lannes, entreposeur des tabacs; le capitaine commandant le fort; M. Germain, ancien médecin vétérinaire dans l'armée. Je pourrais en citer d'autres, comme M. Castillon, M. Prat, M. Moura; mais l'énumération en serait trop longue. Je dus aussi rendre les armes, et si, dans ma vieillesse, j'écris ces lignes, c'est pour reconnaître la faveur insigne qui m'a été accordée au jour trois fois heureux de ma douce défaite.

En résumé, j'indiquerai d'un mot les impressions générales de Lourdes à l'égard des apparitions. Dans le peuple, et dès le premier moment, tout le monde fut convaincu du caractère surnaturel des faits de la Grotte. Dans la classe plus élevée, les adhésions se montrèrent moins faciles; les hommes se partagèrent entre deux opinions bien tranchées : ceux qui assistèrent aux extases de Bernadette s'inclinèrent et crurent, tandis que ceux qui dédaignèrent de se rendre à la Grotte s'obstinèrent dans leur incrédulité. Ces derniers, au nombre d'une trentaine, se livrèrent plus tard à une opposition systématique des plus acerbes; cette opposition ne cessa que lorsque la Vierge, par ses miracles et ses bienfaits, les eut mis dans l'impossibilité de combattre.

Entrons maintenant dans le sujet qui fait l'objet principal de ce livre.

VI

PREMIÈRE APPARITION (JEUDI, 11 FÉVRIER 1858)

La première apparition, je l'ai déjà dit, eut lieu le jeudi gras, 11 février 1858, vers midi et demi ou une heure du soir; mais je m'arrête pour laisser parler la voyante. Le récit qui va suivre, je l'ai entendu dix fois, vingt fois, cent fois peut-être, de la bouche de la petite extatique. Je crois pouvoir le reproduire dans sa touchante et naïve simplicité en m'efforçant de traduire presque mot à mot le patois des Pyrénées, seul langage que Bernadette connût.

« Le jeudi gras, il faisait froid et le temps était sombre. Après notre dîner, ma mère nous dit qu'il n'y avait plus de bois dans la maison, et elle s'en chagrinait. Ma sœur Toinette[1] et moi, pour lui faire plaisir, nous nous offrîmes à aller ramasser des branches sèches sur le bord de la rivière. Ma mère nous répondit que non, parce que le temps était trop mauvais et que nous pourrions nous exposer à tomber dans le Gave. Jeanne Abadie, notre voisine et notre amie, qui gardait son petit frère à la maison, et qui avait envie de venir avec nous, alla remettre son frère chez elle et revint un moment après en nous

---

[1] Bernadette n'appelait jamais sa sœur que Toinette, et celle-ci est enregistrée à la mairie de Lourdes sous le même nom de Toinette. Plus tard, dans la famille, on changea ce nom en celui de Marie. L'appellation nouvelle est employée dans ce livre.

disant qu'elle avait la permission de nous accompagner. Ma mère se fit prier encore, mais voyant que nous étions à trois, elle nous laissa partir. Nous prîmes tout d'abord la rue qui conduit au cimetière, à côté duquel on décharge du bois, et où l'on trouve par moments des copeaux abandonnés. Nous n'y trouvâmes rien ce jour-là. Nous descendîmes la côte qui mène près du Gave, et arrivées au Pont-Vieux nous nous demandâmes s'il fallait aller vers le haut ou le bas de la rivière. Nous décidâmes d'aller vers le bas, et prenant le chemin de la forêt nous arrivâmes à la Merlasse. Là, nous entrâmes dans la prairie de M. de Lafitte par le moulin de Savy. Une fois à l'extrémité de cette prairie, presque en face de la Grotte de Massabieille, nous fûmes arrêtées par le canal du moulin que nous venions de traverser. Les eaux de ce canal n'étaient pas fortes, car le moulin ne marchait pas, mais elles étaient froides, et pour ma part je craignais d'y entrer. Jeanne Abadie et ma sœur, moins peureuses que moi, prirent leurs sabots à la main et passèrent le ruisseau. Cependant lorsqu'elles furent de l'autre côté, ces drôles[1] se mirent à crier au froid, et se baissèrent sur elles-mêmes pour réchauffer leurs pieds. Tout cela augmentait ma crainte, et je sentais que si j'entrais dans l'eau mon asthme allait me reprendre. Alors je priai Jeanne Abadie, qui était plus grande et plus forte que moi, de venir me passer sur ses épaules.

« — Oh! ma foi non! répondit Jeanne : tu n'es qu'une mignarde et une ennuyeuse, et si tu ne veux pas passer, reste où tu es. »

---

[1] L'appellation de *drôles* n'a rien d'offensant dans la signification patoise. C'est un mot familier qu'emploient les jeunes filles pour se désigner entre elles.

« Ces drôles, après avoir ramassé quelques morceaux de bois sous la Grotte, disparurent le long du Gave. Quand je fus seule, je jetai quelques pierres dans le lit du ruisseau pour y appuyer les pieds, mais cela ne me servit de rien. Je dus alors me décider à quitter mes sabots et à traverser le canal comme avaient fait Jeanne et ma sœur.

« J'avais commencé à ôter mon premier bas, quand tout à coup j'entendis une grande rumeur pareille à un bruit d'orage. Je regardai à droite, à gauche, sur les arbres de la rivière, rien ne bougeait; je crus m'être trompée. Je continuais à me déchausser, lorsqu'une nouvelle rumeur, semblable à la première, se fit encore entendre. Oh! alors j'eus peur et me dressai toute droite. Je n'avais plus de parole et ne savais que penser, quand, tournant la tête du côté de la Grotte, je vis à une des ouvertures du rocher un buisson, un seul, remuer comme s'il avait fait grand vent. Presque en même temps il sortit de l'intérieur de la Grotte un nuage couleur d'or, et peu après une Dame jeune et belle, belle surtout, comme je n'en avais plus vu, vint se placer à l'entrée de l'ouverture au-dessus du buisson. Aussitôt elle me regarda, me sourit et me fit signe d'avancer, comme si elle avait été ma mère. La peur m'avait passé, mais il me semblait que je ne savais plus où j'étais. Je me frottais les yeux, je les fermais, je les ouvrais; mais la Dame était toujours là, continuant à me sourire et me faisant comprendre que je ne me trompais pas. Sans me rendre compte de ce que je faisais, je pris mon chapelet dans ma poche et me mis à genoux. La Dame m'approuva par un signe de tête et amena elle-même dans ses doigts un chapelet qu'elle tenait à son bras droit. Lorsque je voulus commencer le chapelet et porter ma main au front, mon bras demeura comme paralysé, et ce n'est qu'après que la Dame se fut signée que je pus faire comme elle. La Dame me laissa prier toute seule; elle faisait bien passer entre ses doigts les grains de son chapelet, mais elle ne parlait pas; ce n'est qu'à la fin de chaque dizaine qu'elle disait avec moi : *Gloria Patri, et Filio, et Spiritui sancto.*

« Quand le chapelet fut récité, la Dame rentra à l'intérieur du rocher, et le nuage d'or disparut avec elle. »

Il était rare qu'on n'arrêtât pas la voyante pour demander le portrait détaillé de la Dame mystérieuse, et voici ce que l'enfant répondait :

« Elle a l'air d'une jeune fille de seize ou dix-sept ans. Elle est vêtue d'une robe blanche, serrée à la ceinture par un ruban bleu glissant le long de la robe. Elle porte sur sa tête un voile également blanc, laissant à peine apercevoir ses cheveux et retombant ensuite en arrière jusqu'au-dessous de la taille. Ses pieds sont nus, mais couverts par les derniers plis de la robe, si ce n'est à la pointe, où brille sur chacun d'eux une rose jaune. Elle tient à son bras droit un chapelet à grains blancs, avec une chaîne d'or luisante comme les deux roses des pieds. »

Bernadette continuait ensuite sa narration :

« Dès que la Dame eut disparu, Jeanne Abadie et ma sœur revinrent à la Grotte, et me trouvèrent à genoux à la même place où elles m'avaient laissée. Elles se moquèrent de moi et me traitèrent d'imbécile, de bigòte, et me demandèrent si oui ou non je voulais me retirer avec elles. Je n'eus à ce moment aucune peine à entrer dans le ruisseau, et je sentis l'eau tiède comme l'eau de la vaisselle (*sic*).

« — Vous n'aviez pas tant à crier, dis-je à Jeanne et à Marie, en essuyant mes pieds; l'eau du canal n'est pas aussi froide que vous sembliez le faire croire !

« — Tu es fort heureuse, toi, de ne pas la trouver froide ; pour nous, elle nous a produit un tout autre effet. »

« Nous liâmes en trois fagots les branchages et les tronçons de bois que mes compagnes avaient apportés ; nous montâmes ensuite la pente de Massabieille, et vînmes rejoindre le chemin de la forêt. Pendant que nous avancions vers la ville, je demandai à Jeanne et à Marie si elles n'avaient rien remarqué à la Grotte.

« — Non, répondirent-elles. Pourquoi nous fais-tu cette question ?

« — Oh ! alors, rien, » leur dis-je avec indifférence.

« Cependant, avant d'arriver à la maison, je fis part à ma sœur Marie des choses extraordinaires qui m'étaient arrivées à la Grotte, et je lui recommandai d'en garder le secret.

« Durant toute la journée l'image de la Dame demeura dans mon esprit. Le soir, en faisant la prière de famille, je me troublai et me mis à pleurer.

« — Qu'as-tu ? » me demanda ma mère.

« Marie se hâta de répondre pour moi, et je fus obligée de donner moi-même des explications sur ma surprise de la journée.

« — Ce sont des illusions, répliqua ma mère ; il te faut chasser toutes ces idées-là de la tête, et surtout ne plus retourner à Massabieille. »

« Nous allâmes nous coucher ; mais je ne pus dormir. La figure si bonne et si gracieuse de la Dame me revenait sans cesse à la mémoire, et j'avais beau me rappeler ce que m'avait dit ma mère, je ne pouvais croire que je me fusse trompée. »

Bernadette faisait le récit qui précède avec tant

d'ingénuité que ceux qui l'écoutaient, après l'avoir entendue, ne pouvaient s'empêcher de conclure : Cette enfant a dit vrai.

VII

DEUXIÈME APPARITION (DIMANCHE, 14 FÉVRIER)

Bernadette venait d'être frappée de ce qu'on pourrait appeler le mal du ciel. D'enjouée qu'elle était, elle se montra tout à coup sérieuse et méditative; une seule pensée occupait son âme, c'était celle de la Dame.

Dès le lendemain de la première apparition, la mère de la voyante remarqua l'espèce de mélancolie qui semblait s'être emparée de sa fille. Son cœur de mère s'en émut et, avec les ménagements qu'inspire la tendresse, elle chercha à distraire son enfant. Comme la veille, elle lui représentait que nos yeux, nos oreilles, sont sujets à erreur, et qu'en tout cas il est prudent de s'éloigner des choses dont la physionomie paraît suspecte. Elle citait plusieurs faits et racontait mille histoires à l'appui. Afin de détacher sa fille des prétendus charmes de la Dame mystérieuse, elle ajoutait encore que l'esprit du mal se transforme par moments en ange de lumière, et qu'il était à craindre que le fait de Massabieille ne fût un cas de ce genre.

Bernadette ne discutait pas, mais elle avait de la peine à se rendre aux raisonnements de sa mère. Elle ne pouvait se persuader que tout ce qu'elle

avait vu et entendu à la Grotte, c'est-à-dire les coups
de vent, l'agitation du buisson, la personne de la
Dame, les illuminations du rocher, ne fût qu'une
succession de choses illusoires. Elle aurait été embarrassée pour dire exactement ce qu'est le diable ;
mais, par l'idée confuse qu'elle s'en était formée, elle
se refusait à croire que l'esprit des ténèbres pût
changer sa face grimaçante en la figure harmonieuse
et belle de la Dame qui lui était apparue. Surtout
elle trouvait étrange et contradictoire que le diable
portât un chapelet et qu'il vint, en dévot, le réciter
à Massabieille.

Dans les journées du vendredi et du samedi, 12 et
13 février, sans demander de permission expresse
à sa mère, Bernadette laissa percer, à différentes
reprises, le désir qu'elle avait de revenir à la Grotte.
La mère feignait de ne pas comprendre, ou, si elle
prenait la parole, c'était pour combattre les velléités
de sa fille. La voyante arriva ainsi, sans trop insister, jusqu'au dimanche 14 février.

Dans l'après-midi de ce jour, elle entendit au fond
de son âme une voix secrète qui la pressait suave-
ment, mais fortement, de se rendre à Massabieille.
Retenue par sa nature craintive, l'enfant n'osa pas
parler à sa mère de l'appel mystérieux qui lui était
fait. Plus libre avec sa sœur Marie, elle lui confia
son secret et la pria d'agir auprès de leur mère pour
obtenir la permission désirée. Marie essuya un premier refus ; sans se décourager, elle fit appel à son
amie, Jeanne Abadie, pour plaider ensemble la cause
de Bernadette. La mère Soubirous résista encore ; elle
se rappelait les funestes effets de la première sortie,
et ne voulait pas s'exposer à augmenter ses inquiétudes en livrant sa fille à de nouvelles et dange-
reuses émotions.

La Dame cependant appelait Bernadette à la Grotte. Doucement, sans effort, elle sut lever les obstacles et ouvrir les chemins à sa petite privilégiée. Mettant précisément en jeu les sollicitudes de la mère, elle amena celle-ci à se demander si la démarche à laquelle elle s'opposait n'était pas plutôt le moyen le plus efficace de débarrasser sa fille des folles idées qui l'obsédaient. Si l'enfant, en effet, ne voyait plus rien à la Grotte, n'était-il pas à présumer qu'elle reviendrait d'elle-même de ses premières impressions? La mère, quoique anxieuse, se décida donc à laisser tenter l'épreuve d'une seconde visite. A une nouvelle instance faite par les deux petites filles, pour ne pas paraître se déjuger, elle simula l'impatience et répondit :

« Allez, partez, et ne me cassez plus la tête! Au moins, ajouta-t-elle, soyez ici à l'heure des vêpres; sans cela vous savez ce qui vous attend. »

En dehors du cercle de la famille, Bernadette n'avait parlé à personne de la vision qu'elle avait eue à la Grotte. Marie, sa sœur, n'avait pas cru devoir se tenir dans la même réserve. Dès le matin du 14 février, une douzaine de jeunes filles du quartier étaient dans la confidence, et toutes avaient demandé à suivre Bernadette, au cas où celle-ci reviendrait à Massabieille. Aussitôt que l'autorisation de la mère fut obtenue, Marie, fidèle à des promesses données, courut, accompagnée de Jeanne Abadie, prévenir ses amies.

Pendant ce temps, Bernadette s'habillait à la hâte, et son imagination se créait par avance le tableau des joies qui l'attendaient à la Grotte. Ce tableau l'attirait, et cependant un nuage importun venait de temps en temps en assombrir la radieuse perspective. La voyante se rappelait ce que lui avait dit

sa mère des ruses du démon, et, bien qu'elle sentît
en elle-même comme une certitude invincible qu'elle
n'avait pas été mystifiée, elle ne pouvait se défendre
d'une certaine appréhension. En tout cas, sur le
conseil de ses jeunes compagnes, elle se munit d'une
fiole qu'elle alla remplir au bénitier de la paroisse.

Ainsi armée contre les artifices de l'esprit de mensonge, elle s'engagea confiante dans le chemin de
la forêt, escortée de cinq ou six jeunes filles de son
âge, que Marie, sa sœur, avait réunies en toute diligence. D'autres compagnes devaient suivre, mais
comme leurs apprêts de toilette n'étaient pas encore
terminés, il fut convenu que Jeanne Abadie les
attendrait.

Aussitôt que le premier groupe parvint à Massabieille, Bernadette tomba à genoux sur le côté droit
de la Grotte, en face du buisson au-dessus duquel
la Dame avait une première fois apparu. Elle se mit
en prière; puis, tout à coup, elle s'écria dans un
transport de joie :

« Elle y est!... Elle y est!... »

Marie Hillot, qui tenait à ce moment le flacon
d'eau bénite, le passa rapidement à Bernadette en
lui disant :

« Vite, jette-lui de l'eau. »

Bernadette obéit et jeta le contenu de sa fiole dans
la direction du buisson.

« Elle ne s'en fâche pas, reprit la voyante avec
satisfaction; au contraire, elle approuve de la tête
et sourit vers nous toutes. »

Aussitôt les jeunes filles tombèrent à genoux, se
rangeant en demi-cercle sur les côtés de Bernadette.
Un instant après, celle-ci était plongée dans l'extase.
Son regard, doux et tranquille, demeurait fixé sur
la niche, vide et froide pour tout autre que pour

elle, et semblait s'enivrer de la contemplation d'une beauté céleste; son visage, transfiguré et rayonnant de bonheur, avait pris une expression indéfinissable; on aurait dit un ange en prière.

En présence d'un tel tableau, aussi inattendu qu'émouvant, les jeunes filles se troublèrent, ne sachant à quel sentiment se livrer. La plupart éclatèrent en sanglots, et l'une d'elles s'écria :

« Oh! si Bernadette allait mourir! »

Elles étaient là, anxieuses et hésitantes, quand un incident nouveau vint redoubler leurs alarmes.

Une pierre, lancée du haut du mamelon, rebondit sur le rocher et tomba dans le Gave. C'était plus qu'il n'en fallait pour affoler de jeunes têtes déjà surexcitées. Les amies de la voyante s'enfuirent de la Grotte, et, remplies de terreur, elles remontèrent le talus escarpé, en jetant de grands cris et en appelant au secours. Arrivées au chemin de la forêt, elles trouvèrent Jeanne Abadie, en tête de son petit peloton de retardataires, battant des mains et riant aux éclats. Bientôt tout fut expliqué : c'était Jeanne qui, pour se venger de ce qu'on ne l'avait pas attendue, avait causé la panique.

La paix faite et la frayeur calmée, les jeunes filles venues d'en bas firent connaître aux autres l'état extraordinaire dans lequel elles avaient laissé Bernadette. Toutes s'empressèrent de descendre pour venir en aide à leur amie commune. Elles trouvèrent la voyante agenouillée à la même place, dans les ravissements de l'extase. Elles approchèrent d'elle, l'appelèrent affectueusement par son nom; mais Bernadette était insensible à la voix de ses compagnes. Comme si elle n'était plus de ce monde, son regard demeurait fixé sur l'objet invisible qui le captivait. Les jeunes filles, ne sachant si la voyante était morte ou si elle allait mourir, se lamentaient, se désolaient, lorsqu'elles virent descendre la mère et la sœur de Nicolau, le meunier du moulin de Savy. Les deux femmes avaient entendu les cris de détresse des enfants et s'étaient empressées d'accourir. En voyant Bernadette en extase, elles demeurèrent stupéfaites et comme saisies d'un religieux respect. Elles s'approchèrent d'elle timidement et cherchèrent par de douces instances à la faire revenir à la vie ordinaire. Peine perdue ; Bernadette ne voyait, n'entendait que sa chère vision.

Il fallait cependant soustraire la voyante au charme puissant qui la captivait d'une manière si merveilleuse. Sans tarder davantage, la mère Nicolau se détacha de Massabieille et alla prendre son fils au moulin de Savy. Le jeune meunier, alors âgé de vingt-huit ans, accourut à la Grotte le sourire ironique sur les lèvres, croyant assister à une espièglerie d'enfant.

Arrivé près de Bernadette, il recula de surprise et se croisa les bras :

« Jamais spectacle plus frappant, dit encore aujourd'hui l'ancien meunier de Savy, ne s'était présenté à mes yeux ! j'avais beau me raisonner, il me semblait que je n'étais pas digne de toucher à cette enfant. »

Poussé cependant par sa mère, le jeune Nicolau prit avec précaution Bernadette sous les aisselles et essaya de la faire marcher. Soutenue ensuite par la meunière et son fils, la voyante put parvenir ainsi au moulin de Savy.

Mais, durant le trajet, elle paraissait suivre du regard un être mystérieux qui se tenait sur le devant et un peu au-dessus d'elle. En vain le fils Nicolau, pour rompre le charme, lui mettait la main sur les

yeux et l'obligeait à baisser la tête ; Bernadette revenait sans cesse à sa position première et continuait
à poursuivre sa contemplation. Ce ne fut qu'à son
arrivée au moulin que Bernadette reprit possession
d'elle-même et qu'elle vit avec tristesse reparaître
devant ses yeux le tableau décoloré de la vie ordinaire.

Interrogée sur les causes qui avaient provoqué
ses ravissements, Bernadette fit le récit de la vision
du jour, qui n'était qu'une répétition de celle du
jeudi précédent.

Les compagnes de Bernadette, après l'avoir suivie
jusqu'au moulin de Savy, se séparèrent d'elle et
regagnèrent la ville, entièrement bouleversées de ce
qu'elles avaient vu à Massabieille. En entrant chez
elle, la sœur de Bernadette éclata en sanglots et,
suffoquée par l'émotion, elle ne put dire à sa mère
le motif de ses larmes.

La mère, hors d'elle-même et croyant à un malheur, prit en toute hâte le chemin de la Grotte. Par
une heureuse coïncidence, elle rencontra successivement deux ou trois femmes qui lui assurèrent que
Bernadette se reposait au moulin de Savy et que
rien de fâcheux ne lui était survenu. Mais la mère
Soubirous, se rappelant l'entêtement de Bernadette
à vouloir retourner à la Grotte, s'abandonna à un
mouvement de colère contre la petite obstinée. Elle
entra au moulin de Savy, une houssine à la main,
et, allant droit à sa fille, elle lui dit :

« Comment, drôlesse, tu veux donc que nous
soyons la risée de tous ceux qui nous connaissent !
Je vais te les donner, moi, tes airs béats et tes histoires de dame ! » et elle allait frapper, quand la
vieille Nicolau retint le coup.

« Que faites-vous ? s'écria-t-elle. Eh ! qu'a donc

fait votre fille pour que vous la traitiez ainsi? C'est un ange et un ange du ciel, entendez-vous? que vous avez en elle! Je n'oublierai jamais, moi, ce qu'elle était à la Grotte! »

La femme Soubirous, brisée par les émotions qu'elle venait d'éprouver, s'était laissée tomber sur un siège et regardait sa fille en pleurant. Quelques instants après, réconfortée par les représentations amicales de la famille Nicolau, elle reprenait le chemin de la ville, emmenant avec elle Bernadette, qui, de temps en temps, jetait en arrière un regard furtif.

Le fils Nicolau, aujourd'hui homme fait, m'a confirmé, trente ans plus tard, les détails que je donne sur la deuxième apparition.

VIII

TROISIÈME APPARITION (JEUDI, 18 FÉVRIER)

Les jeunes filles, qui s'étaient séparées de Bernadette au moulin de Savy, rentrèrent à Lourdes en semant sur leur passage le récit des choses extraordinaires qu'elles avaient vues. Le soir, le lendemain, les jours suivants, dans leurs familles, chez les voisins, parmi leurs amies, elles continuèrent à parler avec animation du tableau qui les avait frappées à la Grotte.

« Bernadette en extase, disaient-elles, ne ressemble

plus à elle-même ; elle devient pareille, mais plus belle encore, aux anges adorateurs qui sont sur les autels. »

Généralement on riait du caquetage et de l'exaltation de ces enfants, et on les renvoyait en les traitant de petites folles.

Il n'en fut pas ainsi d'une des Enfants de Marie de Lourdes, Antoinette Peyret. Tout émue de ce qu'elle avait entendu raconter, elle prit un prétexte quelconque pour entrer chez les Soubirous et provoquer les explications de Bernadette. Celle-ci n'allait jamais au-devant des questions ; mais quand elle était interrogée, elle se prêtait de bonne grâce à ce qu'on désirait d'elle. Sans prétention et sans se faire prier, Bernadette entreprit donc de raconter ce qui lui était arrivé à Massabieille. Quand elle parla du costume de la Dame mystérieuse, Antoinette Peyret, qui suivait déjà ces détails avec émotion, sentit son cœur se gonfler et une larme monter à ses paupières.

Quelques mois auparavant, la congrégation des Enfants de Marie de Lourdes avait perdu sa digne et bien-aimée présidente, Mlle Élisa Latapie. Le deuil était dans la congrégation et devait y rester longtemps, car je connais d'anciennes congréganistes qui, à trente ans de distance, se surprennent à pleurer encore leur compagne vénérée. Quoique jeune, Mlle Latapie avait su conquérir la confiance et le respect de tous. L'aménité de son caractère, la distinction de son esprit, la générosité de son âme lui attiraient spontanément les cœurs, et pour les jeunes congréganistes elle était une amie, une conseillère, une seconde mère. Aussi, quand elle passait dans les rues, tout le monde la saluait avec respect et vénération. Sa mort fut un deuil public. Au jour de ses funérailles, la ville entière de Lourdes accompagnait son cercueil, et les pleurs des pauvres, mieux que les paroles, dirent éloquemment ce qu'avait été sa charité.

Or, parmi les Enfants de Marie particulièrement attachées à Mlle Latapie, se faisait remarquer Antoinette Peyret. Plus qu'aucune autre, elle sentit le déchirement de la séparation ; l'image de celle qui n'était plus se présentait sans cesse à son esprit. A la description que fit Bernadette du costume de la Dame du rocher, elle fut frappée de la ressemblance qui existait entre ce costume et celui que portaient les Enfants de Marie au jour de leurs cérémonies religieuses. A l'instant, sa pensée courut à Mlle Latapie, et elle se demanda avec émotion si la Dame qui se montrait à Massabieille n'était pas son ancienne présidente venant réclamer des prières. A partir de ce moment, la congréganiste ne connut plus de repos. Au cours d'une conversation qu'elle eût avec Mme Millet, de Lourdes, dans la journée du mercredi 17 février, elle fit part à cette dernière de ses impressions et de son inquiétude, et ensemble elles combinèrent une visite « au cachot ».

Ce même jour, à la tombée de la nuit, les deux femmes entrèrent ensemble au domicile des Soubirous. Elles se présentèrent juste au moment où Bernadette sollicitait de sa mère l'autorisation de retourner une troisième fois à la Grotte. Encore sous le coup des impressions reçues le dimanche précédent, la mère ne voulait pas renouveler ses alarmes et adressait à sa fille une sévère mercuriale.

A la vue des deux visiteuses, elle s'arrêta un peu confuse, mais elle ne put cacher ni s'empêcher de dire le motif de son irritation. Mme Millet et Antoinette Peyret furent presque heureuses d'arriver en cette conjoncture; elles s'employèrent à calmer la mère, à lui démontrer que ses craintes étaient exagérées. Elles appuyèrent ensuite la demande de Bernadette et, plaidant autant pour elles-mêmes que pour l'enfant, elles firent remarquer qu'il y avait plus de danger à combattre ce désir qu'à le favoriser. Enfin elles s'engagèrent à accompagner Bernadette à la Grotte et à lui servir de protectrices.

« Mais vous voulez donc faire de ma fille un objet de moquerie! s'écria la pauvre mère éplorée.

— C'est vous qui nous faites injure en nous prêtant ce dessein, répondit vivement Mme Millet. Nous n'insistons pas, mais en vous quittant, permettez-nous de vous dire que vous vous chargez de responsabilités que, pour notre part, nous n'oserions pas prendre.

— Ah! je perds la tête! reprit fiévreusement la mère Soubirous en retenant les deux visiteuses par les mains. Il me semble que vous ne me trompez pas..., je vous confie ma fille...; vous voyez mes angoisses..., de grâce, veillez sur elle! »

Ce colloque a été rapporté bien souvent à ma sœur par Mlle Peyret.

Le lendemain, avant le jour, afin de ne pas attirer l'attention des curieux, Mme Millet et Mlle Peyret vinrent frapper discrètement à la porte des Soubirous, et Bernadette sortit avec elles. Elles avaient à peine fait quelques pas dans la rue, quand les cloches de la paroisse annoncèrent une messe basse; elles entrèrent à l'église. La messe entendue, elles s'acheminèrent vers Massabieille; peu de personnes les virent passer, car les maisons n'étaient pas encore ouvertes. Mme Millet tenait ostensiblement dans ses mains le cierge traditionnel bénit à la Chandeleur, cierge qu'elle faisait brûler dans sa chambre aux jours de fête de la Vierge ou à l'approche des gros orages. Antoinette Peyret, de son côté, cachait sous les plis de son grand capuchon noir des Pyrénées une feuille de papier, une plume, de l'encre.

Lorsqu'elles furent parvenues au sommet du mamelon de Massabieille, Bernadette, pressée d'arriver, laissa derrière elle ses protectrices et descendit rapidement vers la Grotte. Mme Millet et Antoinette Peyret, moins familiarisées avec le sentier, n'arrivèrent au bord du Gave que quelques minutes après la voyante.

Elles trouvèrent cette dernière à genoux, récitant son chapelet en face de la niche d'où pendait le buisson. Après avoir allumé le cierge bénit, les deux femmes imitèrent Bernadette et prirent leurs chapelets. Le petit groupe agenouillé priait à voix basse depuis déjà quelques instants, lorsque la voyante jeta soudain un cri de joie :

« Elle vient !... la voilà ! » et Bernadette, frémissante de bonheur, inclinait en même temps la tête jusqu'à terre. Mme Millet et Mlle Peyret se hâtèrent de porter leurs regards sur le rocher, mais, hélas ! pour elles rien n'y était changé.

« Continuons à prier, dit Mme Millet, et si la Dame invisible est bien celle que nous pensons, nos prières ne peuvent que lui être agréables. »

Bernadette avait devancé ces paroles, et son cœur était déjà en communication avec la céleste apparition. Elle priait et souriait tour à tour. La voyante demeura heureuse, doucement émotionnée, mais elle ne donna pas ce jour-là de signes extérieurs d'extase. La Dame allait parler et elle voulait que l'enfant entendît sa voix dans le calme et la pleine possession de ses facultés.

Quand le chapelet fut récité, Antoinette Peyret, toujours absorbée dans le souvenir de son amie défunte, la présidente de la congrégation, dit à Bernadette en lui tendant le papier et la plume qu'elle avait apportés :

« Demande, je te prie, à la Dame si elle a quelque chose à nous communiquer et, dans ce cas, de vouloir bien le mettre par écrit. »

La voyante fit trois ou quatre pas vers le rocher, puis comprenant sans se retourner que les deux femmes la suivaient, elle leur fit signe de la main de demeurer en arrière. Arrivée sous le buisson, Bernadette se haussa sur ses pieds et présenta le papier et la plume à la vision. Elle demeura quelques instants dans cette attitude, regardant vers l'ouverture ogivale et paraissant écouter des paroles qui lui venaient du haut de la niche. Elle abaissa ensuite ses bras, fit une profonde inclination et revint à sa place première. Comme on le pense bien, le papier était demeuré blanc.

Un peu attristée, Antoinette Peyret se rapprocha de Bernadette et lui demanda ce qu'avait répondu la Dame.

« Quand je lui ai présenté le papier et l'encre, elle s'est mise à sourire, puis, sans se fâcher, elle m'a répondu :

« — Ce que j'ai à vous dire, il n'est pas nécessaire que je le mette par écrit. »

« Elle a paru ensuite réfléchir un moment et a ajouté :

« — Voulez-vous avoir la bonté de venir ici pendant quinze jours[1] ? »

— Qu'as-tu répondu ?

— J'ai répondu que oui.

— Mais pourquoi la Dame veut-elle que tu viennes ?

— Je l'ignore, elle ne me l'a pas dit.

— Mais, reprit à son tour Mme Millet, pourquoi nous as-tu fait signe de reculer quand nous montions tout à l'heure après toi ?

— Pour obéir à la Dame.

— Ah !... soupira avec inquiétude Mme Millet, de grâce, Bernadette, demande-lui si ma présence ici ne lui serait pas importune. »

Bernadette leva les yeux vers le haut du rocher, puis se retournant :

« La Dame répond : « Non, sa présence ici ne « m'est pas désagréable. »

La voyante se remit à prier et avec elle les deux femmes. Dans cette seconde partie de l'apparition, Mme Millet et Antoinette Peyret remarquèrent que Bernadette interrompait souvent sa prière pour se livrer à un colloque intime avec la vision. Une heure se passa ainsi, puis tout disparut.

Dès que Bernadette fut sortie de la Grotte, Mme Millet et Antoinette Peyret lui demandèrent si elle n'avait pas reçu de nouvelle communication de la Dame.

« Si, répondit l'enfant, mi-attristée, mi-joyeuse ; elle m'a dit :

« — Je ne vous promets pas de vous rendre heureuse dans ce monde, mais dans l'autre. »

---

[1] Bernadette, traduisant la réponse de la Dame, employait le mot patois *boulentat* pour dire *bonté,* et parfois le mot *gracio* pour dire *grâce.* Voulez-vous avoir la bonté ou voulez-vous me faire la grâce de...

— Puisque la Dame consent à te parler, reprirent les femmes, pourquoi ne lui demandes-tu pas son nom ?

— Je l'ai fait.

— Eh bien, qui est-elle ?

— Je l'ignore ; elle a baissé la tête en souriant, mais elle n'a pas répondu [1]. »

Bernadette fut reconduite dans sa famille. Comme la meunière Nicolau, Mme Millet et Antoinette Peyret dirent à la mère :

« Ah ! que vous êtes heureuse d'avoir une pareille enfant ! »

IX

QUATRIÈME APPARITION (VENDREDI, 19 FÉVRIER)

Dès que Mme Millet et Antoinette Peyret eurent disparu, Bernadette fit connaître à ses parents les paroles recueillies de la bouche de la Dame et l'engagement pris par elle de revenir pendant quinze jours à la Grotte. En entendant cette dernière communication, les époux Soubirous tombèrent dans un trouble indéfinissable. Jusque-là ils avaient pensé que les yeux de l'enfant se laissaient éblouir à la Grotte par quelque forme vaporeuse plus ou moins brillante, mais que cette forme finirait par s'évanouir, comme s'évanouissent, dans les hauteurs de l'espace, les figures fantastiques créées

[1] Les dialogues du chapitre m'ont été rapportés bien des fois par Bernadette.

par les nuages. Les nouveaux renseignements apportés par la voyante renversaient toutes leurs hypothèses. Ce quelque chose de vague, d'indécis, qu'ils avaient entrevu par leur imagination était un être réel, vivant, ayant une volonté propre et parlant comme l'un d'eux. Maintenant, et ici commençait leur embarras, à quelle catégorie d'esprits fallait-il rattacher la personnalité immatérielle, et toutefois sensible, qui se montrait à Massabieille?

Aux traits resplendissants de la Dame décrite par Bernadette, à la nature des promesses qu'elle faisait, le père et la mère de l'enfant croyaient reconnaître la Reine du ciel. Mais ils repoussaient bien vite cette pensée comme présomptueuse, et se confondaient dans leur néant.

Ils se prenaient ensuite à examiner l'idée conçue par Antoinette Peyret, c'est-à-dire la possibilité d'une apparition, sous une forme humaine, d'une âme du purgatoire. Mais la sérénité de l'être mystérieux ne semblait pas se concilier avec l'expression d'une personne qui souffre. Puis, une âme du purgatoire serait-elle venue sans but à la Grotte? Pourquoi cette âme n'aurait-elle pas formulé ses désirs, ses prières, au moment où elle y était expressément conviée? La présence d'une âme du purgatoire sur le rocher de Massabieille ne paraissait donc pas probable aux Soubirous.

Un troisième aspect de la question jetait ces derniers dans une espèce de saisissement qui approchait de l'épouvante. Sans doute la Dame de la Grotte se présentait sous des dehors pleins de charme et de bénignité; sans doute elle portait sur elle un objet religieux qui fait la terreur de l'enfer; sans doute elle donnait des promesses qui, par leurs restrictions mêmes, rappelaient les promesses évangéliques. Mais à tous ces beaux semblants, à toutes ces belles assurances pouvait-on se fier? L'esprit du mal n'est-il pas capable de toutes les fourberies et de tous les mensonges?

En dehors de ces sujets de crainte, ne demeurait-il pas encore d'autres points noirs à éclaircir? Que signifiait le silence de la Dame à l'égard de son nom?

Entrevoyant d'un côté la lumière et d'un autre les ténèbres, les époux Soubirous étaient en proie aux incertitudes les plus inextricables. Ils se sentaient enveloppés de surnaturel, et ce surnaturel, ils n'osaient ni l'accueillir, ni le combattre. Les braves gens arrivaient à la question finale sans pouvoir la résoudre : devaient-ils, ne devaient-ils pas autoriser Bernadette à retourner à la Grotte?

Dans les conjonctures un peu difficiles, les Soubirous ne manquaient jamais de consulter la tante Bernarde, la marraine de leur fille, et il était rare que son avis ne fût pas adopté. Au cours de la journée du 18 février, la mère de la voyante alla trouver sa sœur aînée pour lui faire part de ses perplexités. Bernarde écouta, mais elle ne voulut donner aucun conseil avant d'avoir réfléchi.

Le soir, à la veillée, elle se présenta chez les Soubirous, et leur dit que son opinion était faite et qu'elle ne voyait pas de motif sérieux pour empêcher Bernadette de se rendre à l'invitation de la Dame.

« Si la vision, fit-elle observer, est de nature céleste, nous n'avons rien à redouter; si ce n'est qu'une supercherie diabolique, il n'est pas possible que la Vierge laisse tromper une enfant qui se confie à elle avec tout l'abandon de son innocence.

Au surplus, ajouta Bernarde, il est un tort que nous nous sommes déjà donné : c'est celui de n'être pas allés nous assurer par nous-mêmes des faits qui s'accomplissent à Massabieille. Il est nécessaire que cette démarche se fasse; puis, selon ce que nous aurons observé, nous déciderons de la conduite qu'il conviendra de tenir. »

Déférant à la manière de voir de la tante Bernarde, la mère Soubirous et sa fille sortaient, le lendemain 19 février, au point du jour, de leur domicile des Petits-Fossés et se dirigeaient, enveloppées dans leurs capulets, vers la rue du Baous. Elles prirent en passant la tante Bernarde; puis, sans proférer une parole, les trois femmes, Bernadette au milieu, s'acheminèrent vers les bas-fonds du Gave. Malgré le soin qu'elles avaient mis à se cacher, quelques voisines, ouvrant leurs maisons, les reconnurent et les suivirent. Une petite caravane de sept ou huit personnes arriva sous la Grotte presque en même temps que le groupe Soubirous.

Bernadette se mit à genoux, éleva son chapelet à la hauteur du front et se marqua d'un beau signe de croix. Un moment après, le monde matériel n'existait plus pour elle, et son âme ravie était plongée dans les délices de la contemplation. Des sourires ineffables illuminaient son visage, des courants de joie céleste faisaient tressaillir tout son être.

La mère et la tante avaient déjà entendu faire le tableau de ce qu'était Bernadette à la Grotte. Leur imagination ne s'était pas élevée à l'idéal des sublimes réalités qui les attendaient. Quand elles virent la voyante sous les rayonnements de l'extase, le corps penché en avant comme pour s'envoler, elles furent saisies d'un tremblement nerveux, et la mère de s'écrier :

« O mon Dieu, je vous en conjure, ne m'enlevez pas mon enfant! »

Une autre voix, celle d'une assistante, disait en même temps :

« Oh! qu'elle est belle! »

Des larmes d'attendrissement montèrent à tous les yeux; on se mit à prier dans un silence admiratif.

Bernadette demeura dans le ravissement environ une demi-heure; cette demi-heure parut un siècle au cœur anxieux de la mère et de la tante; ce ne fut qu'un éclair, mais un éclair échappé des demeures célestes, pour les autres personnes présentes à cette scène.

La voyante revint de son extase en se frottant les yeux et comme accablée sous le poids de son bonheur. Heureuse, elle se rapprocha affectueusement de sa mère et de sa tante, qui la reçurent dans leurs bras avec une inexprimable tendresse.

Toutes trois elles remontèrent la pente escarpée de Massabieille au milieu des femmes qui avaient suivi au départ. Celles-ci entouraient Bernadette de mille égards et se répandaient en admiration sur ce qu'elles avaient vu.

Chemin faisant, Bernadette raconta que la Dame s'était montrée satisfaite de sa fidélité à revenir à la Grotte, et lui avait dit que, plus tard, elle aurait des révélations à lui faire.

Elle parla encore d'un fait étrange qui s'était produit durant la vision. Pendant qu'elle était en prière, dit-elle, un tumulte de voix sinistres paraissant sortir des entrailles de la terre était venu éclater au-dessus des eaux du Gave; ces voix s'interpellaient, se croisaient, se heurtaient, comme les clameurs d'une foule en querelle. L'une de ces voix, dominant les autres, avait crié d'une manière stridente et pleine de rage : *Sauve-toi! Sauve-toi!* A ce cri, qui ressemblait à une menace, la Dame avait levé la tête et froncé le sourcil en regardant vers la rivière. Sur ce simple mouvement, les voix s'étaient prises d'épouvante et avaient fui dans toutes les directions.

Les personnes qui revenaient de la Grotte n'avaient rien entendu de ce que racontait Bernadette. Elles crurent que l'enfant s'était trompée et n'attribuèrent à l'incident aucune signification. Il en avait une cependant, et j'aurai plus tard à en préciser le sens[1].

X

CINQUIÈME APPARITION (SAMEDI, 20 FÉVRIER)

A la date où nous sommes arrivés, la nouvelle des apparitions était généralement connue à Lourdes, et l'on commençait à s'en entretenir à voix haute et d'une manière publique. Comme il est indiqué aux pages précédentes, quelques jeunes filles et une douzaine de femmes avaient seules cependant assisté jusqu'alors aux extases de Bernadette. Ces femmes, ces enfants avaient jeté partout le cri de leur admiration, et chez tous ceux qui avaient prêté l'oreille elles avaient fait naître le désir de voir ce qu'elles mêmes avaient vu. Dès que l'on apprit que la

---

[1] Voir page 15, au chapitre des fausses apparitions.

voyante se rendait tous les matins à la Grotte, un grand nombre d'habitants de Lourdes se hâtèrent d'y accourir. Dans la matinée du samedi 20 février, le dessous des excavations et l'espace ouvert qui se trouvait entre les excavations et le Gave étaient entièrement occupés. A partir de ce jour, on ne compta plus les spectateurs par quelques unités, mais par centaines d'abord, et plus tard par milliers.

Le matin de la cinquième apparition, Bernadette, accompagnée de sa mère, arriva à Massabieille vers six heures et demie. Elle ne fut ni étonnée, ni émue d'y trouver la foule qui l'attendait. Elle se présenta sous le rocher avec le même air que si elle eût été simple spectatrice, et alla s'agenouiller à sa place ordinaire. Sans faire attention que tous les yeux étaient fixés sur elle, elle prit naturellement son chapelet et se mit à prier. Un moment après, les yeux de Bernadette s'ouvraient à un jour qui n'était pas de la terre. Le moment des grandes expansions était venu, et Bernadette envoyait l'expression de ses hommages, de ses remerciements, de ses joies, à la Dame cachée du rocher. Une grâce surhumaine accompagnait ses mouvements, et sa propre mère, qui se tenait, émue, à ses côtés, disait en pleurant :

« Je perds la tête et ne reconnais plus ma fille! »

Une rumeur confuse d'admiration s'était déjà élevée du milieu de la foule, et la plupart des assistants se haussaient sur la pointe des pieds afin de mieux voir et contempler l'extatique. Absorbés par le tableau présenté par l'enfant, les spectateurs craignaient d'en perdre un autre : par une attraction dont ils ne pouvaient se défendre, ils portaient alternativement leurs regards de Bernadette au

rocher et du rocher à Bernadette. Les yeux du corps
ne voyaient rien du côté de la Grotte, mais les yeux
de l'âme voyaient, et chacune des personnes présentes aurait pu dire, comme l'extatique lors d'une
apparition précédente : La Dame y est! la Dame
est là!

Après l'extase, Bernadette, interrogée sur son
entretien avec la Dame, répondit que celle-ci avait
eu la bonté de lui apprendre mot par mot une
prière particulière et spéciale pour elle. Quand on
demandait à la voyante de dire cette prière, elle
répondait qu'elle ne s'y croyait pas autorisée,
attendu qu'elle n'avait été formulée qu'en vue de
ses besoins intimes. A l'embarras qui accompagnait le refus, on pouvait comprendre qu'il s'agissait de délicatesses de l'âme auxquelles l'enfant
n'osait pas même faire allusion.

XI

SIXIÈME APPARITION (DIMANCHE, 21 FÉVRIER)

M. Dozous, médecin à Lourdes, et l'un des témoins
éclairés des extases de Bernadette, raconte dans
son livre intitulé : *La Grotte de Lourdes, sa fontaine, ses guérisons*, les faits qui se rapportent à
la sixième apparition. Je lui emprunte son récit;
mais avant de le reproduire je ferai remarquer que
le docte praticien, en se rendant à Massabieille,
croyait n'avoir à s'occuper que d'une de ces mala-

dies bizarres, d'ordre névropathique, dont les manifestations mal comprises troublent souvent le vulgaire. Il supposait qu'un mot de lui suffirait à faire la lumière et, par suite, à démolir l'échafaudage factice des versions qui circulaient. Il entra en observation avec ce plan préconçu; mais, dès les premiers moments, il remarqua qu'il se trouvait en présence d'un problème médical dont la solution, au point de vue scientifique, n'était pas facile à dégager. Il n'avoua pas tout d'abord son embarras et revint plusieurs fois à la Grotte. Après cinq ou six jours de patientes et minutieuses études, le docteur déclara hautement, et non sans courage, que le doigt de Dieu se montrait à Massabieille et que la maladie de Bernadette n'était pas de celles qui relèvent de la médecine.

Né à une époque où l'idée chrétienne s'était affaiblie dans les esprits, M. Dozous avait passé sa vie dans l'indifférence religieuse. Au contact des événements surnaturels de la Grotte, il sentit son âme se réveiller et prendre son essor vers des régions nouvelles. Il renonça aux doctrines philosophiques qu'il avait professées jusque-là, et devint l'un des champions les plus ardents de la cause de l'Immaculée Conception. Le médecin populaire de Lourdes est mort au milieu de ses concitoyens en chrétien résigné et édifiant, le 15 mars 1884, à l'âge de quatre-vingt-cinq ans. Durant sa longue carrière, il s'était dévoué avec désintéressement au soulagement des pauvres; les pauvres le pleurèrent. Nul doute que les vertus professionnelles de M. Dozous, ainsi que son grand zèle à publier les gloires de la Vierge à la Grotte, n'aient été couronnés au ciel par Celui qui récompense jusqu'au petit verre d'eau froide offert à l'un des siens.

Écoutons maintenant le médecin dans ses constatations relatives à la sixième apparition :

« ... Aussitôt qu'elle fut devant la Grotte, Bernadette s'agenouilla, ôta de sa poche son chapelet et se mit à prier en l'égrenant. Son visage subit une transformation remarquée par toutes les personnes qui étaient près d'elle, et indiquait qu'elle était en rapport avec son apparition. Pendant qu'elle déroulait de la main gauche son chapelet, elle tenait de la main droite un cierge allumé qui s'éteignait souvent sous l'action d'un courant d'air très fort qui régnait le long du Gave, mais elle le livrait chaque fois à la personne la plus rapprochée d'elle pour qu'il fût rallumé.

« Moi, qui suivais avec une grande attention tous les mouvements de Bernadette, je voulus savoir, en ce moment, quel pouvait être l'état de la circulation sanguine et de la respiration ; je pris l'un de ses bras et plaçai mes doigts sur l'artère radiale. Le pouls était tranquille, régulier, la respiration facile ; rien, dans la jeune fille, n'indiquait une surexcitation nerveuse.

« Bernadette, après que j'eus abandonné son bras, se leva et s'avança un peu vers la Grotte. Bientôt je vis son visage, qui jusque-là avait offert l'expression de la béatitude la plus parfaite, s'attrister ; deux larmes tombèrent de ses yeux et roulèrent sur ses joues. Ces changements survenus dans sa physionomie pendant cette station me surprirent. Je lui demandai, quand elle eut terminé ses prières et que l'être mystérieux eut disparu, ce qui s'était passé en elle durant cette longue station. Elle me répondit :

« — La Dame, en me quittant un instant de son regard, l'a dirigé au loin par-dessus ma tête. Ensuite le reportant sur moi qui lui demandais ce qui l'at-

tristait, elle m'a dit : *Priez pour les pécheurs !* Je fus
bien vite rassurée par l'expression de bonté et de
sérénité que je pus revoir sur son visage, et aussitôt
elle disparut. »

« En quittant ces lieux, où l'émotion avait été si
grande, Bernadette se retira, comme toujours, dans
l'attitude la plus simple, la plus modeste. »

Comme on peut en juger, la narration de M. Dozous
n'accuse aucun enthousiasme ; c'est la constatation
pure et simple d'un fait examiné par ses côtés
extérieurs. Il y a bien quelques affirmations qui
trahissent le trouble, mais le médecin hésite et
n'ose encore se prononcer. Il cherche, il tâtonne,
il médite. D'une part, il entrevoit les désaveux
de ses confrères ; de l'autre, il écoute les revendications de sa propre raison. Un grand combat
se livrait en lui, et il s'agissait de décider entre
ses vieilles idées et les nouveaux horizons qui se
présentaient devant son âme. De plus en plus frappé
par l'évidence des faits, M. Dozous reconnut enfin
le surnaturel des apparitions, et, à partir de ce
jour, au mépris de toutes les dérisions, il se consti-
tua l'apôtre dévoué de la Grotte de Lourdes.

XII

SUITE DE LA JOURNÉE DU 21 FÉVRIER

Les spectateurs avaient été déjà nombreux à l'extase de la veille. D'autres auraient suivi, mais craignant d'être dupes de quelque mystification, ils

avaient voulu attendre de plus amples renseignements, et ne se présentèrent à la Grotte que le lendemain, 21 février. A ceux-là vint se joindre un
groupe d'ouvriers de Lourdes, qui, profitant des
loisirs du dimanche, avaient tenu à s'assurer par
eux-mêmes des choses qu'on racontait. Les nouveaux visiteurs, réunis à ceux des journées précédentes, toujours fidèles à revenir, créèrent donc une
assistance considérable autour de Bernadette au
matin de la sixième apparition.

La transfiguration de la voyante jeta, comme
d'habitude, tous les témoins de l'extase dans la plus
profonde stupéfaction. Ces derniers se continrent à
la Grotte, considérée déjà comme un lieu sacré;
mais rentrés en ville, ils traversèrent les rues en
déversant le trop-plein de leur admiration. On sortait des maisons pour les entendre, on les arrêtait
à chaque pas pour les interroger. Les auditeurs
applaudissaient à leurs récits comme on applaudit à l'heureuse annonce d'un événement patrio-
tique. Si quelqu'un à l'esprit inquiet osait contredire, il était aussitôt combattu et forcé de garder le
silence.

Les autorités chargées de veiller à la tranquillité
locale, demeurées jusque-là à l'écart, commencèrent
à se préoccuper du mouvement insolite qui se produisait à Lourdes. Dans les premiers jours, elles
n'avaient donné aucune importance à la question de
la Grotte, et pensaient que le bon sens public ferait
justice des racontages qui circulaient. En présence
de l'animation bruyante qui marqua la matinée du
21 février, elles se prirent d'inquiétude pour les
intérêts dont elles avaient la garde et aussi pour
leur propre responsabilité. Le maire, le procureur

impérial, le commissaire de police se réunirent à l'hôtel de la mairie en vue d'examiner s'il n'y aurait pas quelque mesure à prendre pour prévenir le retour des manifestations qui venaient d'éclater. Certaines vivacités de parole avaient surgi çà et là entre ceux qui croyaient et ceux qui ne croyaient pas aux visions. Ils s'exagérèrent la portée de ces petits conflits et y virent le germe menaçant de dissensions pouvant troubler le repos de la ville.

Une seconde crainte, celle-ci mieux fondée, mettait en éveil la sollicitude des magistrats. L'espace resserré où s'accumulait la foule à Massabieille n'était pas sans présenter de sérieux et graves dangers. Les premiers arrivés s'emparaient du rond-point qui se trouvait devant la Grotte. Ceux qui venaient ensuite montaient sur les blocs de pierre qui pointaient à la surface du Gave. Les retardataires grimpaient et allaient s'accrocher aux branchages qui pendaient au-dessus des excavations. On comprend les périls d'une pareille situation : un faux mouvement pouvait précipiter dans la rivière les groupes mal affermis qui se tenaient sur les ilots glissants du courant; une branche cassée aurait suffi pour faire rouler dans le vide et tomber sur les spectateurs d'en bas les imprudents qui se balançaient au-dessus du précipice. Aucun accident n'était encore arrivé ; mais fallait-il attendre la catastrophe pour y apporter remède?

La perspective redoutée des éventualités qui pouvaient naître décida les représentants de l'autorité à sortir de leur rôle passif. Ils comprirent cependant qu'ils devaient procéder avec mesure, et que, tout en rendant leur intervention efficace, ils devaient éviter de froisser les susceptibilités populaires. Pour atteindre ce double but, ils jugèrent que le meilleur

moyen à employer était d'amener la voyante, par voie
de persuasion, à ne plus retourner à la Grotte. Comme
ils n'apercevaient pas au delà de la jeune fille la
cause de l'effervescence de la foule, ils crurent qu'en
éliminant cette cause, ils allaient du même coup en
arrêter les effets.

Afin d'exécuter la résolution prise, le procureur
impérial, dès sa sortie de la mairie, fit appeler
Bernadette dans son cabinet.

―――――――――

XIII

SUITE DE LA JOURNÉE DU 21 FÉVRIER

I. — BERNADETTE CHEZ LE PROCUREUR IMPÉRIAL

Le parquet de Lourdes était représenté, à l'époque
dont nous parlons, par M. Dutour, plus tard con-
seiller à la cour d'appel de Pau. Ce magistrat était
estimé dans son ressort, et remplissait avec dignité
les devoirs de sa charge. Comme on le remarque
parfois dans les natures les mieux douées, il existait
chez M. Dutour certaines contradictions, certains
travers d'esprit qui nuisaient à l'éclat de ses belles
qualités. Ainsi, tout en se montrant respectueux des
choses religieuses, il faisait la guerre à ce qu'on
appelle aujourd'hui les idées cléricales[1]. Dans les

―――――――――

[1] Un dimanche, assistant à la messe, il entendit un vicaire de
la paroisse laisser échapper dans son prône quelques paroles mal
voilées contre la classe dirigeante de la société et en particulier

affaires judiciaires, pour lesquelles, du reste, il montrait une grande compétence, il se raidissait outre mesure contre les sentences des juges dont les conclusions n'étaient pas conformes aux siennes. C'est avec ces dispositions, bonnes et mauvaises, et malgré tout sincères, que le procureur de Lourdes prit position dans l'affaire de la Grotte.

Quand il eut Bernadette devant lui, il l'interrogea en ces termes :

« Ma fille, vous faites beaucoup parler de vous, est-ce que vous avez l'intention de continuer vos visites à la Grotte?

— Oui, monsieur, je l'ai promis à la Dame, et j'y reviendrai encore une douzaine de jours.

— Mais, ma pauvre enfant, votre Dame n'existe pas ; c'est un être purement imaginaire.

— Quand elle m'apparut pour la première fois, je le croyais aussi, et me frottais les yeux ; mais aujourd'hui je suis sûre que je ne me trompe pas.

— Comment le savez-vous?

— Parce que je l'ai vue plusieurs fois, et encore ce matin ; puis elle s'entretient avec moi.

— Les sœurs de l'hospice, chez qui vous allez en classe, sont incapables de mentir, et cependant elles vous disent que vous vous faites illusion.

— Si les sœurs de l'hospice voyaient comme moi, elles croiraient comme moi.

— Prenez garde ; on finira peut-être par découvrir quelque chose de caché qui explique votre obstination ; on a déjà répandu le bruit que vous et les vôtres vous receviez des cadeaux en secret.

contre les fonctionnaires, dont il blâmait les mauvais exemples. A l'instant, le procureur prit note des critiques du jeune prédicateur et en fit une grosse affaire. Sous menace de saisir le tribunal de cet écart de paroles, il obligea l'évêque de Tarbes à éloigner de Lourdes le vicaire en question.

— Nous ne recevons rien de personne.

— Cependant, hier, vous êtes allée chez Mme Millet et vous y avez accepté des douceurs.

— C'est vrai; Mme Millet m'a fait prendre un verre d'eau sucrée pour calmer mon asthme; c'est tout.

— Quoi qu'il en soit, votre conduite à la Grotte est un véritable scandale; vous faites courir les gens, et il faut que toutes ces choses finissent; me promettez-vous de ne plus retourner à Massabieille?

— Monsieur, je ne vous le promets pas.

— Est-ce votre dernier mot?

— Oui, monsieur.

— Alors sortez... nous aviserons. »

Au cercle que je fréquentais à Lourdes, le procureur impérial ne faisait mystère à personne de l'interrogatoire qu'il avait fait subir à Bernadette. Il en rapportait avec complaisance les demandes et les réponses, et s'amusait lui-même de sa propre défaite. Il est vrai d'ajouter qu'à l'époque dont nous parlons les agents de l'autorité n'avaient pas encore pris parti contre les apparitions envisagées au point de vue doctrinal.

II. — BERNADETTE CHEZ LE COMMISSAIRE DE POLICE

L'officier de paix qui dirigeait la police à Lourdes, à l'époque des apparitions, était M. Jacomet, homme du pays, alors âgé d'une quarantaine d'années. Ce fonctionnaire avait une figure franche, ouverte, heureuse, prévenant immédiatement en sa faveur. Il était, de plus, intelligent et instruit, ce qui ajoutait un certain air de distinction à ses avantages physiques. A Lourdes, grands et petits serraient la main

à M. Jacomet, et la défaveur de son emploi ne diminuait en rien la popularité de sa personne. Comme
commissaire, nul mieux que lui ne savait débusquer
un fripon et l'amener aux aveux de sa culpabilité.
Il a parcouru sa carrière dans les principales villes
de France, et, d'avancement en avancement, il est
parvenu aux plus hauts échelons de l'administration
qu'il servait. Il est mort à Paris, relativement jeune,
et pendant qu'il était encore dans l'exercice de ses
fonctions.

En entreprenant sa campagne contre la Grotte,
M. Jacomet ne croyait pas s'immiscer dans une
affaire où les interventions célestes étaient en jeu.
Comme le procureur impérial, il supposait que la
foi aux apparitions était une de ces conceptions
superstitieuses auxquelles les populations ignorantes
se laissent trop souvent entraîner. Il comptait sur
son influence et sur les ressources de son esprit
pour calmer les ardeurs du prosélytisme et empêcher Bernadette de continuer son rôle de voyante.

Dans l'après-midi du dimanche 21 février, sans
se préoccuper de l'insuccès de M. Dutour dans la
matinée, M. Jacomet se rendit sur la place du
Porche, où il avait calculé qu'il trouverait Bernadette à la sortie de vêpres. L'appariteur Callet fit
connaître, en effet, à son chef la voyante marchant
au milieu de la foule à côté de sa tante Lucile. Le
commissaire, feignant de se trouver là en curieux,
arriva bientôt devant la jeune fille, et, avec l'air de
profiter d'une rencontre fortuite, il pria cette dernière de venir à son bureau. Bernadette, sans
trouble, sans explications, suivit docilement l'agent
de l'autorité. Sur son passage, quelqu'un lui dit en
plaisantant :

« Ah çà! mais,... Bernadette, je crois qu'on va te mettre en prison.

— Oh! non, répondit l'enfant, en dirigeant vers son interlocuteur un regard tranquille et souriant, je n'ai pas peur et je sais que je n'ai rien à craindre. »

Avant d'aller plus loin, j'ouvre une parenthèse pour dire que durant mon séjour à Lourdes j'occupais la même maison que le commissaire de police. Ce dernier habitait le rez-de-chaussée, et j'étais logé au premier étage. Je dois à ce voisinage l'occasion d'avoir pu recueillir les renseignements qui vont suivre.

Au moment où la voyante arrivait chez l'officier de paix, ma sœur, tout empressée, vint m'en apporter la nouvelle et m'engager à descendre. Le cas et la vue de Bernadette m'intéressaient assez peu, et il est probable que je n'eusse pas quitté ma place, si ma sœur, me secouant sur ma chaise et me prenant par le bras, ne m'y eût pour ainsi dire forcé. M'autorisant de mes bons rapports avec mon co-locataire, j'entrai sans frapper dans la pièce servant de prétoire, et, faisant à M. Jacomet un signe d'intelligence, qui donnait à comprendre l'objet de ma visite, j'allai m'asseoir à l'un des côtés de la salle. Du point où j'étais placé, je pouvais parfaitement examiner les traits de la jeune voyante et entendre ce qu'elle disait.

L'enfant que j'avais devant moi, et que je voyais pour la première fois, paraissait âgée de dix à onze ans; en réalité, elle en avait près de quatorze. Sa figure était fraîche et rondelette; son regard témoignait d'une grande douceur et d'une grande simplicité; le timbre de sa voix, quoique un peu fort, était

sympathique. Je ne m'aperçus pas de son asthme.
Dans une attitude très naturelle, elle tenait les mains
croisées sur ses genoux et la tête légèrement inclinée
sur sa poitrine. Elle était couverte d'un capulet
blanc, et ses autres vêtements, sans être riches, étaient
propres et en bon état. Une table, surmontée d'un
pupitre, séparait la voyante du commissaire.

Quand j'entrai, M. Jacomet finissait de s'organiser
dans son bureau et plaçait devant lui une feuille de
papier blanc et un crayon. Il se tourna ensuite vers
l'enfant, et de son air le plus insidieusement bienveil-
lant il lui dit :

« Tu as sans doute déjà compris dans quel but je
t'ai appelée chez moi? On m'a parlé avec tant d'in-
térèt des belles choses que tu vois à Massabieille que,
ma foi, comme tout le monde, j'ai été pris du désir
de savoir de quoi il s'agissait. Est-ce que tu aurais de
la peine à nous raconter, à M. Estrade et à moi, comment tu as fait la rencontre de la Dame de la Grotte?

— Non, monsieur.

— Tu t'appelles, je crois, Bernadette?...

— Oui, monsieur, Bernadette.

— Bien, mais ton nom de famille? »

L'enfant chercha, puis, comme quelqu'un qui
a trouvé :

« Je m'appelle Bernadette Soubirous.

— Quel âge as-tu?

— J'ai près de quatorze ans.

— Tu ne te trompes pas? ajouta le commissaire
en souriant, et comme pour lui demander si elle
n'exagérait pas.

— Non, monsieur, je ne me trompe pas, j'ai près
de quatorze ans.

— Que fais-tu à la maison?

— Pas grand'chose, monsieur; depuis que je suis

rentrée de Bartrès, je vais à l'école pour apprendre le catéchisme; après l'école, je surveille mes frères et mes sœurs, qui sont plus jeunes que moi.

— Tu as donc demeuré à Bartrès? A quoi y étais-tu occupée?

— J'y ai passé quelques mois chez ma mère nourrice, qui me faisait garder un petit troupeau de brebis et d'agneaux. »

Le commissaire adressa encore, sur le ton familier, d'autres questions secondaires à l'enfant; quand il crut avoir capté sa confiance, il lui dit :

« Maintenant arrivons à ce que nous désirons connaître de toi, c'est-à-dire à la scène qui t'a si vivement impressionnée sous le rocher de Massabieille. Ne crains pas de t'expliquer longuement. »

Bernadette, comme si elle eût été en face de l'un des siens, fit le récit, plein de charme, de la première apparition, tel qu'il se trouve consigné aux pages précédentes. Elle entra dans tous les détails d'âge, de costume, de physionomie, relatifs à la Dame, et cela avec tant de naïveté convaincue, que sa sincérité ne pouvait être mise en doute. Pendant qu'elle parlait, le commissaire faisait courir rapidement son crayon sur la feuille de papier blanc. Il releva la tête :

« Ce que tu nous racontes est en effet très intéressant; mais enfin, quelle est cette Dame dont tu es si engouée? La connais-tu?

— Je ne la connais pas, répondit l'enfant avec une touchante simplicité.

— Tu dis qu'elle est belle. Comme qui est-elle belle?

— Oh! monsieur, elle est plus belle que toutes les dames que j'ai rencontrées jusqu'ici.

— Pas plus belle cependant que madame N... ou

madame N..., et ici le commissaire citait les dames de la ville les mieux douées sous le rapport de la beauté.

— Elles ne peuvent pas y faire [1].

— Cette Dame agit-elle, parle-t-elle, ou bien demeure-t-elle à sa place comme une statue d'église?

— Oh! elle remue, sourit et parle comme nous; entre autres choses, elle m'a demandé si je voulais avoir la bonté de revenir pendant quinze jours à la grotte.

— Qu'as-tu répondu?

— J'ai promis que j'y reviendrai.

— Que disent tes parents des choses que tu nous racontes là?

— Au commencement, ils disaient que c'étaient des illusions... »

Saisissant le mot au passage, le commissaire interrompit :

« Oui, ma fille, tes parents ont raison, et les choses que tu crois voir et entendre n'existent que dans ton imagination.

— D'autres me l'ont dit, mais je suis sûre que je ne me trompe pas.

— Écoute : si la Dame du rocher était une personne comme toutes les autres, tout le monde pourrait la voir et l'entendre. Or, comment se fait-il que cela ne soit pas?

— Monsieur, je ne peux pas vous expliquer ces choses-là; ce que je peux affirmer, c'est que la Dame est réelle et vivante.

— Puisque tu y tiens, je n'ai aucun motif pour t'empêcher de croire à l'existence de ta prétendue Dame. Toutefois, comme il n'est pas impossible que

---

[1] Tournure patoise signifiant : elles ne peuvent pas rivaliser, elles ne peuvent pas être comparées.

le préfet ou toute autre autorité me demande un rapport là-dessus, voyons si j'ai bien compris les renseignements que tu m'as donnés. »

Ici le commissaire prit sa feuille de notes et commença une guerre de traquenards. Il essaya de faire tomber la voyante dans la contradiction.

« Tu as dit que la Dame est âgée de dix-neuf à vingt ans?...

— Non, j'ai dit de seize à dix-sept.

— Qu'elle est revêtue d'une robe bleue et d'une ceinture blanche?...

— C'est le contraire, monsieur; il faut mettre : une robe blanche et une ceinture bleue.

— Que ses cheveux tombent en arrière?...

— Vous avez mal entendu; c'est le voile qui tombe en arrière. »

Bernadette redressa ainsi, sans hardiesse, mais aussi sans timidité, toutes les variantes que le commissaire, à dessein, avait introduites dans son récit. M. Jacomet comprit qu'il n'avait rien à gagner sur le terrain où il s'était placé; il changea de tactique. Prenant le sérieux et sur un ton quelque peu ironique, il dit à l'enfant :

« Ma chère Bernadette, j'ai voulu te laisser aller jusqu'au bout de ton récit; mais je dois te déclarer que je connaissais déjà l'histoire de tes prétendues visions; cette histoire est de pure invention, et je sais qui te l'a apprise... »

Le commissaire fit une pause et regarda fixement la voyante.

La jeune fille leva des yeux étonnés sur l'homme qu'elle avait devant elle et répondit :

« Monsieur, je ne vous comprends pas.

— Je vais être plus clair : est-ce qu'il n'y a pas quelqu'un qui t'a conseillé en secret de dire que la

Vierge t'apparaissait à Massabieille, et qu'en le disant, non seulement tu passerais pour une sainte, mais encore que la Vierge t'en saurait gré? Fais attention avant de répondre, car j'en sais à ce sujet plus long que tu ne penses.

— Personne, monsieur, ne m'a conseillé les choses dont vous parlez.

— Je sais à quoi m'en tenir; mais je ne veux pas faire de scandale, ni te chercher une mauvaise querelle. Je ne réclame pas d'aveux, mais j'exige de toi une simple promesse. Me donnes-tu l'assurance que tu ne reviendras plus à la Grotte?

— Monsieur, j'ai promis à la Dame d'y revenir.

— Ah! oui! s'écria le commissaire en se levant de son siège et en feignant la colère ; tu crois donc que nous serons toujours d'humeur à écouter tes sornettes et à céder à tes entêtements? Si, à l'instant, tu ne prends pas l'engagement de ne plus retourner à Massabieille, j'envoie chercher les gendarmes et te fais mettre en prison. »

Bernadette demeura impassible.

A ce moment, je quittai ma place et je m'approchai de la voyante :

« Ma fille, ne t'obstine pas; consens à ce que te demande M. Jacomet; sans cela, tu sais ce qui t'attend? »

Bernadette comprit que je n'avais pas qualité pour intervenir dans le débat; elle ne répondit pas.

Sur ces entrefaites, la porte du prétoire s'ouvrit, et un homme du peuple montra timidement la tête.

« Que réclamez-vous? demanda le commissaire.

— Je suis le père de cette enfant, répondit l'ouvrier en désignant Bernadette de la main.

— Ah! c'est vous, père Soubirous; vous faites bien d'arriver, car j'allais vous envoyer chercher.

« Vous connaissez le rôle que joue votre fille depuis quelques jours; endoctrinée sans doute par quelque commère du quartier, elle fait l'inspirée et se livre à des singeries faisant tourner la tête aux imbéciles. Il faut que cette comédie finisse, car elle constitue un danger pour le repos de la ville. Je vous préviens que si vous n'avez pas assez d'autorité pour retenir votre fille chez vous, j'en aurai, moi, assez pour la faire retenir ailleurs.

— Oh! monsieur le commissaire, laissez-moi parler avec toute ma franchise : pour moi, je ne doute pas que l'enfant ne soit sincère dans ce qu'elle raconte ; maintenant, se trompe-t-elle? C'est là notre embarras... Je vous avoue que ma femme et moi nous sommes bien fatigués des importunités que nous subissons. Depuis trois ou quatre jours, notre maison ne désemplit pas et nous ne savons comment faire pour renvoyer les curieux. Je suis heureux de pouvoir me servir de vos ordres pour refuser ma porte au public. Quant à Bernadette, nous veillerons à ce qu'elle n'aille plus du côté de Massabieille. »

Le commissaire félicita le père Soubirous de ses bonnes dispositions et le congédia avec sa fille.

Seul à seul avec M. Jacomet, je rompis le silence :

« Savez-vous que le récit de cette jeune fille est bien extraordinaire?

— Il n'est pas d'elle, répondit le commissaire; il est trop bien limé.

— Je ne partage pas votre opinion; cette jeune fille a été fascinée, et le tableau qu'elle a vu ou cru voir

est encore sous ses yeux; en le reproduisant, elle
décrit ce qu'elle voit.

— Pas du tout ; elle récite.

— Vous croyez qu'une pauvre petite paysanne
réciterait de cette façon et avec de pareils accents ?
C'est impossible.

— Mon cher voisin, vous n'êtes pas de la police.

— Et dans quel but cette histoire ?

— L'avenir nous l'apprendra. »

En résumé, le commissaire soupçonnait dans le
cas de Bernadette une menée de fausse dévote; moi
je n'y voyais que les séductions trompeuses d'une
brillante hallucination. Pour l'un comme pour
l'autre, le surnaturel demeura hors de cause.
Est-ce qu'il pouvait se produire dans un siècle de
lumières?

XIV

JOURNÉE DU LUNDI, 22 FÉVRIER
LA VIERGE N'APPARAIT PAS, CE JOUR-LÀ, A LA GROTTE

Malgré les assurances données par le père Soubirous
sur la bonne foi de sa fille, le commissaire de police
ne pouvait se persuader que Bernadette se trouvât
seule dans l'affaire de la Grotte. Dès que l'interrogatoire du dimanche fut terminé, il chargea ses
agents, ainsi que les gendarmes de la localité, de surveiller les allées et venues de la voyante et particulièrement les relations qu'elle pouvait avoir en dehors
de sa famille.

Le lendemain, lundi, 22 février, le père et la mère Soubirous donnèrent ordre à leur fille de se rendre à l'école, avec recommandation de ne dévier ni à droite, ni à gauche. Sans témoigner aucun mécontentement, Bernadette mit son alphabet dans son petit panier et se dirigea vers l'hospice. Elle revint à la maison un peu avant midi, prit son modeste repas et repartit bientôt après pour la classe du soir.

Arrivée sur le haut de la côte qui mène du pont des Ruisseaux à l'hospice, elle fut subitement arrêtée.

« Une barrière invisible, a dit l'enfant, m'empêchait de passer. »

A différentes reprises, elle chercha à avancer, mais la résistance était toujours la même, et elle ne se sentait libre que pour revenir en arrière. Troublée et presque épouvantée, elle songeait à retourner chez elle, lorsqu'un petit reproche s'éleva au fond de sa conscience. Une voix intérieure lui demandait si elle était bien d'accord avec les engagements pris par elle à la Grotte? La voyante comprit, son cœur se gonfla et, sans plus hésiter, elle redescendit la côte.

A l'époque dont je reproduis les souvenirs, la caserne de gendarmerie était établie dans la dernière maison, à gauche de la chaussée qui se trouve à la sortie de la ville, sur la route de Tarbes. La maison en question n'était éloignée que de quelques pas de l'endroit où s'était arrêtée Bernadette. Les gendarmes, de leurs croisées, remarquèrent les hésitations de la jeune fille à poursuivre sa route; leur curiosité fut d'autant plus éveillée qu'ils ne pouvaient s'expliquer les piétinements de l'enfant devant l'obstacle invisible; quand ils virent la voyante faire volte-face et revenir en arrière, ils devinèrent sa pensée et se **hâtèrent de la suivre.**

Bernadette, redescendue au pont des Ruisseaux, au lieu de remonter la rue qui traverse la ville, s'enfonça dans le quartier de Lapaca et alla prendre, pour se rendre à Massabieille, un sentier longeant le fort. Les gendarmes l'atteignirent près du moulin où elle était née et lui demandèrent sur le ton du commandement où elle allait.

« Je vais à la Grotte, » répondit froidement l'enfant, sans ralentir le pas ni détourner la tête.

Les gendarmes ne firent pas d'autres questions ; ils se bornèrent à la suivre.

Ma sœur, qu'un hasard de promenade avait amenée ce jour-là, avec quelques-unes de ses amies, dans la direction de Massabieille, va raconter elle-même les incidents de la visite à la Grotte par Bernadette, dans l'après-midi du 22 février. La relation de ma sœur a été écrite il y a déjà plusieurs années.

« ... Dès que nous fûmes sorties de la ville, mes compagnes et moi, nous aperçûmes un assez grand nombre de personnes réunies au point de jonction du sentier du fort avec le chemin de la forêt. Toutes avaient le regard tourné vers les bas-fonds en aval de la rivière, et bientôt un cri de satisfaction partit du groupe :

« C'est elle!... elle arrive ! »

« Nous demandâmes qui on attendait, et l'on nous répondit que c'était Bernadette. La petite fille avançait, en effet, sur le sentier ; près d'elle étaient deux gendarmes et à la suite une foule d'enfants. Alors je vis pour la première fois la charmante figure de la petite privilégiée de Marie[1]. La voyante marchait calme, sereine, modeste, entre les deux gendarmes.

---

[1] Ma sœur avait aperçu Bernadette entrer chez le commissaire de police, mais elle ne l'avait pas vue en face.

Elle passa devant nous aussi tranquille que si elle eût été seule.

« Mes compagnes et moi nous arrivâmes à la Grotte après beaucoup d'autres que nous suivîmes d'un peu loin.

« Bernadette était à genoux, et les gendarmes se tenaient debout à petite distance d'elle. Ils ne troublèrent pas l'enfant durant la prière, qui fut longue. Quand elle se releva, ils interrogèrent la petite, qui confessa n'avoir rien vu. La foule s'écoula et avec elle disparut Bernadette.

« Pendant que nous cheminions vers la ville, on nous apprit que la voyante était entrée au moulin de Savy. Désirant la voir de près, nous allâmes la rejoindre. Elle était assise sur un banc, et à côté d'elle se tenait une femme. J'ignorais que cette dernière fût sa mère, mais je ne tardais pas à l'apprendre. Cette femme suait à grosses gouttes; elle était pâle, et de temps en temps elle jetait un regard anxieux sur Bernadette. Je lui demandai si elle connaissait l'enfant.

« — Eh! mademoiselle, je suis sa malheureuse mère!

« — Comment, malheureuse! et pourquoi dites-vous cela?

« — Si vous saviez, mademoiselle, ce que nous souffrons! Les uns se moquent de nous; les autres disent que notre fille est folle. Il y en a qui prétendent que nous recevons de l'argent et que l'on va nous poursuivre en justice.

« — Oh! ma pauvre femme, si vous voulez vous occuper de tout ce qui se dit dans le public, vous aurez fort à faire. Mais vous, que pensez-vous, que dites-vous de votre enfant?

« — Je vous assure, mademoiselle, que ma petite n'est pas dissimulée et que je la crois incapable de tromper. On parle de folie; elle a son asthme, il est vrai; mais en dehors de cela, elle n'est pas malade; elle mange et agit comme d'habitude, et quand je lui demande si elle souffre, elle me répond que non. Nous lui avions défendu de retourner à la Grotte; en toute autre chose, je suis sûre qu'elle nous aurait obéi; pour ceci, voyez comme elle nous échappe. Elle m'affirmait, il y a un moment, qu'un barrage caché lui avait intercepté le chemin de l'école et qu'une force irrésistible l'avait entraînée, comme malgré elle, à Massabieille... »

Les beaux esprits de Lourdes, en apprenant que la Dame n'avait pas apparu ce jour-là à la Grotte, ne manquèrent pas d'en faire raillerie.

« Elle a peur des gendarmes, disaient-ils, et il est probable que, si Jacomet s'en mêle, elle trouvera prudent de déguerpir du rocher et de changer de domicile. »

J'étais encore avec les rieurs; je ne me doutais pas que je fusse à la veille de les quitter.

XV

SEPTIÈME APPARITION (MARDI, **23** FÉVRIER)

Durant la conversation du moulin de Savy, les amies de ma sœur, déçues de n'avoir pu voir Bernadette en extase, avaient demandé à la mère de la voyante ce qu'elle comptait faire au sujet des visites promises par sa fille à la Dame mystérieuse. La mère, les larmes aux yeux, et baissant la voix pour n'être pas entendue de Bernadette, avait répondu :

« Après ce qui vient de se passer aujourd'hui, je n'ose plus y mettre obstacle. »

C'était juste ce que les demandeuses désiraient apprendre, et à l'instant elles formèrent le projet de revenir le lendemain à la Grotte, à l'heure où s'y rendait habituellement Bernadette.

Ma sœur, dans les journées précédentes, m'avait prié, à différentes reprises, d'aller avec elle assister à l'une des extases de la voyante. Je lui avais toujours répondu que nous n'étions pas près de nous entendre à cet égard, et que, pour mon compte, je ne sentais aucun besoin de me livrer au ridicule. Le lundi 22 février, durant notre repas du soir, tout en ne disant mot de la promenade concertée avec ses amies, elle revint indirectement à la charge, me laissant entendre qu'elle aurait grand désir d'aller à Massabieille, mais que les convenances la retenaient et qu'il lui répugnait de se montrer seule sur le chemin de la forêt. Je fis la sourde oreille.

Dans la même soirée, comme il m'arrivait souvent, j'allai faire une visite à M. l'abbé Peyramale, curé de la paroisse. A ce moment, il n'était question à Lourdes que du fait des visions, et naturellement la conversation qui s'établit entre le doyen et moi roula sur le même sujet. Avant de quitter le presbytère, et sans me douter que mes paroles pussent être prises au sérieux, je fis part au curé des instances qui m'étaient faites par ma sœur pour m'entraîner avec elle à la grotte.

« Je ne vois pas le grand mal qu'il y aurait à céder, répondit froidement le bon pasteur, et, à votre place, j'aurais déjà fait cette démarche. Comme vous, je crois qu'il n'y a qu'une illusion d'enfant dans la légende qui circule ; mais, somme toute, je ne vois pas bien que l'on puisse compromettre sa dignité en allant se rendre compte d'un événement qui se produit au grand jour et que tout le monde commente. »

A ma rentrée à la maison, j'annonçai à ma sœur que j'accédais à sa demande et que, le lendemain, je serais son cicerone sur le chemin de Massabieille. Le lendemain, quand il fallut partir, j'avais à mes côtés, non seulement ma sœur, mais encore ses amies, c'est-à-dire toutes les promeneuses de la veille. J'avoue que je fus un peu confus d'avoir à traverser la ville au milieu d'un cortège aussi solennel. Sur le chemin de la forêt, je poursuivis mes compagnes de route d'une foule de sottes et vulgaires plaisanteries :

« Avez-vous apporté vos lorgnettes ?

— Vous êtes-vous munies d'eau bénite ?

— L'une de vous a-t-elle au moins un cierge ? »

Enfin, vers six heures du matin, au petit jour, j'arrivai à la tête de mon petit peloton de dames; et, affectant des airs de superbe indifférence, je fis ma première entrée sous les voûtes de Massabieille. La voyante n'était pas encore arrivée, mais cent cinquante à deux cents personnes nous avaient déjà devancés. Beaucoup de femmes du peuple priaient à genoux, et j'eus de la peine à contenir mon rire en voyant la foi naïve de ces débonnaires chrétiennes. Quelques messieurs de Lourdes, trois ou quatre [1], venus comme moi en complaisants ou en curieux, stationnaient sur le devant des excavations.

---

[1] C'étaient, si j'ai bon souvenir, le Dr Dozous, M. Dufo, avocat, le capitaine du fort, et M. de Lafitte, ancien intendant militaire.

Pour mon amour-propre alarmé, je fus heureux de
les y rencontrer.

Après quelques minutes d'attente, une clameur
confuse s'éleva de la foule et l'on dit que la voyante
arrivait. On ouvrit les rangs, et bientôt Bernadette
apparut. Nous, les hommes, usant de nos coudes,
nous écartâmes les petites gens et vînmes nous établir à côté de la jeune fille. A partir de ce moment,
la voyante n'avait qu'à se bien tenir, car nous, nous
avions les yeux braqués sur elle.

Bernadette se mit à genoux, tira son chapelet de
sa poche et salua profondément. Tous ces mouvements s'accomplirent sans gêne, sans contention, et
absolument dans la même forme et avec le même
naturel que si l'enfant se fût présentée à l'église
paroissiale pour y vaquer à ses dévotions ordinaires.
Pendant qu'elle faisait glisser entre ses doigts les
premiers grains de son chapelet, elle leva sur le
rocher un regard interrogatif, traduisant les désirs
impatients de l'attente. Tout à coup, comme si un
éclair l'avait frappée, elle fit un soubresaut d'admiration et parut naître à une seconde vie. Ses yeux
s'illuminèrent et devinrent étincelants ; des sourires séraphiques apparurent sur ses lèvres ; une
grâce indéfinissable se répandit sur toute sa personne. A l'étroit dans sa prison de chair, l'âme de
la voyante semblait faire effort pour se montrer au
dehors et dire ses jubilations. Bernadette n'était plus
Bernadette !... c'était un de ces êtres privilégiés, à
figure céleste, que l'apôtre des grandes visions nous
représente en extase devant le trône de l'Agneau.

Spontanément, sans calcul, d'un mouvement
machinal, nous, les hommes qui étions là, nous
ôtâmes nos chapeaux et nous nous inclinâmes

comme les plus humbles femmes. L'heure des raisonnements était passée, et, à l'instar de tous ceux qui assistaient à cette scène du ciel, nous regardions de l'extatique au rocher et du rocher à l'extatique. Nous ne voyions rien ; nous n'entendions rien, — pourquoi le dire ? — mais ce que nous pouvions voir, comprendre, saisir, palper, c'est qu'un colloque s'était établi entre la Dame mystérieuse et l'enfant que nous avions sous les yeux.

Après les premiers transports provoqués par l'arrivée de la Dame, la voyante se mit, en effet, dans l'attitude d'une personne qui écoute. Ses gestes, sa physionomie, reproduisirent bientôt après toutes les phases d'une conversation. Tour à tour souriante ou sérieuse, Bernadette approuvait de la tête ou semblait elle-même interroger. Quand la Dame parlait, elle frémissait de bonheur ; quand, au contraire, elle lui faisait parvenir ses supplications, elle s'humiliait et s'attendrissait jusqu'aux larmes. A certains moments, on pouvait remarquer que l'entretien était suspendu ; alors l'enfant revenait à son chapelet, mais les yeux fixés sur le rocher ; on aurait dit qu'elle craignait de baisser les paupières de peur de perdre de vue l'objet ravissant de ses contemplations.

Habituellement l'extatique terminait ses prières par des salutations adressées à la Dame cachée. J'ai été dans le monde, trop peut-être ! et j'y ai rencontré des modèles de grâce et de distinction. Je n'ai jamais vu personne saluer avec la grâce et la distinction qu'y mettait Bernadette. Durant l'extase, l'enfant faisait aussi par intervalles le signe de la croix. Or, je l'ai dit ce jour-là même sur le chemin de la Grotte, si l'on fait au ciel des signes de croix, ils ne peuvent être faits que de cette manière.

L'extase dura environ une heure ; vers la fin, la voyante, marchant sur ses genoux, se rendit du point où elle priait jusqu'au-dessous de l'églantier qui pendait de la roche. Là, elle se recueillit, comme pour un acte d'adoration, baisa la terre et revint, toujours sur ses genoux, à la place qu'elle venait de quitter. Sa figure s'illumina d'un dernier éclat ; puis, par gradation, sans secousse, d'une manière presque imperceptibe, le ravissement se décolora, faiblit et disparut. La voyante continua encore à prier pendant quelques instants ; mais à ce moment nous n'avions plus devant nous que la figure aimable, mais rustique, de la petite fille des Soubirous. Enfin, Bernadette se leva, se rapprocha de sa mère et se perdit au milieu de la foule.

Après la scène que je viens de décrire, je me trouvai comme un homme qui sort d'un rêve et je m'éloignai de la Grotte, sans me rappeler que je laissais après moi les dames dont je m'étais constitué le guide. Je ne pouvais revenir de mon émotion, et un monde de pensées s'agitaient dans mon âme. La Dame du rocher avait eu beau se voiler ; j'avais senti sa présence et j'étais convaincu que son regard maternel avait plané sur ma tête. O heure solennelle de ma vie ! Je me troublais jusqu'au délire en pensant que moi, l'homme des ricanements et des suffisances, j'avais été admis à occuper une place auprès de la Reine du ciel.

Quarante années ont passé sur mon existence, et, le front courbé dans la poussière, je me demande encore, ô Vierge Immaculée, à quel mystère de votre cœur vous avez obéi en m'appelant près de vous. Qu'avais-je fait pour m'attirer cet honneur incomparable, et qu'ai-je fait plus tard pour en reconnaître la sublime tendresse? O Mère! comme vous le voyez, mes cheveux ont blanchi et je suis près de la tombe. Je n'ose arrêter mon regard sur mes iniquités, et, plus que jamais, j'ai besoin de me réfugier sous le manteau de votre miséricorde. Quand, à l'heure suprême, je paraîtrai devant votre auguste Fils, daignez vous faire ma protectrice et vous souvenir qu'aux jours bénis de vos apparitions vous m'avez vu à genoux, confessant votre nom et implorant vos bénédictions sous les voûtes sacrées de votre Grotte de Massabieille.

Interrogée sur ce que la Dame lui avait dit au cours de la septième apparition, Bernadette répondait qu'elle avait reçu trois secrets, mais que ces secrets ne regardaient qu'elle seule. La voyante ajoutait que les confidences qui lui avaient été faites ne pouvaient être communiquées à personne, pas même à son confesseur. Des indiscrets ont cherché bien souvent, soit par insinuation, soit par ruse, soit par des promesses, à arracher à l'enfant les révélations de la Vierge. Toutes les tentatives ont échoué, et Bernadette a emporté avec elle ses secrets dans la tombe.

<hr>

XVI

HUITIÈME APPARITION (MERCREDI, 24 FÉVRIER)

Une révolution venait de s'opérer dans mes idées. Chez le commissaire de police, Bernadette m'avait étonné; à la Grotte, elle m'avait vaincu. Ce n'était

plus une figure imaginaire que j'apercevais dans son
esprit troublé ; c'était la figure céleste de la Vierge
qui m'apparaissait éblouissante dans le regard de
l'enfant. Autant, dans le principe, je m'étais égayé
avec dérision des événements de Massabieille, autant,
après mon premier pèlerinage, je crus devoir m'en
occuper avec attention et respect. Si je n'avais
écouté que mon inclination, je me serais rendu tous
les matins sur le théâtre des apparitions ; malheu-
sement, je n'étais pas maître de mon temps, et les
exigences de ma charge m'obligeaient assez souvent
à me transporter hors de Lourdes. La journée du
24 février fut employée à l'une de ces courses offi-
cielles qui m'étaient imposées par les devoirs de ma
profession. Le soir, à mon retour, ma sœur me fit
connaître les incidents qui avaient signalé l'extase
du matin.

D'abord, elle avait remarqué que des personnes
étrangères commençaient à se montrer à la Grotte,
et que les gens de Lourdes continuaient à y accourir
plus nombreux et plus empressés que jamais. Bernadette était arrivée à son heure habituelle, et, sans
faire attention aux égards qu'on lui témoignait, elle
était allée s'agenouiller sur la pierre qu'elle s'était
choisie dans les journées précédentes. Cette place, à
l'approche de la voyante, était toujours respectée de
la foule.

Jusqu'ici, les communications de la Dame à
Bernadette n'avaient paru revêtir qu'un caractère
privé. La pensée de l'auguste Souveraine allait plus
loin et devait sortir du cadre intime où elle s'était
momentanément arrêtée. Bernadette était sans doute
l'enfant de sa prédilection ; mais ce n'était pas seulement pour elle, c'était pour le monde entier que la
divine Mère venait ouvrir à Lourdes les trésors de sa

miséricorde. Embrassant dans la même étreinte tous ses enfants de la terre, elle apportait aux justes ses encouragements et ses sourires ; aux pauvres pécheurs, les secrètes inspirations qui ramènent aux destinées oubliées. Dans la matinée de la huitième apparition, c'était vers ces derniers qu'était tournée sa maternelle sollicitude.

Continuant sa narration, ma sœur me dit que tandis que Bernadette était plongée dans l'extase, un nuage de tristesse était venu s'arrêter sur sa figure jusqu'alors radieuse. La voyante s'était mise à écouter du côté du rocher ; puis, comme quelqu'un qui apprend une nouvelle douloureuse, elle avait laissé tomber ses bras, et des larmes abondantes avaient coulé sur ses joues. Dans une attitude humiliée, elle s'était levée et avait gravi la pente qui précédait la niche en collant à chaque pas ses lèvres contre terre. Arrivée sous l'églantier, elle avait renouvelé ses prostrations, puis levé la tête vers l'ouverture ogivale comme pour y prendre un mot d'ordre mystérieux. L'extatique s'était ensuite tournée du côté des spectateurs, et, a-t-on dit plus tard, le visage toujours en pleurs et des sanglots dans la voix, elle avait répété à trois reprises différentes : « Pénitence ! Pénitence ! Pénitence ! »

Trop éloignée de Bernadette, ma sœur n'entendit pas ces dernières paroles. Ce qui est certain, du moins, c'est que l'enfant les entendit, elle, des lèvres de la Dame.

Revenue à sa place, Bernadette était retombée dans l'extase. Tandis qu'un silence solennel régnait autour d'elle, une intervention aussi intempestive que grotesque était venue troubler le recueillement des spectateurs. Le maréchal des logis de Lourdes, suivi d'un sous-ordre, avait fait subitement irrup-

tion dans la Grotte, en criant d'une voix autoritaire :
« Place ! place ! » Après avoir fendu la foule, il était
allé s'établir à côté de l'enfant et lui avait dit : « Eh
bien ! que fais-tu là, petite comédienne ? » Bernadette
n'avait pas sourcillé ; — il s'agissait bien pour elle en
ce moment d'un vulgaire gendarme ! — et, tout
entière à la vision, elle avait continué à prier et à
sourire. Piqué du peu de déférence que lui marquait
la voyante, le militaire s'était alors tourné vers la
foule et, prenant une pose théâtrale, il s'était écrié :
« Et dire que c'est au dix-neuvième siècle que l'on
voit de pareilles sottises !... »

Un instant étourdis par la soudaineté de cette bur-
lesque apostrophe, les spectateurs n'avaient pas tout
d'abord protesté. Quand ils eurent vu que le gendarme galonné allait continuer sa harangue, plusieurs ouvriers s'étaient levés et avaient fait entendre
des murmures quelque peu nuancés de menace. Le
brave maréchal des logis avait aussitôt pris l'air
résigné de l'homme incompris, et, se rappelant que
certaines retraites honorent, il avait prudemment
cessé de parader.

XVII

NEUVIÉME APPARITION (JEUDI 25 FÉVRIER). — DÉCOUVERTE
DE LA SOURCE MIRACULEUSE

Je ne peux me défendre, en abordant ce chapitre,
de faire remarquer combien l'homme est versatile
et comme il faut peu de chose pour troubler son

jugement. Il s'exalte, il se refroidit à la légère, et souvent sans attendre que la main qui le guide lui ait montré sa voie. De cette hâte intempestive naissent les inconséquences et les contradictions qui semblent être l'apanage de sa vie passagère. Jusqu'ici, nous avons vu la foule se montrer enthousiaste sous le rocher de Massabieille; nous la trouverons aujourd'hui abattue et prête à renier ce qu'elle avait glorifié et béni. Le moment était venu où la Dame invisible allait faire éclater à la Grotte le premier trait de sa puissance. Le miracle se fit, mais les spectateurs ne le comprirent pas; il fut même pour la plupart d'entre eux un sujet de désenchantement et de scandale. Pour moi, qui assistais à la scène mystérieuse que je vais décrire, je sentis une éclipse pénible se produire dans ma foi, et je me retirai de Massabieille entièrement déconcerté.

A ma première visite à la Grotte, j'avais noté avec soin le point précis où s'établissait la voyante pour réciter ses prières. Le matin du 25 février, je fis mes efforts pour me rapprocher, j'y parvins, et, cette fois encore, sans en perdre un seul, je pus suivre les mouvements de la jeune extatique.

Elle était donc là sous mes yeux, dans sa pose angélique, lorsque, après quelques minutes de méditation, elle se leva pour s'avancer vers la Grotte. Elle écarta, en passant, les branches de l'églantier et alla baiser la terre sous la roche, au delà du buisson. Elle redescendit ensuite la pente, et, s'étant recueillie, elle retomba dans l'extase.

Au bout de deux ou trois dizaines de chapelet, la voyante se leva de nouveau, se montra embarrassée; tout hésitante, elle se tourna vers le Gave

3*

et fit deux ou trois pas en avant. Tout à coup, elle s'arrêta brusquement, regarda en arrière, comme quelqu'un qui s'entend appeler, et écouta des paroles qui semblaient lui venir du côté du rocher. Elle fit un signe affirmatif, se remit en marche, non plus vers le Gave, mais vers la Grotte, à l'angle gauche des excavations. Aux trois quarts de la montée, elle fit halte et promena autour d'elle un regard troublé. Elle leva la tête comme pour interroger la Dame ; puis, résolument, elle se courba et se mit à gratter la terre. La petite cavité qu'elle venait de creuser se remplit d'eau ; après avoir attendu un moment, elle but et s'y lava la figure ; elle prit aussi un brin d'herbe qui poussait sur le sol et le porta à sa bouche. Tous les spectateurs suivaient les phases de cette scène étrange avec un sentiment pénible et une espèce de stupeur. Quand l'enfant se releva pour retourner à sa place, elle avait encore le visage barbouillé d'eau boueuse. A cette vue, un cri de déception et de pitié sortit de toutes les bouches : « Bernadette n'y est plus ! la pauvre enfant devient folle ! »

Bernadette revint à sa place sans paraître s'émouvoir, ni même se rendre compte de l'exclamation qui retentissait à ses oreilles. Après qu'on lui eut essuyé la figure, plus heureuse que jamais, le sourire des anges sur les lèvres, elle se remit à contempler la céleste vision.

L'heure de l'admiration était passée ; le prestige s'était évanoui et l'on ne regardait plus la pauvre petite voyante que pour s'attendrir et la plaindre. Les augures de la libre pensée à Lourdes avaient déjà prophétisé que la démence serait le terme de **l'état de la jeune visionnaire. On crut le moment venu où la prophétie allait s'accomplir.**

Pendant que la foule se détachait de la Grotte, Bernadette continua, tranquille et recueillie, à se délecter dans les douceurs de la prière, sous le regard de Celle qu'elle aimait. Enfin, vers sept heures, heure à laquelle la vision disparaissait, elle fit son magnifique signe de croix et reprit le chemin de la ville.

La plupart des assistants, ce jour-là, se retirèrent de Massabieille les yeux baissés et le cœur rempli d'une poignante tristessse. Pour moi, je me livrais aux réflexions les plus amères et les plus décourageantes. Bernadette folle!... me disais-je. Mais alors ses extases ne sont plus que des hallucinations!... Au fond de ces tableaux, qui ravissent mes yeux et transportent mon âme, il n'y a donc de vrai que ma sottise et mon aveuglement!... Mais si l'esprit et le cœur, les sens et toutes les puissances de notre être se coalisent, se concertent pour nous séduire et nous tromper, sur quelles assises, ô mon Dieu, établissons-nous nos jugements et nos croyances!

Les quelques personnes qui, après l'extase, se trouvèrent à côté de Bernadette, dans le trajet de la Grotte à Lourdes, ne tardèrent pas à remarquer qu'aucun symptôme alarmant ne se manifestait dans l'état mental de la jeune voyante. Comme d'habitude, l'enfant parlait, conversait d'une manière sensée et avec cet air confiant et familier qui plaisait tant en elle. Certaines que l'extatique était en possession de toutes ses facultés, ces mêmes personnes l'amenèrent à s'expliquer sur la scène insolite qui venait de se produire à Massabieille.

S'adressant à la jeune fille, elles lui dirent :

« Mais, Bernadette, tu t'es montrée, ce matin, bien distraite à la Grotte. Pourquoi ces allées et venues?

pourquoi gratter la terre? pourquoi boire de l'eau qui devait te répugner?

— Voici, répondit l'enfant, d'une manière toute simple et toute naturelle [1] :

« Pendant que j'étais en prière, la Dame m'a dit d'une voix amicale, mais en même temps sérieuse : « Allez boire et vous laver à la fontaine. » Comme je ne savais pas où était cette fontaine et *que je croyais que cela n'y faisait rien*, je me suis dirigée vers le Gave. La Dame m'a rappelée et m'a fait signe du doigt de me rendre sous la Grotte à gauche; j'ai obéi, mais je ne voyais pas d'eau. Ne sachant où en prendre, j'ai gratté la terre et il en est arrivé. Je l'ai laissée s'éclaircir un peu, puis j'ai bu et je me suis lavée.

— Tu as aussi mangé de l'herbe, pourquoi cela?

— Je ne sais, la Dame me l'a fait comprendre. »

Quelques bonnes chrétiennes, à la foi simple et persévérante, ne s'étaient point laissé influencer par les mouvements bizarres de la jeune extatique. Après le départ des spectateurs, elles avaient continué à réciter tranquillement leur chapelet sous la roche, sans se préoccuper des impressions de ceux qui avaient disparu. A la fin de leurs prières, elles remarquèrent qu'un filet d'eau, à peine visible, se détachait du point où avait gratté Bernadette et s'efforçait de se frayer un passage vers le Gave. Il glissait timidement de proche en proche, et par intervalles il se perdait dans le sable. Les bonnes femmes ne tirèrent aucune conséquence de ce petit incident.

Dans l'après-midi du même jour, 25 février,

---

[1] Cette réponse, je l'ai entendue plus tard, bien des fois, sortir de la bouche de Bernadette.

d'autres personnes se rendirent à la Grotte et furent étonnées de voir descendre du haut du talus un ruban d'eau qu'elles n'avaient jamais aperçu. Le petit courant grossissait de minute en minute et se traçait déjà sur le sol une petite rigole. Les seconds observateurs constatèrent le fait, mais ignorant ce qui s'était passé, le matin, à la Grotte, ils ne songèrent nullement à le rattacher à l'intervention de la voyante. Le travail latent qui s'accomplissait sous le rocher de Massabieille continuait sa marche mystérieuse et prenait des proportions de plus en plus grandes. Bientôt le petit filet d'eau qui, quelques heures auparavant, se faufilait, hésitant et craintif, à travers les galets du sol, avait pris du volume, et déjà se dirigeait d'un air dégagé vers le lit de la rivière. Le lendemain, quand les habitués des extases arrivèrent, ils purent admirer sous le rocher de Massabieille l'abondante fontaine qui y coule aujourd'hui.

La nouvelle de l'apparition de la source fit sensation à Lourdes. Grand nombre de personnes accoururent immédiatement à la Grotte pour aller s'assurer de la réalité du fait. Elle était bien là, cette fontaine bienfaisante, cette nouvelle Siloé, où devaient plus tard venir se plonger tant d'infirmes. Encore un peu trouble, l'eau s'épanchait sur la pente du terrain. En se rappelant ce qu'avait dit et fait Bernadette la veille, nul ne douta qu'il n'y eût dans cette source un miracle et un présent du ciel. Les paralytiques, les boiteux, les aveugles ont dit plus tard quelle en était la vertu. Pour le moment, Bernadette se trouvait réhabilitée, et la Vierge plus exaltée que jamais.

XVIII

LA SOURCE (SUITE)

J'ai souvent raconté, quelquefois écrit, et cela
sans restriction, qu'à l'époque des premières apparitions aucune source n'existait sous le rocher de
Massabieille. Ainsi présenté, ce témoignage, d'accord avec mes convictions, ne l'était pas avec l'état
réel des choses. Je dois à ceux qui ont reçu mes
déclarations, je me dois à moi-même de dire comment je m'étais établi dans ma croyance et comment
j'ai été obligé de m'en départir.

Aux apparitions du 23 et du 25 février, mon
premier soin, en arrivant à la Grotte, avait été d'en
examiner la disposition et d'en fouiller tous les
recoins. Rien de ce qui pouvait donner l'idée d'une
source n'était venu arrêter mon attention. Un petit
suintement de surface se présentait sur les rochers
extérieurs à gauche, mais ce suintement devait
être attribué aux eaux pluviales; car aussitôt qu'une
période de beau temps se produisait, il s'évaporait
et ne laissait pas de trace. Une flaque boueuse se
montrait encore près du Gave, au bas des rochers
tournés vers l'ouest; cette flaque, sans écoulement,
et piétinée par les visiteurs de la Grotte, n'était
l'objet d'aucune attention; tout le monde supposait
qu'elle était occasionnée par les eaux de la rivière,
dont les bonds, à certains moments, arrivaient jusqu'à elle.

Quand Bernadette reçut l'ordre d'aller boire et se laver à la fontaine, Bernadette connaissait-elle, soupçonnait-elle qu'il existât une source à la Grotte? Nullement. Tout d'abord, elle s'était dirigée vers le Gave; rappelée par la Dame, elle était allée, non pas à la flaque fangeuse, mais sous les excavations, cherchant la fontaine et fort embarrassée pour la trouver.

Du rapprochement de tous ces faits et de toutes ces circonstances, que devaient conclure les témoins de l'apparition de la source? Ils conclurent, et l'on reconnaîtra que ce n'était pas sans quelque raison, que la source avait été produite et mise à la lumière juste au jour où la voyante avait gratté la terre.

Un certain nombre de personnes, plusieurs pâtres en particulier, affirmaient cependant que la source avait été aperçue et avait coulé à des époques anté-rieures aux apparitions. Elles expliquaient leurs assertions en faisant remarquer que la fontaine était visible ou cachée suivant que les eaux du Gave, aux jours d'inondation, venaient déblayer ou rem-blayer le dessous des excavations.

Les premiers ne pouvaient acquiescer à cette exposition des faits. Ils ne doutaient pas de la bonne foi de ceux qui soutenaient l'opinion contraire, mais cette bonne foi, ils la croyaient égarée. Ils objec-taient qu'alors même que la source eût été enfouie, il n'était pas possible, étant donné son importance, qu'elle arrivât jusqu'au Gave sans se montrer au bas des rampes, c'est-à-dire à la lisière découverte où les obstructions cessaient.

La divergence d'opinion sur les commencements plus ou moins récents de la fontaine de la Grotte régnait donc depuis plus de vingt ans, quand une voix autorisée est venue y mettre fin. M. l'abbé Richard, le célèbre hydrogéologue, a déclaré, après une sérieuse étude des lieux, que la source de Massabieille, miraculeuse dans sa découverte et ses effets, ne l'est pas dans son existence. J'ai dû m'incliner devant cet arrêt souverain, et j'avoue qu'il m'en a coûté un peu. Voici, du reste, ce que le savant abbé écrivait, en avril 1879, au R. P. Supérieur des Missionnaires de Lourdes :

« ... Avant l'apparition, le sol de la Grotte de Massabieille était habituellement humide... Au bas du sable qui s'élevait sensiblement depuis l'entrée jusqu'au fond de la Grotte, il y avait constamment une flaque d'eau. Les faits ont été attestés et le sont encore par un grand nombre de témoins. Or, pour expliquer l'abondance de l'eau que débite actuellement la source, sera-t-il nécessaire de recourir à une *création* d'eau, comme au Sinaï, ou à une augmentation et prolongation miraculeuse de la source, comme à la Salette? Nous ne le croyons pas; nous aimons mieux admettre qu'ici le miracle revêt un caractère plus simple. Sous les sables humides qui existaient dans la Grotte au-dessus de la flaque d'eau, il y avait une source non apparente, réservée par la Providence pour être découverte au moment de l'apparition.

« Bernadette a mis cette source à jour par une inspiration spéciale et surnaturelle, sur la désignation expresse que lui en fit la sainte Vierge, qui lui montra la direction de cette source de sa main droite, en lui disant : *Allez boire à la fontaine.*

« Si, en effet, j'examine le rocher de Massabieille et la petite montagne qui se trouve au-dessus, je les trouve faits pour recéler naturellement des sources,

au point qu'en supposant que je n'eusse jamais
entendu parler ni de l'apparition, ni de la source, et
que je fusse venu sur le chemin de fer qui passe
à quelques centaines de mètres de la Grotte, j'aurais
pu dire : « Il y a là une fontaine, » absolument
comme je le dis ailleurs, quand je suis en présence
d'un terrain qui contient des sources cachées.

« En résumé, la source de Lourdes a donc été
créée quand Dieu créa toutes les sources; mais la
presque totalité de son débit resta cachée sous le
sable comme un trésor destiné à faire briller, dans
le temps, les munificences de la grâce divine. Bernadette fut l'instrument dont Dieu se servit pour
découvrir cette source, ce qui n'empêche pas qu'il
y ait là un miracle. Le miracle est dans le fait de la
découverte de la source, au lieu d'être, comme à la
Salette, dans le fait de la *continuité* de l'écoulement
d'une source qui devait tarir; comme au Sinaï, il est
dans le fait de la *création* de la source qui jaillit du
rocher.

« Tout en prenant ainsi les faits tels qu'ils sont,
dans leur scrupuleuse vérité, nous les expliquons
et nous leur conservons le caractère essentiellement
surnaturel qui les distingue [1]. »

[1] Voir *Annales de N.-D. de Lourdes*, mai 1879, et l'Appendice qui se trouve à la fin du volume.

XIX

DIXIÈME APPARITION (VENDREDI, 26 FÉVRIER)

J'ai fait connaître l'état de découragement dans lequel je m'étais éloigné de la Grotte, le jeudi, 25 février. Des sommets illuminés d'où je croyais voir le ciel à ma première visite, je tombais dans les obscurités d'un milieu incohérent et ridicule. Je ne pouvais me détacher des impressions qui avaient transporté mon âme, et, d'autre part, se dressait devant moi l'image des faits qui en ruinaient la signification et le charme. J'étais comme un homme qui a perdu sa route, et, ne sachant plus de quel côté avancer, je résolus d'attendre que les événements vinssent éclairer la situation. Par suite de cette détermination, je ne parus pas à la Grotte dans la matinée du 26 février.

Les gens de Lourdes qui avaient assisté à l'extase de cette même matinée rentrèrent en ville la joie sur le visage, apportant la nouvelle du jaillissement de la fontaine miraculeuse. On sait comment la nouvelle fut accueillie et le sens qu'on y donna. La scène de la veille était expliquée; Bernadette s'était montrée ce qu'elle devait être; toutes les faveurs revinrent à la Dame sainte des visions. Pour moi, je me sentis délivré d'un affreux cauchemar, et c'est avec bonheur que je revins à mes premières convictions.

Voici maintenant les renseignements qui me furent donnés au sujet de la dixième apparition.

A son arrivée à la Grotte, Bernadette, sans hésiter, avait franchi la place où elle s'arrêtait d'habitude, et était allée s'agenouiller sur le haut de la pente, au point où, la veille, elle avait gratté la terre. Elle n'avait manifesté aucune surprise de voir couler la nouvelle fontaine, et, s'étant signée, elle y avait bu et s'y était lavée. Après avoir essuyé son visage du coin de son tablier, elle était revenue en arrière s'installer à genoux sur la pierre qui lui servait de prie-Dieu. Entrée immédiatement en communication avec Celle qui faisait tressaillir son âme, elle s'abandonnait avec effusion et tendresse à la récitation de son chapelet, lorsque la voix amie, mais cette fois attristée, qui sortait pour elle du rocher, lui avait fait entendre ces paroles : *Vous baiserez la terre pour les pécheurs!*

Bernadette n'avait pas de sacrifice à demander à son amour-propre; à l'instant, elle avait courbé la tête, et, les larmes aux yeux, elle avait collé sur le sol ses lèvres innocentes. Elle était ensuite montée sous le rosier, et là, aux pieds de Celle qui lui parlait, elle avait renouvelé l'expression humiliée de son anéantissement. Non contente d'avoir répondu personnellement à l'invitation de la Dame, elle avait voulu associer tout le monde à l'œuvre de réparation. S'étant tournée vers la foule, elle avait indiqué de la main qu'il fallait s'incliner la face contre terre. Comme si l'ordre fût venu directement de la bouche de la Dame, tous les genoux avaient fléchi et toutes les têtes avaient reposé un instant sur le sol de la Grotte. Les personnes qui n'avaient pu se courber jusqu'à terre avaient déposé leur baiser de pénitence sur la façade du rocher.

XX

ONZIÈME APPARITION (SAMEDI, 27 FÉVRIER)

Beaucoup de ceux qui suivent ces récits m'ont déjà demandé, j'en suis convaincu, ce que disait et pensait le clergé de Lourdes en présence des événements qui se déroulaient à la Grotte de Massabieille. Les incidents de la journée du 27 février vont répondre à cette question.

L'homme qui regarde en arrière de la vie n'aperçoit que des tombes sur les chemins parcourus. Il sent renaître ses larmes quand, au milieu de ces tombes, il revoit celle d'un vieil ami. L'ancien presbytère de Lourdes[1], visité par la mort, est demeuré pour moi l'un de ces monuments funèbres dont on n'approche qu'en pleurant. Qu'on juge de l'émotion profonde dont je ne puis me défendre, lorsque après une trentaine d'années je viens en entr'ouvrir la porte et en exhumer les souvenirs.

Le prêtre vénérable qui occupait ce presbytère au temps des apparitions était pour moi plus qu'un ami de cœur : c'était un père. Il l'était, du reste, pour chacun de ses paroissiens. Aussi ne l'appelait-on jamais que « Monsieur le Curé ». Ce seul titre exprimait toute la respectueuse affection dont les paroissiens entouraient leur digne pasteur.

[1] Maison Lavigne, la première à droite en entrant en ville, après le *pont de la Chaussée,* sur la route de Tarbes.

Ce prêtre, d'un grand cœur, d'une intelligence élevée et d'une rare vertu, on l'a déjà nommé. Les événements de la Grotte devaient le faire connaître au loin. Quelques années plus tard, honoré de la dignité de protonotaire apostolique, le curé de Lourdes s'appellait Msr Peyramale.

Parmi les trois vicaires qui partageaient avec lui les devoirs et les fatigues du ministère paroissial, on distinguait M. l'abbé Pomian, qui était en même temps et qui est resté jusqu'à sa mort, en 1893, aumônier de l'Hospice, dirigé par les sœurs de Nevers. C'est là qu'il connut Bernadette, dont il fut le catéchiste et le directeur. Quant aux deux autres, M. l'abbé Serre est mort jeune; M. l'abbé Pène l'a suivi dans la tombe en 1897.

Ces quatre prêtres formaient ensemble une famille unie où, non seulement les ordres, mais encore les moindres désirs du chef étaient exécutés avec un empressement filial.

La nouvelle des apparitions fit son entrée à la cure de Lourdes un peu comme partout, c'est-à-dire avec le caractère vague et nuageux qui en accompagna les premières données. L'abbé Peyramale s'élevait trop au-dessus du vulgaire pour s'arrêter à ce qu'il croyait être une lubie d'enfant ou un conte de vieille femme. Lorsque, dans une rencontre fortuite, on voulait l'entretenir des choses extraordinaires qui se produisaient à Massabieille, il haussait les épaules et poursuivait son chemin. Arriva cependant le moment où le fait de la Grotte, prenant des proportions inattendues, s'imposa à ses réflexions. Tous les matins, en revenant de la Grotte, un grand nombre de personnes allaient le trouver à la sacristie, au confessionnal, au presbytère, pour lui faire part de leur admiration et le consulter sur la conduite à tenir en présence de ces faits merveilleux.

Le bon curé écoutait, interrogeait quelquefois, mais il ne répondait pas. Il se renfermait en lui-même et se demandait avec souci ce que pouvait bien être cette étrange fascination qui semblait envahir tous ceux qui approchaient du rocher de Massabieille. Ses paroissiens se laissaient-ils éblouir par un de ces phénomènes météorologiques qui donnent lieu à légende et sont interprétés par l'ignorance comme des signes du ciel? N'étaient-ils pas dupes des artifices de quelque prestidigitateur occulte, produisant autour de la visionnaire une espèce de rayonnement momentané? La prétendue voyante ne faisait-elle pas elle-même de la mimique en se donnant les airs inspirés de l'extase? Sans recourir à ce dernier moyen, la jeune fille, d'une manière inconsciente, n'était-elle pas en proie à une de ces maladies nerveuses qui troublent les sens et embellissent parfois la physionomie d'une expression de bonheur? Toutes ces considérations faisaient réfléchir l'abbé Peyramale et le tenaient dans la défiance.

Toutefois, après avoir fait la part des causes naturelles ou calculées qui auraient pu produire les mirages de la Grotte, le doyen de Lourdes n'oubliait pas qu'il était prêtre. Il savait qu'au-dessus du monde matériel il existe un autre monde, avec lequel nous ne sommes pas étrangers. Il savait aussi que de ces hautes régions descendent, à certaines heures solennelles, des messagers de paix chargés par Dieu de soulever un coin du voile qui nous dérobe ce monde invisible. La Reine du ciel en particulier, cette glorieuse Fille de la terre, qui connaît nos besoins et nos ignorances natives, ne s'est-elle pas employée plus d'une fois elle-même à une pareille mission?

L'apparition de la Salette n'était-elle pas de date récente? Et si la Mère de Dieu avait daigné se montrer sur les Alpes, était-il impossible qu'elle se montrât aussi dans nos Pyrénées?

Une voix secrète invitait le digne pasteur de Lourdes à incliner vers cette dernière hypothèse. Il ne demandait pas mieux que d'écouter cette voix; mais était-elle de celles auxquelles on peut croire? En tenant pour certain qu'un être surnaturel apparût à la Grotte, n'y avait-il pas lieu d'examiner la nature de cet être mystérieux? Représentait-il le bien? Représentait-il le mal? Sans doute, d'après les versions qui avaient cours, la Dame qui se montrait à la voyante était revêtue des insignes qui semblaient désigner la Souveraine du ciel; mais pouvait-on ajouter foi à tous ces beaux dehors? Le démon n'était-il pas capable de pareilles magies?

En présence d'un fait à faces si multiples et dont le dénouement demeurait imprévu, l'abbé Peyramale comprit que la prudence s'imposait. Il continua à garder le silence vis-à-vis de ses paroissiens, et, se tenant à égale distance et de ceux qui prônaient les visions et de ceux qui les dénigraient, il abandonna à la Providence le soin de jeter la lumière sur le mystère qui le préoccupait.

En outre, il fit adopter la même règle de conduite à ses trois vicaires. Les réunissant un jour dans son salon, il leur dit[1] :

« Vous connaissez, messieurs, les bruits qui circulent au sujet de prétendues apparitions qui auraient lieu dans une grotte, près du Gave. J'ignore ce qu'il y a de réel ou de chimérique dans la légende qu'on

---

[1] L'allocution que je cite m'a été bien des fois répétée par les vicaires et même le curé de Lourdes dans nos conversations familières.

raconte ; mais ce qui nous importe, à nous prêtres, en des occurrences de cette nature, c'est de nous tenir dans la plus grande réserve. Si les apparitions sont vraies et d'origine céleste, Dieu saura bien nous appeler à son heure ; si elles sont illusoires ou suscitées par l'esprit du mensonge, Dieu n'a pas besoin de notre intervention pour en dévoiler la fausseté. Il serait donc intempestif et regrettable que l'un de nous se montrât en ce moment à la Grotte. Si les visions devaient être plus tard reconnues véritables, on ne manquerait pas d'insinuer que notre participation a été pour quelque chose dans cette décision. Si elles étaient rejetées comme n'ayant pas de fondement, on rirait de ce qu'on appellerait notre déconvenue. Ainsi, messieurs, pas de démarche ou de parole inconsidérée ; les intérêts religieux, notre propre dignité sont en jeu ; sachons nous maintenir à la hauteur de ce que réclament de nous les circonstances. »

Les vicaires étaient trop intelligents pour ne pas comprendre la justesse des réflexions émises par le sage doyen ; ils étaient trop pénétrés du sentiment de leurs devoirs pour chercher à s'écarter de la ligne de conduite qui leur était tracée.

Les journaux de l'impiété ont eu le triste courage de tourner en dérision les apparitions de la Grotte ; ils n'ont jamais osé avancer que le clergé de Lourdes se fût livré à des agissements ou à des connivences de nature à faire supposer qu'il avait poussé à crier au miracle.

* * *

Pendant que l'abbé Peyramale et ses vicaires se tenaient dans la plus stricte réserve, Bernadette, conformément à la promesse donnée, continuait ses visites de la quinzaine à la Dame du rocher. Les tendresses de l'enfant pour sa divine Mère allaient toujours croissant, et l'on remarquait que les extases, sans cesser d'être aussi brillantes, prenaient un caractère de plus en plus intime. Au matin du 27 février, les contemplations et les joies de l'extatique se prolongèrent un peu plus que d'habitude. A la fin de l'entretien, la Dame, au rapport de la voyante, parut se recueillir et méditer. Elle sortit bientôt de ses réflexions et fit entendre ces mots à sa petite privilégiée : *Allez dire aux prêtres qu'il doit se bâtir ici une chapelle.*

Bernadette se releva de la vision toute soucieuse et toute absorbée. La mission qu'elle venait de recevoir n'était pas en elle-même ce qui la préoccupait le plus ; ce qui l'embarrassait et constituait pour elle une grosse affaire, c'était d'avoir à se présenter devant son austère curé. Que de fois, plus tard, la naïve enfant ne m'a-t-elle pas fait part de ses terreurs à l'égard du vénéré pasteur?

« Quoiqu'il soit bon, disait-elle avec son sourire gracieux, j'en ai plus peur que d'un gendarme. »

Toutefois, à son retour de la Grotte, après avoir fait une halte chez sa mère, Bernadette prit son courage à deux mains et se dirigea vers le presbytère. Au moment où elle se présenta à la maison curiale, l'abbé Peyramale récitait son bréviaire dans les allées de son jardin. Au bruit du portail qui fermait la cour, il leva la tête et vit une jeune fille s'avancer vers lui d'une manière modeste et craintive. Il ne connaissait pas encore Bernadette, ou du moins il n'avait fait que l'entrevoir un jour, au catéchisme de l'Hospice, au moment où elle répondait à l'appel de son nom. Quand l'enfant arriva près du prêtre, celui-ci inter-

rompit ses prières et demanda à la jeune visiteuse
qui elle était et ce qu'elle voulait.

« Je suis Bernadette Soubirous, répondit timidement la petite voyante.

— Ah ! c'est toi, reprit le curé, en fronçant le sourcil et en promenant son regard de la tête aux pieds
de la timide enfant ; on raconte de toi de singulières
histoires, ma pauvre fille. Suis-moi et entre. »

Et en même temps, le rigide pasteur prenant les
devants se dirigea vers l'intérieur du presbytère.

Afin de donner à l'entretien qui va suivre sa véritable physionomie, je dois faire observer que l'abbé
Peyramale était un homme de haute stature, au
regard imposant, à la figure sévère. C'était le montagnard avec sa nature un peu rugueuse, quoique
adoucie et corrigée par l'éducation, par le commerce
du monde et surtout par la grâce. Il parlait court et
froid, et de prime abord on ne se sentait pas attiré.
Mais il y avait en lui deux hommes, l'un très rude,
l'autre très bon, très simple, très digne. Le second
faisait oublier le premier. Dès qu'on avait passé
quelques instants avec lui, la glace était rompue et
on ne savait trop ce qu'il fallait le plus admirer des
qualités de son esprit original et plein de ressources,
ou de la générosité naturelle de son cœur. Ce qui
était droit et beau l'exaltait ; tout le reste, le laid, le
faux, le mesquin, ne lui inspirait que du dégoût et
le froissait au point de crisper son visage. Prêtre
avant tout et toujours, il ne perdait jamais l'occasion
de placer le mot qui édifie, le conseil qui éclaire.
On l'écoutait avec respect, on subissait alors une irrésistible attraction, et en le quittant on était son ami.

Comme je l'ai indiqué plus haut, le curé de

Lourdes reçut la voyante froidement et avec les manières hautaines de l'homme du dehors. Nous l'avons vu sortir de son jardin et entrer dans sa demeure, laissant derrière lui Bernadette qui suivait. Quand ils furent arrivés au milieu du salon de réception, l'abbé Peyramale se tourna vers sa jeune visiteuse et lui dit[1] :

« Eh bien ! voyons, que me veux-tu ? »

Bernadette, debout, un peu rougissante, répondit :

« La Dame de la Grotte m'a chargée de dire aux prêtres qu'elle désire avoir une chapelle à Massabieille, et c'est pour cela que je suis venue.

— Qu'est-ce que c'est que cette Dame dont tu parles ? reprit le curé, en feignant de tout ignorer.

— C'est une dame très belle qui m'apparaît sur le rocher de Massabieille.

— Oui, mais enfin, qui est cette Dame ? est-elle de Lourdes ? la connais-tu ?

— Elle n'est pas de Lourdes, je ne la connais pas.

— Et tu acceptes d'une personne que tu ne connais pas des commissions comme celle que tu me fais ?

— Oh ! monsieur le curé, la Dame qui m'envoie ne ressemble pas aux autres dames.

— Que veux-tu dire ?

— Je veux dire qu'elle est belle comme on l'est, je pense, dans le ciel. »

Le curé fit semblant de hausser les épaules ; en réalité, il comprimait une émotion.

« Et tu n'as jamais demandé son nom à cette Dame ?

---

[1] Le dialogue entre le curé et Bernadette n'est que la reproduction de ce qui m'a été dit plus d'une fois par M. Peyramale lui-même.

— Si ; quand je le lui demande, elle incline la tête, sourit, mais elle ne répond pas.

— Elle est donc muette ?

— Non, puisqu'elle s'entretient tous les jours avec moi ; si elle était muette, elle n'aurait pas pu me dire de venir vous trouver.

— Raconte-moi, du moins, comment tu as fait sa rencontre. »

Bernadette, de sa voix douce et persuasive, fit le récit de la première apparition. Quand elle eut fini :

« Continue et dis-moi ce qui s'est passé aux jours suivants. »

L'enfant entra dans le détail de tout ce qu'elle avait vu et entendu jusqu'alors à la Grotte.

Pendant qu'elle parlait, le curé avait fait signe à Bernadette de s'asseoir et s'était assis lui-même. Il la regardait fixement et ne perdait pas une de ses paroles. Il remarqua tout d'abord qu'il avait devant lui une âme transparente comme le cristal. Il vit ensuite que le récit de la petite paysanne arrivait sur ses lèvres clair, pur, limpide, semblable à ces filets d'eau qui sortent des roches, n'ayant pas encore subi les atteintes des mélanges extérieurs. Non seulement il comprenait que l'enfant disait la vérité, mais encore il était forcé de reconnaître que, dans l'état inculte où elle se trouvait, il lui eût été impossible de s'élever à la conception des choses qu'elle racontait, si une intervention surnaturelle ne fût venue à son aide.

A mesure donc que Bernadette déroulait sa narration, le bon curé sentait que ses préventions s'en allaient une à une. Quand la petite fille arriva à la fin de son récit, l'abbé Peyramale était plus qu'à demi gagné à la cause de la Grotte.

Il dissimula néanmoins ses impressions, et faisant

subir une dernière épreuve à la voyante, il continua de l'interroger sur le ton bourru des premières questions.

« Et tu prétends que la Dame qui t'apparaît t'a chargée de dire aux prêtres qu'elle désire avoir une chapelle à Massabieille?

— Oui, monsieur le curé.

— Mais tu ne vois donc pas que cette Dame a voulu se moquer de toi et te livrer au ridicule? Car, enfin, si une dame de la ville t'avait chargée d'une pareille mission, est-ce que tu l'aurais écoutée?

— Oh! monsieur le curé, il y a une grande différence entre les dames de la ville et celle que je vois.

— Elle est grande, en effet, la différence! Comment! une femme qui n'a pas de nom, qui vient on ne sait d'où, qui va se loger dans un rocher, les pieds nus, te paraît digne d'être prise au sérieux? Ma fille, je ne crains qu'une chose : c'est que tu ne sois victime d'une illusion. »

Bernadette baissa la tête et ne répondit pas.

Il y eut un moment de silence, pendant lequel le curé se leva de son siège et se mit à arpenter à grands pas son salon. Il revint se placer devant Bernadette et lui dit :

« Tu répondras à la Dame qui t'a envoyée que le curé de Lourdes n'a pas l'habitude de traiter avec des gens qu'il ne connaît pas; qu'avant toutes choses, il exige qu'elle fasse connaître son nom, et, de plus, qu'elle prouve que ce nom lui appartient. Si cette Dame a droit à une chapelle, elle comprendra le sens que j'attache à mes paroles; si elle ne le comprend pas, tu lui diras qu'elle peut se dispenser d'envoyer de nouveaux messages à la cure. »

Sans donner aucun signe d'approbation ou d'improbation, Bernadette leva son regard serein sur le curé, fit sa petite révérence de paysanne et sortit.

Le bon pasteur la suivit du regard jusqu'au fond de la cour ; quand elle eut disparu, il ne put s'empêcher de se dire à lui-même : Cette enfant, à coup sûr, est une enfant de la Providence.

* * *

XXI

DOUZIÈME APPARITION (DIMANCHE, 28 FÉVRIER)

Le temps où il m'était donné de me tenir à côté de Bernadette, durant les apparitions, était définitivement passé pour moi. La population de Lourdes et celle des campagnes environnantes accouraient tous les jours plus nombreuses, et pour conquérir une place à la Grotte, au risque d'en être parfois dépossédé, il fallait y stationner une grande partie de la nuit. Au matin du 28 février, plus de deux mille spectateurs se trouvaient réunis autour du rocher de Massabieille, attendant fiévreusement l'arrivée de la voyante. Bernadette se présenta toute proprette, revêtue de ses modestes habits du dimanche et accompagnée de sa plus jeune tante Lucile. Quand elle passa devant moi, sur le haut du mamelon, elle tenait déjà son chapelet à la main et regardait vers les bas-fonds du Gave avec l'expression de quelqu'un qui a hâte d'arriver.

Je voulus la suivre ; mais à mesure qu'elle avançait les rangs se refermaient sur elle, et, comme le Zachée de l'Évangile, je fus obligé d'aller m'installer, non pas précisément sur un arbre, mais sur l'un des rebords du rocher qui domine la Grotte.

Du haut de mon observatoire, je vis se créer, sur le devant des excavations, un de ces tableaux merveilleux dont le souvenir ne s'efface plus de la mémoire. Tout autour de Bernadette, comme une immense couronne, se développait une large zone de têtes humaines, superposées les unes aux autres, serrées, penchées en avant afin de mieux voir. Au fond de cet amphithéâtre vivant, émergeait, comme un foyer lumineux, la figure séraphique de la voyante, reflétant sur les spectateurs les divines irradiations de la Dame cachée du rocher. Là, tout était grave, silencieux, sublime, et l'on ne pouvait en détacher les yeux.

Toutefois, quand par hasard je portais mes regards au delà de la masse compacte, c'est-à-dire sur les lignes plus éloignées d'où il n'était plus possible de voir l'extatique que par échappées, je me trouvais encore en présence de scènes particulières du plus émouvant intérêt. Ici, je voyais un robuste montagnard, à mine rébarbative, s'attendrir et pleurer comme un enfant; plus loin, un vigoureux laboureur de la plaine traduisait ses émotions en tordant et retordant son bâton jusqu'à le mettre en deux; près de moi, un ouvrier de la ville épuisait, à voix basse, tous les jurons de son vocabulaire pour déverser le trop-plein de son admiration; dans un coin, un bourgeois lettré, depuis longtemps en rupture de prière, cherchait visiblement à faire revenir sur ses lèvres les formules oubliées de son paroissien d'autrefois.

Un dernier incident fera connaître l'état des esprits en ces heures d'émotion.

Bernadette avait déjà passé un long moment dans

les jubilations de l'extase, lorsqu'elle voulut se porter en avant pour aller faire, sous l'églantier, ses prostrations habituelles. La foule était tellement pressée, que les personnes qui se trouvaient sur le passage de la voyante ne pouvaient ni avancer ni reculer. Deux braves militaires du fort, arrivés à la Grotte en curieux, fendirent spontanément les rangs et vinrent se placer devant l'extatique. Poussant ensuite les spectateurs de droite et de gauche, et marchant à reculons, ils criaient comme dans un service commandé :

« Allons, place! place ici! »

L'un d'eux, se tournant avec exaltation vers son camarade, s'écriait sur le ton libre de la caserne :

« Et puis, on viendra nous dire, à toi et à moi, que l'apparition est une bourde! Ah! nom de nom!... C'est avec moi qu'auront à compter les loustics et les flambards de la chambrée! »

L'entretien mystérieux de la Dame du rocher avec sa petite confidente ne donna lieu, le **28** février, qu'à des communications intimes et toutes personnelles. Bernadette se taisait sur ces sortes de communications, et chacun se faisait un devoir de respecter son silence. En sortant de la Grotte, après l'extase, la voyante se rendit droit à l'église paroissiale pour assister à la messe du dimanche. Elle y fut accompagnée par sa tante et un **grand** nombre de gens de la ville et de la campagne.

J'ai déjà dit que les pèlerins qui arrivaient à la Grotte, pressentant la vertu secrète de la fontaine miraculeuse, ne manquaient jamais d'aller se signer, boire

et se laver à la rigole qu'on y avait pratiquée. A force
de piétiner sur les bords de cette rigole, on en avait
rendu l'accès difficile à cause de la boue, et des filets
liquides se répandaient en tous sens. Quelques
ouvriers de Lourdes, s'étant aperçus de ces inconvénients dans la matinée du dimanche **28 février**, résolurent de les faire cesser. Ils allèrent se munir de
pioches et de pelles, régularisèrent le canal déformé
de la source, et creusèrent, au bas de la pente de la
Grotte, un bassin d'environ un mètre de longueur
sur quarante ou cinquante centimètres de largeur et
de profondeur. Les eaux de la fontaine tombaient
dans ce bassin par une canule en écorce de chêne.
C'est à cette piscine élémentaire que se manifestèrent
les premières guérisons.

Dans la même matinée, les mêmes ouvriers, s'éri-
geant en pionniers de la Vierge, établirent un sentier en zigzag sur l'escarpement, à l'ouest, de derrière la Grotte. Ce sentier n'était pas ce qu'on appelle
aujourd'hui *le chemin des Lacets*. Il commençait en
bas, où commence ce dernier; puis, d'une manière
presque verticale, il s'élevait en lignes étroites,
courtes et brisées, jusqu'au sommet de la pente.

XXII

TREIZIÈME APPARITION (LUNDI, 1er MARS)

Tandis que la foi aux apparitions de la sainte
Vierge à la Grotte devenait tous les jours plus ardente
et plus générale, l'incrédulité redoublait d'efforts

pour travestir les faits et jeter le trouble dans les esprits. Déjà, au début, les journaux de la libre pensée avaient dépeint Bernadette comme une petite paysanne inconsciente, à laquelle il était ridicule de prêter la moindre attention. Plus tard, à l'occasion de la découverte de la source miraculeuse, ils publiaient que la voyante était folle, et, pour preuve de leur assertion, ils ajoutaient que la malade elle-même, obéissant à un mouvement instinctif, avait senti le besoin d'aller rafraîchir sa tête aux eaux de ladite source. Un incident de l'extase du 1er mars, dénaturé et grossi par eux, vint fournir matière à de nouvelles déclamations. Or voici ce qui s'était passé.

Une personne de Lourdes, désirant attacher un souvenir pieux à son chapelet, l'avait remis à Bernadette avec prière de vouloir bien le réciter à la Grotte pendant l'apparition de la Dame céleste. Bernadette ne fit aucune difficulté pour se rendre au désir de cette personne. Le matin du 1er mars, en arrivant à la Grotte, la voyante se mit à genoux et prit au hasard le premier chapelet qu'elle rencontra dans sa poche. Quand elle voulut le porter à son front, sa main fut arrêtée, et la Dame lui demanda, sur le ton du reproche, ce qu'était devenu son chapelet. Bernadette, étonnée, avança le bras pour montrer celui qu'elle tenait à la main.

« Vous vous trompez, lui dit la Dame ; ce chapelet n'est pas le vôtre. »

Bernadette regarda, et reconnut, en effet, que le chapelet dont elle voulait se servir était le chapelet qu'on lui avait confié. Elle le remit prestement dans sa poche, en retira le sien et le présenta à la Dame en allongeant son bras vers la Grotte. La Dame fit un **signe** de tête affirmatif, et la **voyante** dès lors put **commencer sa prière.**

Depuis le jour où Bernadette avait invité la foule à se mettre à genoux et à baiser la terre, la plupart des assistants imitaient la petite extatique dans tous les exercices de piété qu'elle accomplissait à la Grotte. Quand elle priait, ils priaient avec elle; quand elle baisait la terre, ils la baisaient également. A l'apparition du 1er mars, la foule donna une fausse interprétation aux mouvements de la voyante, et se livra à une manifestation que ne comportaient pas les circonstances. Lorsqu'elle vit Bernadette tirer, par deux fois, son chapelet de la poche et l'offrir, semblait-il, à la Dame du rocher, elle crut qu'il s'agissait d'une ovation en l'honneur de la Vierge. A l'instant, tous les chapelets sortirent des poches, et furent présentés et agités avec enthousiasme dans la direction de la Grotte. Pour moi qui regardais de loin cette scène, je ne pouvais m'en expliquer le motif; mais en tout cas j'y vis une expression de foi qui me toucha profondément.

Après l'extase, Bernadette fit connaître le vrai sens des signes qu'elle avait échangés avec la Dame avant de commencer ses prières. Les manifestants se consolèrent de leur méprise en pensant que la Vierge, elle, ne s'était pas trompée sur la signification des sentiments qu'ils avaient voulu traduire.

L'incident paraissait clos, et personne à Lourdes ne semblait s'y être arrêté, lorsque, deux ou trois jours après, les feuilles de la capitale (on en devine la couleur) reproduisirent, comme il suit, les commérages de correspondants ténébreux :

« La petite comédienne du meunier de Lourdes réunissait encore autour d'elle, ce matin 1er mars, sous le rocher de Massabieille, près de deux mille cinq cents benêts. Impossible de décrire l'abêtissement et le crétinisme moral de ces derniers. La visionnaire s'en sert comme d'une bande de singes, et leur fait exécuter des momeries de tout genre. Ce matin, la pythonisse, n'ayant pas goût à faire l'inspirée, et pour varier les exercices, n'a rien trouvé de mieux que de se constituer en prêtresse. Prenant ses grands airs d'autorité, elle a exigé des béats la présentation de leurs chapelets, et en a fait la bénédiction générale. »

Les ricanements et les odieux mensonges de ceux qui avaient pris à tâche de discréditer l'œuvre de la Vierge ne produisirent d'autre effet que celui de stimuler les étrangers à venir en plus grand nombre à la Grotte.

Une seconde particularité, encore sans importance, intrigua cependant les esprits à Lourdes, beaucoup plus que l'incident des chapelets, dans la journée du 1er mars. Durant l'extase du matin, un jeune ecclésiastique s'était présenté inopinément à la Grotte, avait regardé un instant et avait ensuite disparu en toute hâte. Comme il était le premier prêtre qui se fût montré à Massabieille, les assistants eurent les yeux fixés sur lui, et après son départ il devint l'objet de mille commentaires.

« C'est un envoyé de l'évêque,... c'est un espion de la police,... c'est un ami,... c'est un ennemi, » se disait-on les uns aux autres, et la journée se passa en hypothèses sans que le mystère pût être débrouillé. Le lendemain, le jeune abbé reparut à Lourdes, et, comme on le pense bien, on ne manqua pas de l'interroger. C'était tout simplement un séminariste d'un village voisin, récemment ordonné prêtre et non encore placé. Traversant la ville le jour précédent, il avait profité d'une halte de voiture pour se rendre à Massabieille. Cet ecclésiastique, aujourd'hui décédé, a déclaré, pendant toute sa vie,

que la vue de la Grotte, à sa première visite, avait
été pour lui une vision du ciel.

* * *

XXIII

QUATORZIÈME APPARITION (MARDI, 2 MARS)

Comme à l'apparition du 27 février, Bernadette se
releva de l'extase visiblement préoccupée de ce que
la Dame lui avait ordonné. Elle avait, en effet, reçu
un nouveau message qu'elle devait apporter au presbytère, et ce message comment allait-il être accueilli
par le redouté pasteur?

La tante Basile, qui accompagnait ce jour-là Bernadette à la Grotte, ne tarda pas à s'apercevoir de
l'état soucieux de sa nièce. En rentrant en ville, elle
lui demanda ce qui la rendait ainsi rêveuse.

« Ah! répondit l'enfant d'un ton chagrin, c'est
que je suis, en vérité, dans un grand embarras : la
Dame m'a chargée de redire à M. le curé qu'elle voulait avoir une chapelle à Massabieille, et je ne sais
comment faire pour me présenter au presbytère. »

Se rapprochant ensuite de sa tante, et la prenant
par le bras, elle lui dit :

« Tante! si vous saviez combien vous me feriez
plaisir en venant avec moi chez M. le curé! »

La tante Basile ne demandait pas mieux que d'être
agréable à Bernadette; mais elle n'était guère plus
brave que sa nièce pour soutenir le regard et la
parole un peu rude de l'austère doyen.

« Quand je passe à côté de ce saint homme, disait

en ces temps-là Basile Castérot, les jambes me tremblent et j'ai la chair de poule. »

Toutefois, jugeant des terreurs de sa nièce par les siennes propres, et craignant, d'autre part, de déplaire à la Dame qui semblait réclamer indirectement ses bons offices, elle consentit à accompagner Bernadette au presbytère.

L'accueil du curé fut froid. Aussitôt que les deux visiteuses furent entrées au salon, l'abbé Peyramale se tourna vers Bernadette et lui dit :

« Eh bien ! que viens-tu m'apprendre ? la Dame a-t-elle parlé ?

— Oui, monsieur le curé ; elle m'a chargé de vous répéter qu'elle désire avoir une chapelle à Massabieille ; de plus, elle a ajouté :

« — *Je veux qu'on y vienne en procession.* »

Le curé se rembrunit.

« Ma fille, il ne manquait plus que ce dernier complément à toutes tes histoires. Ou tu mens, ou la Dame qui te parle n'est que le masque de Celle qu'elle veut paraître. Elle exige une procession, et pourquoi ? Sans doute, pour faire rire les gens et déconsidérer la religion. Le piège n'est pas habile. Tu lui diras de ma part qu'elle connaît mal les attributions hiérarchiques du clergé. Si elle était réellement Celle dont elle emprunte les traits, elle saurait que je n'ai pas qualité pour prendre l'initiative d'une pareille manifestation. C'est à l'évêque de Tarbes, et non à moi, qu'elle aurait dû t'envoyer.

— Mais, monsieur le curé, interrompit timidement Bernadette, la Dame ne m'a pas dit qu'elle voulût *dès à présent* une procession à la Grotte ; elle m'a dit simplement : « Je veux qu'on y vienne en procession ; » et si j'ai bien compris, c'est de l'avenir, et non du présent, qu'elle voulait parler. »

Le curé s'arrêta court à cette réflexion et jeta un regard scrutateur sur l'enfant. Que signifiait l'explication tardive qui arrivait sur les lèvres de la petite messagère? Est-ce que, sans y prendre garde, lui, curé, se trouvait en présence d'une rusée comédienne qui jetait de la poudre aux yeux par ses airs d'innocence? La nuance qu'elle faisait ressortir dans les désirs de la Dame était plausible et même vraisemblable; mais cette nuance n'était-elle pas une subtilité mise au profit de son rôle, et la petite fille ne s'en servait-elle pas pour se tirer adroitement d'embarras? L'abbé Peyramale sentait revenir ses anciennes préventions, et, craignant d'être trompé, il continuait à regarder l'extatique avec un certain air de défiance. Celle-ci, au contraire, se tenait tranquille sur son siège, ne montrant dans sa physionomie que la sérénité d'une âme qui n'a rien à feindre ni à cacher.

Enfin le curé rompit le silence et dit à l'enfant :

« Il est temps de sortir de l'*imbroglio* dans lequel la Dame et toi vous essayez de m'enchevêtrer. Tu lui diras qu'avec le curé de Lourdes il faut parler clair et net. Elle veut une chapelle? Elle veut une procession? Où sont ses titres aux honneurs qu'elle réclame? Qui est-elle? D'où vient-elle, et par quels actes s'est-elle recommandée? Allons droit au but; si ta Dame est celle dont tu laisses deviner le nom, je vais lui indiquer un moyen de se faire reconnaître et de donner de l'autorité à ses messages. Elle se tient à la Grotte, m'as-tu dit, au-dessus d'un rosier. Eh bien, demande-lui de ma part qu'un de ces jours, en présence de la foule assemblée, elle fasse fleurir subitement le rosier en question. Le matin où tu viendras m'annoncer que ce prodige est accompli, je croirai à la parole, et je te promets de t'accompagner à Massabieille. »

Un sourire de la tante et de la nièce répondit à ce langage ; puis le curé ayant cessé de parler, les deux visiteuses s'inclinèrent et sortirent.

Quelques heures plus tard, un homme de Lourdes, entièrement convaincu de la réalité des apparitions, venait faire visite à l'abbé Peyramale. Il le trouva se promenant, tout absorbé, dans les allées de son jardin. Le bon doyen ne cacha pas à son visiteur les préoccupations que lui donnaient les communications de la voyante. Il s'arrêtait particulièrement à la demande de la procession, qui lui paraissait louche, incorrecte, intempestive.

« Si l'enfant dit vrai, faisait observer le curé, celle qui parle à la Grotte m'engage à m'affranchir de la subordination ecclésiastique. Si, au contraire, l'enfant me trompe sur ce point, quelle confiance voulez-vous que je lui accorde sur le reste ?

— Il me semble, monsieur le curé, objectait le visiteur, que votre raisonnement ne repose que sur un malentendu. En vous déclarant qu'il ne s'agissait que de l'avenir, Bernadette, à mon avis, a traduit fidèlement la pensée de la Dame.

— Qui pourra me le garantir ?

— La logique des faits. De même que la Dame sait que vous ne pouvez commencer dès demain à bâtir une chapelle, de même elle n'ignore pas que vous ne pouvez dès demain faire la procession.

— C'est de la logique d'optimiste.

— Oh ! je suis bien plus optimiste que vous ne pensez : pour moi, il n'est pas douteux que la chapelle et la procession se feront.

— Quel homme !...

— Monsieur le curé, faites-moi l'honneur de retenir ce que je vais vous dire :

« Un jour, croix en tête et bannières déployées, vos paroissiens, rangés en procession, et vous, revêtu de votre plus belle chape, tous, dans les transports d'une sainte allégresse, vous vous dirigerez vers la chapelle de Massabieille en chantant : *Sancta Maria*, et moi je serai heureux de vous répondre : *Ora pro nobis.* »

** **

Ici, j'ouvre une parenthèse pour dire que j'anticipe sur les événements.

L'homme qui venait de parler ainsi appartenait à une administration publique, et pour continuer sa carrière il avait été obligé de quitter Lourdes. Après son départ, de grandes choses s'accomplirent au lieu de son ancienne résidence. Les apparitions de la Vierge furent officiellement reconnues et la chapelle bâtie. Le 5 octobre 1872, une imposante manifestation nationale, la première en ce genre, amenait dans la cité de Marie plus de cinquante mille pèlerins. Le lendemain, à deux heures du soir, au son de toutes les cloches, le curé de Lourdes, précédé ou suivi d'une foule innombrable, sortait de son église et se dirigeait en procession vers la Grotte de Massabieille. Il marchait triomphalement entre deux haies de deux cent cinquante-sept bannières, envoyées de toutes les parties de la France ; une vingtaine de députés ou de sénateurs lui faisaient cortège ; huit évêques, crosse en main et mitre en tête, descendaient de la chapelle demandée par la Dame pour venir à sa rencontre sur le chemin de la ville.

Le visiteur du 2 mars 1858, accouru de loin, se trouvait, durant la procession, à côté de son ancien curé. Après un regard d'intelligence échangé entre eux, le curé surélevait la voix pour chanter *Sancta Maria,* et le pèlerin, trois fois heureux, répondait : *Ora pro nobis.*

Ai-je besoin de le dire ? celui qui avait prophétisé au jardin du curé de Lourdes n'était autre que le témoin des apparitions qui écrit ces lignes.

XXIV

MERCREDI, 3 MARS. — LA DAME N'APPARAIT PAS [1]

Au matin du 3 mars, Bernadette récita pieusement son chapelet à la Grotte, mais elle ne donna aucun des signes qui caractérisaient ses extases. Elle alla faire sa prière accoutumée sous l'églantier, baisa la terre et revint s'agenouiller à sa place habituelle. Sans regarder davantage au rocher, elle inclina la tête pour se recueillir, demeura quelques instants dans cette attitude; puis, ayant baisé la terre de nouveau, elle fit le signe de la croix et se leva. Les personnes qui l'entouraient se mirent à l'interroger comme d'habitude. L'enfant répondit simplement :

« La Dame n'est pas venue aujourd'hui.

[1] Plusieurs témoignages sérieux sembleraient cependant établir le fait d'une apparition, non à l'heure habituelle, mais à une seconde visite de Bernadette à la Grotte.

« — Peut-être que les apparitions sont finies? fit observer l'un des assistants.

— Je n'en sais rien, reprit Bernadette, mais en tout cas la quinzaine n'est pas terminée et je reviendrai encore demain. »

Comme on le voit, l'humble enfant ne cherchait jamais à se composer ou à déguiser ce qui se passait à l'intérieur de la Grotte. Elle acceptait les événements tels qu'ils se présentaient. Sans croire faire de la vertu, elle était toujours soumise et toujours véridique.

En prévision des affluences qui arriveraient en ville le lendemain, dernier jour de la quinzaine, le maire de Lourdes adressait, le 3 mars, au capitaine commandant le fort, la réquisition suivante :

« La présence considérable d'étrangers que l'on m'annonce pour demain, jour de marché, m'oblige à venir vous demander, dans l'intérêt du bon ordre, de mettre votre troupe à ma disposition. Je vous prie, en conséquence, de vouloir faire que vos soldats disponibles soient rendus demain matin, à six heures, à l'hôtel de la mairie. »

XXV

QUINZIÈME APPARITION (JEUDI, 4 MARS)

DERNIER JOUR DE LA QUINZAINE

Déjà, au commencement de la troisième dizaine de février, les organes de la publicité, depuis le petit *Lavedan,* de Lourdes, jusqu'aux grands journaux de la capitale, avaient fait connaître les événements dont la Grotte de Massabieille était le théâtre. Tandis que les feuilles catholiques, usant de prudence, s'étaient bornées à signaler les faits sans les commenter, les feuilles de la libre pensée toujours promptes à précipiter leurs jugements, avaient crié au fanatisme, à la superstition, aux singeries dévotes. A mesure qu'il plut à la Vierge d'attester sa présence sur le rocher béni, les premières de ces feuilles se montrèrent plus affirmatives, les secondes plus irritées. Bientôt une levée de boucliers se fit dans toute la presse, et l'on en vint aux polémiques les plus ardentes.

Dieu, qui fait souvent converger nos petites agitations vers le but qu'il se propose, se servit des clameurs des bons et des méchants pour appeler l'attention publique sur l'œuvre de sa Mère. Les esprits réfléchis comprirent en effet qu'on ne discute pas sur un objet sans portée et que, si les apparitions de Lourdes n'étaient pas encore pleinement démontrées, elles devaient du moins fournir un point d'appui aux observations et aux études.

Quelques personnes étrangères, désireuses de connaître la vérité, commencèrent à se montrer sous le rocher de Massabieille. Ces personnes crurent voir le ciel ouvert au-dessus de Bernadette et, en rentrant dans leurs demeures, elles jetèrent partout, sur les routes parcourues, le cri communicatif de leur admiration. A ces premiers pèlerins, beaucoup d'autres succédèrent immédiatement, et vers la fin de février les gens venus de l'extérieur se comptaient, aux apparitions, au moins aussi nombreux que les gens de la ville.

Parmi les personnes éloignées qui avaient projeté le voyage de Lourdes, un grand nombre s'étaient réservées pour le dernier jour de la quinzaine, espérant que la Vierge, ce jour-là, se manifesterait à la Grotte par quelque prodige éclatant. La veille et dans la nuit du 3 au 4 mars, de toutes les parties de la France, mais en particulier des villes et des villages environnants, partirent de petites colonnes de dix, quinze et vingt pèlerins, se dirigeant vers la cité de Marie. Ces caravanes, convergeant vers le même point, se réunirent les unes aux autres comme le ruisseau à la rivière et finirent par créer d'interminables et volumineux courants. Aux approches de Lourdes, sur les routes de Pau, de Tarbes, de Bagnères et d'Argelès, ces courants humains, vus aux premières lueurs du jour, ressemblaient à quatre grands fleuves, prêts à se heurter les uns contre les autres. Après avoir fait cependant pacifiquement leur jonction sur la place de Lourdes, ils descendaient, en flots précipités et puissants, les pentes abruptes qui se trouvaient derrière la citadelle et allaient se confondre, dans un immense remous, autour de la roche de Massabieille.

Il serait difficile de dire le nombre des spectateurs réunis à la Grotte dans la matinée du 4 mars. Les évaluations les plus modérées le portèrent au chiffre de quinze à vingt mille. Aujourd'hui il n'est pas rare de constater à Lourdes des affluences de cette importance ; mais au jour dont je rappelle les circonstances, les chemins de fer n'arrivaient pas encore aux Pyrénées, et le concours des pèlerins parut prodigieux.

Les autorités chargées du bon ordre, quoique réfractaires à la croyance aux apparitions, se conduisirent, à la manifestation du 4 mars, avec le zèle et la sollicitude de véritables croyants. Outrant les mesures de protection à l'égard de la foule, elles donnèrent à la clôture de la quinzaine, sans qu'elles y prissent garde, un éclat et une solennité qui tournèrent à la gloire de la Vierge.

Comme nous l'avons vu, la garnison du Fort était réquisitionnée dès la veille. Le lendemain de grand matin, les soldats, en tenue de parade, se présentèrent à la mairie et furent échelonnés, l'arme au bras, sur le chemin de Massabieille. Trois ou quatre brigades de gendarmerie appelées du dehors, les unes à pied, les autres à cheval, faisaient circuler dans les rues et les voies que devait parcourir la voyante. La brigade locale, comme un piquet d'honneur, se tenait en faction sous l'arcade de la Grotte. Le maire, l'adjoint et le commissaire de police de Lourdes, ceints de leurs écharpes, se portaient un peu partout, distribuant avec bienveillance les avertissements et les conseils. A raison de l'encombrement de la foule et des imprudences qui se commettent en pareil cas, des accidents étaient à craindre; toutefois, comme il fut remarqué, contre toutes les prévisions aucun malheur ne vint troubler ces mémorables assises. C'est qu'au-dessus des soldats, des gendarmes et des magistrats municipaux, il y avait quelqu'un qui veillait aussi : c'était la Dame de la Grotte.

Pendant les préparatifs du dehors et les impatiences de l'attente, que se passait-il à la demeure des Soubirous? Oh! là, rien n'était changé. Le maître et la maîtresse de la maison vaquaient, comme d'habitude, aux petits soins du ménage et se demandaient peut-être comment ils pourraient nourrir leurs enfants dans la journée. Bernadette, toujours fidèle à ses engagements, sentant l'heure de la vision approcher, se levait prestement et procédait à sa petite toilette. Après s'être agenouillée quelques instants devant le

modeste crucifix de cuivre appendu à côté de sa couchette, elle prenait son capulet du dimanche et par-
tait pour la Grotte.

Dès que la voyante apparut sur le seuil de sa porte,
un frémissement, pareil à celui d'une commotion élec-
trique, parcourut les lignes des spectateurs depuis
la ville jusqu'au bord du Gave. Chacun se haussait
sur les pieds en disant à son voisin : Bernadette vient,
Bernadette arrive ! L'enfant s'enfonça dans les rangs,
sans paraître remarquer la foule des admirateurs ni
l'appareil déployé sur son passage. Comme s'il eût été
question d'une grande dignitaire, deux gendarmes,
sabre au clair, vinrent se placer devant elle pour lui
tenir le chemin ouvert et la soustraire aux empres-
sements de la multitude. Elle marchait derrière eux,
simple, modeste, tranquille et absolument avec la
même désinvolture qu'aux jours où elle conduisait
son petit troupeau sur les collines de Bartrès.

Arrivée au plateau de Massabieille, Bernadette
remarqua une jeune fille aveugle, à peu près de son
âge, pleurant à chaudes larmes à l'entrée du sentier
qui plongeait vers la Grotte. Émue de compassion,
elle alla à la petite infortunée et l'embrassa avec effusion. En apprenant qu'elle avait été serrée dans les
bras de la voyante, la pauvre infirme se répandit en
bénédictions et en remerciements. Autour d'elle, on
crut à un miracle et l'on fit courir le bruit que
Bernadette venait de guérir une jeune fille de la
montagne, frappée de cécité. Il n'en était rien
cependant, et la nouvelle fut, peu après, reconnue
controuvée. Enfin, sans autre incident, la voyante
parvint sous la voûte de la Grotte à sept heures et
un quart du matin.

Il serait difficile de reproduire le tableau qu'offrait,
à ce moment, le bassin de Massabieille. Dans les

bas-fonds du Gave, c’est-à-dire dans la prairie de M. de Lafitte et sur les terrains vagues qui s’étendaient derrière la Grotte, des masses frémissantes rivalisaient d’efforts pour se rapprocher. Aux flancs du rocher des apparitions grimpaient des groupes audacieux, accomplissant, au mépris du danger, des miracles d’équilibre et de sang-froid. Sur les arbres qui longeaient la rivière, se tenaient suspendues, entre ciel et terre, des grappes d’hommes, d’enfants, imprimant aux branches des balancements qu’on n’osait regarder. De l’autre côté du Gave, sur la rive droite, la nappe de verdure qui fait face à la niche était noire de spectateurs attendant fiévreusement le commencement de l’extase. Au loin, sur les mamelons, sur tous les points saillants qui entourent le vallon, on remarquait des faisceaux d’observateurs, raides et immobiles comme des statues, tournant leurs regards vers la Grotte. Du sein de cette multitude immense, palpitante, s’élevait une clameur confuse, majestueuse, pareille aux bruits de l’Océan.

Aussitôt que Bernadette eut commencé sa prière, la grande voix, la voix tumultueuse qui remplissait le vallon, cessa de se faire entendre. Comme sur un ordre venu du ciel, toutes les têtes se découvrirent et tous les genoux fléchirent. Saisis d’une secrète terreur, les cœurs battaient d’émotion, et l’on s’attendait à chaque instant à voir éclater, à la Grotte, quelque signe manifeste de la puissance d’en haut.

Durant ces moments solennels d’attente Bernadette, comme si elle eût été seule, s’entretenait amicalement avec la Dame cachée du rocher :

« A vous mon âme, à vous mon cœur, à vous ma vie ! » semblait-elle lui dire du regard et du geste.

Au cours de l’extase, la voyante s’attendrit jusqu'aux larmes, et l'on crut que la divine apparition lui faisait ses adieux. Quelques instants après cependant, sa figure se rasséréna, s'épanouit et laissa refléter des rayons d'espérance. Quel était le sujet de ce colloque intime où les joies et les tristesses se révélaient tour à tour? La Dame du ciel faisait-elle connaître à sa petite privilégiée les alternatives diverses qui l'attendaient dans la vie? Lui donnait-elle la vision des grands événements qui devaient s'accomplir à la Grotte, lui apprenant en même temps que pour elle les allégresses des jours futurs seraient rares, et qu'ensevelie dans la retraite, loin de son pays, elle n'entendrait plus guère parler de son rocher de Massabieille? Rien d'explicite n'a été recueilli à cet égard.

Bernadette resta près d'une heure en extase, tantôt dans l'attitude ravie de sainte Thérèse communiquant avec le ciel, tantôt dans l'abattement éploré des saintes femmes qui priaient au Calvaire, au pied de la croix du Sauveur. A l'encontre de ce qu'avaient espéré les pèlerins, aucun signe miraculeux ne se produisit à la Grotte.

Aussitôt que la voyante eut repris sa physionomie ordinaire, les personnes qui se trouvaient près d'elle se hâtèrent de lui demander comment la Dame l'avait quittée.

« Comme toujours, répondit l'enfant ; elle m'a souri en s'en allant, mais elle ne m'a pas fait d'adieux.

— Puisque la quinzaine est finie, tu ne reviendras plus à la Grotte?

— Oh ! si, reprit Bernadette ; pour moi, j'y reviendrai toujours, mais j'ignore si la Dame voudra reparaître. »

Bien que l'extase fût finie et que la voyante se tînt

debout depuis déjà quelques instants, les spectateurs continuaient à demeurer à leurs places. Les deux gendarmes qui avaient accompagné Bernadette à l'arrivée reprirent leur mouvement d'escorte et firent élargir les rangs. Tout le monde voulait revoir la petite privilégiée de la Vierge, et des exclamations attendries sortaient de toutes les bouches. Pendant que l'enfant traversait le quartier de la Merlasse, des femmes étrangères rompirent les rangs des soldats et, sans peur des baïonnettes, allèrent couvrir de baisers l'enfant bénie du ciel. Enfin, suivie d'une foule immense qui laissait éclater son enthousiasme, Bernadette rentra dans sa demeure, indifférente aux honneurs qu'on lui rendait et sans autre pensée que celle d'avoir répondu au désir de la Dame si belle qui avait ravi son cœur.

* *
*

Malgré l'émouvante et splendide manifestation qui venait d'avoir lieu, ceux qui croyaient aux apparitions ne se retirèrent qu'à demi satisfaits de l'extase du 4 mars. Plusieurs avaient espéré que la Dame relèverait le défi du curé de Lourdes en faisant fleurir subitement le rosier de la Grotte. D'autres, plus enthousiastes encore, allaient jusqu'à penser qu'en ce jour elle pourrait se montrer à la multitude, comme elle se montrait à la voyante. Les sages, les réfléchis, n'osant s'abandonner à des vœux téméraires, formulaient néanmoins des prières instantes pour que la Dame mystérieuse fît connaître son nom et donnât un signe sensible de sa présence à la Grotte... Au grand regret de tous ceux qui avaient témoigné de leur foi aux visions, rien ne se produisit, ce qui fit craindre à plusieurs que le crédit de la Vierge n'en fût atteint.

Pauvres raisonnements humains! La Dame du rocher qui avait commencé son œuvre ne devait pas la laisser inachevée. Encore quelques jours, et une grande révélation allait éclaircir le mystère et dissiper les craintes.

XXVI

PÉRIODE DU 4 AU 25 MARS

Les incrédules et les esprits forts de Lourdes, malgré les airs d'assurance qu'ils se donnaient, n'étaient pas sans se préoccuper des incidents éventuels de la dernière apparition. N'ayant pas dans leurs doctrines une confiance absolue, ils redoutaient une de ces surprises à sensation que les croyants appelaient de leurs vœux. Durant les deux ou trois jours qui précédèrent le 4 mars, ils se tinrent dans une prudente réserve et se dérobèrent aux discussions. Le matin de la grande démonstration, on les aperçut disséminés çà et là sur les hauteurs de la rive droite du Gave, épiant d'un œil anxieux le rocher de Massabieille. Quand l'épreuve redoutée eut dissipé leurs craintes, ils relevèrent la tête et revinrent à leurs détractions, plus acharnés que jamais. Les journaux qui recevaient leurs communications ne tardèrent pas à publier que la comédie des visions avait fini par un immense éclat de rire, et que les dévots eux-mêmes, désabusés de leurs illusions, n'osaient plus se montrer à la Grotte. Quant à la voyante, délaissée par la faveur populaire, elle vivait en recluse dans la demeure de son père, méditant avec tristesse sur les gloires fugitives de son métier de sibylle.

Autant d'affirmations données par les publicistes ou leurs correspondants, autant de mensonges à mettre à leur actif; c'est ce que tout le monde pouvait constater à Lourdes.

Je ne reviendrai pas sur la physionomie et les impressions de la journée du 4 mars. A partir de ce jour, comme les apparitions étaient censées terminées, les pèlerins, il est vrai, n'arrivaient plus en masse s'agenouiller, tous les matins, sous le rocher de Massabieille. Était-ce à dire que leur foi fût moins grande et leur concours moins empressé? Nullement. Tous les jours et à chaque heure du jour, un mouvement incessant de va-et-vient était établi sur le chemin du Pont-Vieux, et le dessous de la Grotte ne désemplissait jamais. Le dimanche, en particulier, les travaux des champs étant suspendus, on voyait, sur toutes les routes, de longues files de villageois qui venaient renouveler leurs hommages à la Dame de Bernadette. Ces pèlerins des premiers temps recevaient toujours un accueil gracieux et désintéressé de la part des habitants de Lourdes.

Si nous allons maintenant à Bernadette, nous la trouvons telle que nous l'avons laissée à son retour de Bartrès. Ne soupçonnant pas qu'elle pût être l'objet d'une attention quelconque, elle ne mettait aucun soin ni à se cacher, ni à se produire. Quatre fois par jour, comme avant les apparitions, elle traversait une partie de la ville, causant et babillant avec ses camarades d'école. Sans calcul de sa part, elle n'affichait ni les dehors de la grande dévotion, ni

la dissipation exubérante particulière à son âge.
C'était l'innocence marchant avec la sérénité d'une
conscience tranquille.

Bernadette avait-elle oublié sa Dame?

Oh! non. Souvent, le soir, à la sortie des classes,
on apercevait une jeune fille se détacher sans bruit
de ses compagnes et prendre en toute hâte la direction de Massabieille. Parvenue sous le rocher béni,
elle baisait la terre, jetait un regard ardent sur
la niche mystérieuse et répandait son cœur dans une
affectueuse prière. Avant que la nuit arrivât, elle se
levait souriante, faisait un salut d'adieu et disparaissait avec le même empressement qu'elle était
venue. Quelle était cette jeune fille qui témoignait
d'un zèle si touchant pour la Dame de la Grotte?
Cette jeune fille n'était autre que Bernadette.

Aux jours où l'école était fermée, elle allait passer
de longues heures avec Celle qui lui avait promis de
la rendre heureuse, non pas en ce monde, mais dans
l'autre. Elle ne se présentait plus à la Grotte comme
durant la quinzaine des apparitions, c'est-à-dire
accompagnée de la foule et à travers les ovations.
Elle arrivait seule, enfoncée dans son capulet et faisant le moins de bruit possible. Soit par un sentiment d'humilité, soit pour ne pas attirer l'attention
des assistants, elle franchissait la place qu'elle occupait au temps des visions et allait se réfugier au
fond de la Grotte. Là, recueillie, effacée, souvent
inconnue, elle se livrait à ses méditations et récitait
avec piété son petit chapelet.

Aussitôt que les apparitions de la quinzaine eurent
cessé, des mains pieuses élevèrent à l'intérieur de la
Grotte une espèce d'autel rustique, sur lequel on
plaça une statue de la sainte Vierge. A cette statue

vinrent bientôt s'ajouter des médailles, des cadres, une foule d'objets de piété, de telle sorte que le creux du rocher prit l'aspect d'une chapelle livrée au culte. Des cierges en grand nombre y brûlaient jour et nuit, et les voûtes de Massabieille commencèrent à retentir du chant de cantiques en l'honneur de la Madone des Pyrénées. Aucun pèlerin ne quittait la Grotte sans jeter sur le sol, et plus tard dans un coffret, une pièce de monnaie destinée à l'érection de la chapelle réclamée par la Dame. Le petit trésor n'était gardé par personne, et cependant jamais aucune main téméraire n'osa y toucher.

XXVII

SEIZIÈME APPARITION (JEUDI, 25 MARS)

LA DAME MYSTÉRIEUSE RÉVÈLE SON NOM

Une opinion, tenace comme une certitude, régnait à Lourdes et dans toute la contrée environnante relativement aux visions : c'était que la Dame de la Grotte n'avait pas dit son dernier mot. Les merveilles des extases, le jaillissement extraordinaire de la fontaine, les récits et les ambassades de la voyante demeuraient, en effet, sans explication suffisante, si l'Apparition continuait à se taire sur son nom et sur le but de ses visites. Or, les personnes qui analysaient les événements se refusaient à croire qu'un drame, dont toutes les données étaient célestes, pût se terminer sans laisser dans les esprits autre chose que le sou-

LA GROTTE

venir brillant, mais stérile, d'une représentation
théâtrale. La période du 4 au 24 mars s'était néanmoins écoulée, et aucun fait nouveau n'était venu
dissiper les nuages, ni précipiter le dénouement
attendu.

En ce dernier jour, veille de l'Annonciation, un
souffle du ciel passa dans toute la région, invitant
les âmes pieuses à se rendre, le lendemain, à la
Grotte de Massabieille. D'habitude, ces âmes, aux
fêtes consacrées à la Vierge, allaient porter leurs
prières et retremper leur dévotion soit à l'antique et
pieux sanctuaire de Garaison, soit au sanctuaire non
moins ancien et non moins vénéré de Bétharram[1].
A cet appel, qui les détournait de leur pèlerinage
traditionnel, elles éprouvèrent un moment de
trouble et se demandèrent s'il leur était bien permis
d'abandonner des oratoires déjà consacrés pour se
porter vers des lieux où la prière liturgique n'avait
pas encore résonné. La Dame du rocher, par une de
ces illuminations dont elle avait le secret, fit comprendre aux personnes hésitantes qu'elle était la
même que Celle qu'on invoquait aux anciens sanctuaires de la contrée, et que, par conséquent, leurs
hommages allaient au même but. A l'instant les
scrupules cessèrent, et, quand il fallut se mettre
en route, les pas des pèlerins se dirigèrent vers
Lourdes.

Il faut cependant le dire, on ne vit pas à la Grotte,
ce jour-là, les grandes foules des apparitions précédentes. On y remarquait plutôt, avec quelques

---

[1] Deux lieux de pèlerinage très populaires dans les Hautes et
les Basses-Pyrénées: l'un, situé à la partie orientale du diocèse
de Tarbes; l'autre, à l'ouest, dans la circonscription du diocèse
de Bayonne.

hommes agenouillés çà et là, une riche couronne de
jeunes vierges et de pieuses mères, faisant une garde
d'honneur à la Dame cachée. En obéissant à l'impulsion intérieure qu'elles avaient ressentie, toutes ces
âmes d'élite s'étaient pénétrées de la pensée que
quelque grand événement se préparait à la Grotte. A
l'avance elles se demandaient quel pouvait être cet
événement? La Dame mystérieuse allait-elle déchirer
les voiles qui la couvraient et se présenter, comme
on l'avait espéré le 4 mars, dans toutes les splendeurs
de sa gloire et l'éclat de ses divines perfections?
Ferait-elle jaillir de la nouvelle fontaine probatique
coulant sous ses yeux un de ces prodiges qui apportent
la guérison et la joie aux cœurs souffrants? Pren-
drait-elle occasion de la fête du jour, dont le vocable
(l'Annonciation) semblait être une promesse, pour
déclarer son nom et révéler son origine céleste?
Toutes ces hypothèses se présentaient à l'esprit des
pèlerins et y faisaient l'objet de mille vœux et de
mille espérances.

La voix qui s'était fait entendre aux amis de la
Vierge avait retenti du même coup, mais d'une
manière plus intime et plus suave, dans le cœur de
Bernadette. Oh! pour l'enfant, cette voix n'était pas
une voix étrangère; c'était la messagère fidèle qui
prenait toujours les devants pour annoncer la visite
de la Dame aux célestes sourires.

Depuis les jours heureux de la quinzaine des apparitions, la petite voyante était allée s'agenouiller
plusieurs fois sous le rocher béni. Cédant aux aspirations de son âme, souvent elle élevait son regard
vers la niche bien-aimée; hélas! la niche demeurait
toujours vide, et les rayons du ciel ne venaient plus
l'éclairer. Qu'on juge de la joie de Bernadette quand

elle comprit que la divine Mère l'appelait à un nouveau rendez-vous. Peu importaient à l'enfant les calculs et les prévisions du dehors sur ce que ferait ou ne ferait pas la Dame. Sa foi, à elle, était établie, et elle n'avait d'autre désir que celui de contempler, de savourer les charmes de l'auguste Souveraine qui résumait en sa personne toutes les grâces et toutes les beautés du ciel.

Auprès de l'âtre de famille, dans la veillée du 24 mars, Bernadette fit part à ses parents de l'avis intérieur qu'elle avait reçu et parla, comme d'une chose assurée, du bonheur qui l'attendait, le lendemain, à la Grotte.

Toute pleine de cette pensée, elle alla se coucher, mais le sommeil ne put arriver à ses paupières. La nuit lui parut longue, et bien des *Ave Maria* du chapelet passèrent sur ses lèvres. Aussitôt que les premières lueurs du jour parurent, elle quitta sa couchette, s'habilla avec diligence et, sans écouter son asthme qui se réveillait dans sa petite poitrine, elle prit, d'un pas agile, le chemin de Massabieille. O confusion pour elle! la niche était déjà illuminée et la Dame attendait!... « Elle était là, disait Bernadette, paisible, souriante et regardant la foule comme une mère affectueuse regarde ses enfants. »

La voyante ajoutait :

« Quand je fus à genoux devant la Dame, je lui demandai pardon de ce que j'arrivais en retard. Toujours bonne pour moi, elle me fit signe de la tête que je n'avais pas besoin de m'excuser. Alors je lui exprimai toutes mes affections, tous mes respects et le bonheur que j'avais de la revoir. Après l'avoir entretenue de tout ce qui me vint dans le cœur, je pris mon chapelet. Pendant que j'étais en prière, la pensée de lui demander son nom se présenta à mon esprit avec une persistance qui me faisait oublier toutes les autres pensées. Je craignais de me rendre importune en réitérant une demande toujours demeurée sans réponse, et cependant quelque chose m'obligeait à parler. Enfin, d'un mouvement que je ne pus contenir, les paroles sortirent de ma bouche, et je priai la Dame de vouloir bien me dire qui elle était[1].

« Comme à mes précédentes questions, la Dame inclina la tête, sourit, mais ne répondit pas. Je ne sais pourquoi, je me sentis plus courageuse, et je revins à lui demander la grâce de me faire connaître son nom.

« Elle renouvela son sourire et sa gracieuse salutation, mais elle continua à garder le silence.

« Une troisième fois, les mains jointes et tout en me reconnaissant indigne de la faveur que je réclamais, je recommençai ma prière. »

Arrivée à ce point de sa narration, l'enfant était gagnée par l'émotion, et elle continuait ainsi :

« La Dame se tenait debout au-dessus du rosier et se montrait comme elle se montre dans la médaille miraculeuse. A ma troisième demande elle prit un air grave et parut s'humilier... Elle joignit ensuite ses mains et les porta sur le haut de la poitrine..., elle regarda le ciel...; puis séparant lentement les mains et se penchant vers moi, elle me dit en laissant trembler sa voix : *Je suis l'Immaculée Conception*[2] ! »

En prononçant ces dernières paroles, Bernadette baissait la tête et reproduisait le geste de la Dame.

Le grand mystère de la Grotte était enfin dévoilé !

[1] Bernadette n'indiquait pas en quels termes elle avait formulé sa demande.

[2] En patois : *Qué soy ér'Immaculada Counceptiou.*

Et en quel jour ! Précisément en l'anniversaire du jour trois fois béni où l'archange Gabriel vint, de la part du Très-Haut, annoncer la venue prochaine du Rédempteur attendu, et saluer « pleine de grâce », c'est-à-dire *Immaculée*, la Femme prédestinée qui, d'après l'antique promesse faite à nos premiers parents, devait écraser la tête du serpent maudit. Quelle coïncidence ! Et pour nous quel sujet d'espérances ! Anges qui entouriez la Vierge dans sa niche rustique, quelles furent vos louanges et vos félicitations en entendant votre auguste Souveraine se désigner et se personnifier dans l'un de ses plus beaux titres de gloire ? Ne fîtes-vous pas retentir les voûtes de Massabieille des accords de vos lyres vibrantes et des acclamations de vos cœurs enflammés ?

Les pèlerins agenouillés à la Grotte n'entendirent ni les harmonies, ni les transports des esprits bienheureux ; mais ils se sentirent pénétrés de saintes et suaves allégresses. Durant l'extase, ils se tinrent suspendus aux lèvres de la voyante, espérant que de cette bouche pure descendrait à chaque instant quelque mot révélateur. Quand Bernadette eut parlé, un saisissement indéfinissable s'empara de toutes les âmes, et les assistants tombèrent à genoux. Après avoir rendu ce premier hommage à la Vierge, transportés d'enthousiasme, les uns allaient déposer leurs baisers sur les parois de la roche bénie, les autres allaient serrer dans leurs bras, comme un être animé ou des reliques saintes, les branches de l'églantier, qui tombaient de la niche. Du milieu de la foule, des îlots du Gave, du haut du mamelon, s'élevait l'invocation populaire : *O Marie, conçue sans péché, priez pour nous qui avons recours à vous !*

Quelques minutes après l'apparition, la ville de Lourdes était remplie de la grande nouvelle apportée

par la jeune voyante. En se rencontrant dans les rues,
les habitants se serraient la main et se congratulaient
les uns les autres comme d'un heureux événement
arrivé à chacun d'eux.

Quant aux pèlerins étrangers, ils ne savaient plus
se détacher de la Grotte ; lorsqu'ils avaient récité un
chapelet, ils en récitaient un second, et après avoir
chanté, ils chantaient encore. Enfin, vers la chute
du jour, ils se dispersèrent dans toutes les directions, proclamant partout sur leur passage les
paroles de la Vierge.

*
* *

Dans l'après-midi du 25 mars (je ne me rappelle
plus les circonstances qui en firent naître l'occasion),
nous eûmes inopinément, ma sœur et moi, la visite
de la petite Bernadette. Un ange serait entré dans la
maison qu'il ne nous eût pas procuré une joie plus
profonde et plus vive. C'est que la jeune voyante
était aussi un ange, et au moment où elle se présenta
chez nous, on aurait dit qu'elle exhalait encore les
parfums de la Rose mystique. On devine les pensées
qui devaient nous occuper ; notre conversation
avec l'enfant ne pouvait rouler que sur les événements de la Grotte. Aussitôt après que nous eûmes
donné la bienvenue à notre affectionnée visiteuse,
nous nous empressâmes de lui demander les détails
intimes de la vision du matin. Quelque chose d'heureux passa sur sa figure, et, sans se faire attendre,
Bernadette se mit à raconter les incidents que l'on
connaît déjà. L'attitude et les gestes de la Vierge
furent reproduits d'une manière si vraie et si saisis-
sante, que le divin modèle parut se dessiner vivant
devant nos yeux. Vers la fin du récit, l'enfant fut
prise d'un grand attendrissement ; elle s'arrêta un

instant; puis, les larmes aux yeux et le tremblement dans la voix, elle nous répéta, avec une expression séraphique, la réponse à jamais mémorable de la Vierge : JE SUIS L'IMMACULÉE CONCEPTION !

En consignant ici la scène que je viens de décrire, je ne me proposais pas seulement de m'arrêter à un souvenir qui m'est doux ; je voulais surtout donner une nouvelle preuve de la sincérité de Bernadette.

La pauvre enfant ne savait pas articuler le mot *conception*, qu'elle prononçait *con-chep-tion*[1]. D'autre part, elle ignorait ce que voulaient dire les paroles de la Vierge : « Je suis l'Immaculée Conception[2]. »

Quand elle eut fini de parler, ma sœur redressa le mot « conception » qu'elle venait d'estropier. L'enfant se reprit, puis elle se tourna vers ma sœur et lui demanda avec une ingénuité embarrassée :

« Mais, mademoiselle, que veulent dire ces paroles : Je suis l'Immaculée-Conception? »

Après une telle question, qui pourrait douter de la véracité de Bernadette! On ment avec des mots que l'on connaît, mais non avec des mots dont on ignore le sens.

[1] En patois : *Coun-chet-siou.*
[2] Bernadette savait bien que l'appellation d'*Immaculée Conception* se rapportait à la sainte Vierge, mais elle ignorait le sens littéral de cette expression.

XXVIII

DIX-SEPTIÈME APPARITION (MERCREDI, 7 AVRIL)

Le témoignage que la Vierge avait rendu d'elle-même confirmait les convictions de Bernadette, mais il ne les augmentait pas. Pour la petite voyante, la Dame de la Grotte avait toujours été la glorieuse Mère qui règne dans les cieux, et c'est bien à elle qu'elle adressait les invocations affectueuses de son pieux chapelet. Toutefois, par une prudence qui semblait être inspirée, jamais, durant la période des extases, elle ne prononça le nom béni de Celle qui remplissait son âme. Dans tous ses récits, la Dame de la vision était simplement appelée la *Dame*, et ce ne fut que lorsque la Vierge eut parlé que Bernadette modifia son langage. A partir du jour de l'Annonciation, la douce Vision ne reçut plus le nom vague et impersonnel de « la Dame », mais bien le nom plus tendre et mieux déterminé de *Notre-Dame de la Grotte* ou de *Notre-Dame de Massabieille*.

Les fêtes de Pâques suivirent de près le jour où la Dame du rocher s'était déclarée la Mère immaculée du divin Rédempteur. Heureux et fiers de ce que la Reine du ciel prenait droit de cité parmi eux, les habitants de Lourdes allèrent avec enthousiasme s'asseoir au banquet eucharistique; à part quelques philosophes sans foi, l'entraînement fut général.

Tandis que la ville était dans l'allégresse, la petite

fille, objet des prédilections de la Vierge, devait-elle être mise à l'écart et sevrée des joies de la Résurrection? Le cœur de la céleste Mère ne put y consentir, et le mercredi de Pâques (7 avril) nous retrouvons encore Bernadette à la Grotte, contemplant dans les jubilations de l'extase son affectionnée et puissante protectrice[1].

Je n'assistai pas à l'apparition du 7 avril; mais M. le docteur Dozous la raconte à ses lecteurs dans les termes suivants :

« Un jour que Bernadette paraissait plus absorbée que d'habitude par la vue de son apparition, je fus témoin, ainsi que toutes les personnes qui l'entouraient, du fait que je vais raconter :

« Elle était à genoux, récitant avec une ferveur angélique les prières de son chapelet qu'elle avait à la main gauche, pendant qu'elle tenait de la main droite un gros cierge bénit allumé.

« Au moment où elle commençait à faire à genoux son ascension ordinaire, il survint tout à coup un temps d'arrêt dans ce mouvement, et sa main droite, se rapprochant alors de la gauche, plaça la flamme du gros cierge sous les doigts de cette main, assez écartés les uns des autres pour que cette flamme pût facilement passer entre eux. Activée en ce moment par un courant d'air assez fort, elle ne parut produire sur la peau qu'elle atteignait aucune altération.

« Étonné de ce fait étrange, j'empêchai que personne ne le fît cesser et, prenant ma montre, je pus, durant un quart d'heure, l'observer parfaitement.

« Bernadette, après cet intervalle de temps, tou-

---

[1] Plusieurs documents authentiques établissent clairement cette date du mercredi, 7 avril.

jours en extase, s'avança vers le haut de la Grotte, en déplaçant ses mains et les éloignant l'une de l'autre. Elle fit ainsi cesser l'action de la flamme sur la main gauche.

« Sa prière terminée et la transformation de son visage ayant disparu, Bernadette se leva et se disposa à s'éloigner de la Grotte. Je la retins un moment et je lui demandai de me montrer sa main gauche que j'examinai avec le plus grand soin. Je ne trouvai nulle part la moindre trace de brûlure.

« M'adressant alors à la personne qui s'était emparée du cierge, je la priai de le rallumer et de me le remettre. Aussitôt, je plaçai plusieurs fois de suite la flamme du cierge sous la main gauche de Bernadette qui l'en éloigna bien vite, en me disant : « Vous me brûlez. »

« Ce fait, je le rapporte ainsi que je l'ai vu, et que bien des personnes placées comme moi près de Bernadette l'ont parfaitement constaté; je le rapporte tel qu'il s'est produit sans l'expliquer [1]. »

---

[1] M. le docteur Dozous a négligé de nous donner la date précise du fait qu'il a observé. Il commence son récit par l'expression vague *un jour*. La date du mercredi, 7 avril, est cependant généralement acceptée. D'ailleurs, pour être exact, je dois faire remarquer que le fait extraordinaire dont parle M. Dozous s'est produit en plus d'une circonstance. Ma sœur, qui, pas plus que moi, n'assistait à l'apparition du mercredi, 7 avril, affirme, et avec elle plusieurs autres personnes, qu'à l'une des dernières apparitions de la dernière dizaine de février elle a été témoin d'un fait semblable à celui que raconte M. Dozous. Elle se souvient qu'au moment où les doigts de Bernadette reposaient sur la flamme du cierge et que toute l'assistance était dans la stupéfaction, elle n'avait pu s'empêcher de s'écrier : « Mais enlevez donc le cierge à l'enfant; vous voyez bien qu'elle se brûle ! »

XXIX

DIX-HUITIÈME ET DERNIÈRE APPARITION

(VENDREDI, 16 JUILLET)

Je franchis un intervalle de trois mois pour dire que Bernadette fut favorisée d'une dernière apparition, le 16 juillet, jour de la fête de Notre-Dame du Mont-Carmel. J'aurai à revenir sur la période que je laisse en arrière, car bien des faits devront y être rapportés, mais pour le moment je complète le tableau des apparitions.

En invitant la fille des Soubirous à venir à la Grotte pendant quinze jours, la céleste Dame du rocher ne semblait s'être engagée elle-même à se trouver au rendez-vous assigné que durant le laps de temps qu'elle avait déterminé. Toutefois, au bout de la quinzaine, par une de ces inductions qui naissent de l'analyse des événements, toutes les âmes, dans le monde des croyants, comprirent que la sainte épopée de Massabieille n'était pas encore achevée. La Vierge reparaissait, en effet, le 25 mars, et couronnait son œuvre par l'immortelle déclaration que l'on connaît. Ce n'était pas assez pour la divine Mère du ciel.

Afin d'adoucir par degrés à sa petite privilégiée les regrets de la séparation, elle revint encore à la

Grotte le 7 avril et le 16 juillet. Il me reste à rendre compte de cette dernière apparition.

A l'époque où je transporte mon récit, Bernadette avait fait sa première communion, et le matin de la fête de Notre-Dame du Mont-Carmel, pour la troisième ou quatrième fois, elle s'était nourrie du pain des anges. Dans l'après-midi de la même journée, vers le soir, se trouvant en prière à l'église paroissiale, elle entendit la voix douce de la Vierge Immaculée retentir au fond de son cœur, lui disant de venir à la Grotte. Aussitôt Bernadette se leva et courut chez sa plus jeune tante Basile pour la prier de l'accompagner à Massabieille. L'entrée de la Grotte était alors défendue par ordre de l'autorité administrative, et une palissade en planches fermait le devant des excavations [1]. Pour ne pas tomber sous les coups de l'arrêté préfectoral, Bernadette et sa tante prirent le chemin qui conduit aux prairies dites *de la Ribère*, et allèrent s'agenouiller sur la rive droite du Gave, en face du rocher des apparitions. En traversant le quartier de Lapaca, elles furent accostées par d'anciennes voisines qui, leur ayant demandé où elles allaient, se mirent à leur faire cortège. Plus loin, sur les pelouses qui se trouvaient en contre-bas de la route de Pau, elles rencontrèrent plusieurs groupes de femmes priant à genoux, tournées vers la niche miraculeuse. Dès que Bernadette apparut, tous ces groupes se levèrent et vinrent s'établir en demi-cercle autour d'elle. On était si heureux de prier à côté de la petite voyante !

[1] J'aurai à parler plus tard des ingérences de l'administration civile dans l'affaire de la Grotte et des mesures de rigueur prises par elle pour en comprimer le développement.

Presque aussitôt que l'enfant eut fixé son regard sur le rocher au delà du Gave, les rayonnements de l'extase éclatèrent sur sa figure, et, dans les transports de son âme ravie, elle s'écria :

« Oui, oui, la voilà! elle nous salue et nous sourit par-dessus les barrières! »

A l'instant commença entre la Vierge et Bernadette cet admirable commerce d'expansions dont j'ai souvent parlé et qui semblait établir un courant lumineux entre les deux interlocutrices. Au milieu de ses béatitudes, la petite extatique paraissait faire effort pour se détacher de la terre et s'envoler dans les bras de sa divine Mère. Ses traits comme spiritualisés respiraient l'enthousiasme, et les femmes qui l'entouraient se crurent revenues aux plus beaux jours des apparitions.

Le moment où la Vierge allait quitter la Grotte pour ne plus y reparaître d'une manière sensible approchait. Comment préparer l'enfant aux épreuves d'une séparation qui pouvait briser son âme? La douce Mère allait-elle répandre des larmes et lui adresser des adieux attristants? Lui dirait-elle qu'aux jours mauvais de la vie, elle se trouverait invisiblement à ses côtés pour la protéger et la défendre? Lui rappellerait-elle la promesse déjà donnée de la rendre heureuse, non pas en ce monde, mais dans l'autre? Rien de tout cela ne fut dit ni fait, et par un effort de sublime tendresse que les mères de la terre comprendront, la Vierge Immaculée préféra se taire que d'affliger le cœur de son enfant. Durant toute la vision, elle demeura souriante et laissa la petite extatique dans la plénitude de ses joies.

Le soleil se couchait cependant à l'horizon, et les ombres de la nuit commençaient à gagner le bassin de Massabieille. La Vierge jeta un dernier et profond regard d'affection sur sa petite privilégiée, puis elle disparut.

C'était fini! Bernadette ne devait plus revoir la Mère de Dieu que dans les splendeurs du paradis.

DEUXIÈME PARTIE

I

LES CONTREFAÇONS DE LA VISION CÉLESTE [1]

L'enfer ne pouvait demeurer inactif en présence
des événements qui s'accomplissaient à Lourdes.
Le prince des ténèbres, vaincu dans son orgueil,
ne l'est pas dans ses haines, et n'osant plus attaquer
Dieu dans sa toute-puissance, il cherche à traverser
ses œuvres et à détruire l'ordre providentiel qu'il a
bien voulu établir. Jamais peut-être, à aucune
époque de l'histoire, le génie du mal n'a manifesté son action pernicieuse comme au temps où
nous vivons. Il est partout, il se faufile en toutes
choses. Jaloux des glorieuses destinées qui sont
promises à l'homme, il le détourne de sa voie en
corrompant ses mœurs, en pervertissant ses idées,
en l'arrachant aux nobles et saintes affections. Dans
son activité dévorante, il préside les sociétés secrètes,

---

[1] Ici, comme en tout ce qui précède, je remplis l'office de
témoin qui a vu ou entendu, et non celui de *critique* qui appré-
cie et qui juge. Je raconte, je ne discute pas.

s'emploie dans les pratiques des spirites, parle par les tables tournantes et se laisse presque voir dans les expériences de l'hypnotisme. Le journal et le livre sont à son service; certains arts et certaine science lui rendent de continuels hommages.

Le propagateur du mensonge ne s'endort pas dans ses triomphes et surveille avec un soin jaloux les causes qui peuvent contribuer à amoindrir sa domination néfaste. Son regard soucieux se porte d'un bout du monde à l'autre et s'arrête sur tous les points qui lui paraissent menacés. Dans ce travail attentif, incessant, lui était-il possible de ne pas apercevoir le grand spectacle qui s'étalait au pied des Pyrénées? Évidemment non. Le vieux serpent vit la Grotte illuminée et reconnut, en s'agitant dans un frémissement de rage, la Femme ennemie qui, de son talon puissant, lui avait écrasé la tête. A l'instant toutes les humiliations des temps passés revinrent à sa mémoire et le poussèrent à de nouvelles révoltes. Il savait par expérience que ce n'est pas sans danger que l'on s'expose à lutter face à face contre Celle qui est « terrible comme une armée rangée en bataille ». Il résolut donc de prendre des moyens détournés et de la combattre, non pas dans sa personne, mais dans les projets qu'elle voulait réaliser, pareil à ces malfaiteurs obscurs qui, n'osant attaquer de front un adversaire redouté, se mettent nuitamment à ravager ses domaines. D'un œil d'envie, il remarqua les trésors de grâces et de bénédictions que la Reine du ciel tenait en réserve sous les voûtes de Massabieille. A tout prix, il voulut stériliser ces richesses et éloigner de la Grotte ceux qui venaient les recueillir. Aussitôt Satan se mit en marche, et dans l'exercice de ses agissements tortueux nous le verrons se travestir, se grimer et répandre l'épouvante autour du rocher des visions.

* *

Il commença ses exploits par la petite privilégiée de la Vierge.

J'ai déjà dit en parlant de la quatrième apparition que Bernadette, se trouvant en extase, avait entendu derrière elle, sur le courant du Gave, une explosion formidable de voix sauvages qui lui criaient d'une manière stridente : « Sauve-toi, sauve-toi! » que l'enfant, saisie de frayeur, avait levé les mains et imploré le secours de la Dame du rocher ; que celle-ci avait froncé les sourcils et jeté un regard terrible sur les lieux d'où partaient les vociférations sinistres ; enfin, que les auteurs de ces vociférations s'étaient enfuis subitement en exhalant au loin les râlements de leur rage.

Les personnes qui assistaient à cette apparition n'entendirent pas les cris forcenés qui avaient rempli de terreur la petite voyante. Sûres d'elles-mêmes, elles crurent que Bernadette s'était trompée et ne prêtèrent aucune attention à son récit. Or Bernadette ne s'était pas trompée, et plus tard il fut reconnu que son récit marquait la première invasion du diable à Massabieille. On sait comment l'envahisseur et ses suppôts y furent accueillis ; ils n'osèrent plus se montrer à la Grotte jusqu'après le 7 avril, c'est-à-dire jusqu'à l'époque où la Vierge parut l'avoir quittée.

Le récit qui précède est sorti quant au sens de la bouche même de Bernadette. Il nous a été fait directement par la voyante à ma sœur et à moi. D'autres personnes de Lourdes, après les apparitions, parlaient de l'incident du 19 février à peu près dans les mêmes termes, et comme émanant de la même source, notamment *Honorine*..., vendeuse plus tard d'objets de piété, non loin de la Grotte. A l'occasion d'un voyage fait à Tarbes, Bernadette fut présentée à M. l'abbé Nogaro, curé de la cathédrale, qui reçut également communication du fait en question par l'extatique elle-même.

*
* *

Dès que les apparitions de la divine Mère eurent cessé [1], l'esprit trompeur recommença son entreprise ténébreuse.

Un jour, une jeune fille de la rue Basse, de Lourdes, nommée Marie..., très recommandable d'ailleurs par sa piété, revint de la Grotte en racontant qu'elle avait entendu à l'intérieur de la masse rocheuse de Massabieille un concert mystérieux de voix célestes, produisant sur les sens comme une espèce d'enivrement narcotique. Dans sa bonne foi, elle disait et croyait que les anges seuls étaient capables d'exécuter de pareilles symphonies.

Le lendemain, la même jeune fille retourna à la Grotte avec le projet d'y réciter son chapelet, mais aussi avec l'espoir secret d'y entendre répéter les merveilleuses harmonies de la veille. Aussitôt qu'elle fut en prière, des notes ineffables, des notes pures et suaves comme celles qui sortent des bouches séraphiques se firent, en effet, entendre de nouveau à ses oreilles ravies. Elle en suivait, sans oser respirer, les mélodieux et séduisants accords, quand peu à peu, mais *crescendo*, des dissonances étranges, des

---

[1] J'entends parler des apparitions qui se terminèrent au 7 avril, car l'apparition du 16 juillet fut considérée comme une simple visite faite par la Vierge à sa fille bien-aimée, Bernadette.

tons faux et criards vinrent jeter le trouble et la confusion dans le poème musical. Bientôt les rythmes enchanteurs ne furent plus qu'un tohu-bohu tumultueux, qu'une cacophonie indescriptible. Tout à coup le silence se fit. Quelques secondes après, une rumeur sinistre, pareille à celle d'une lutte entre animaux immondes, éclata dans les profondeurs des excavations. C'étaient des grognements étouffés, des heurts sauvages, le bruit sourd de combattants qui succombent. Sans attendre la fin de la mêlée, la jeune fille s'enfuit et de plusieurs semaines elle n'osa plus revenir à la Grotte. Quand elle parlait de ce fait, elle devenait pâle et tremblait de frayeur.

Les gens de Lourdes, qui ne se doutaient pas à cette époque des interventions diaboliques, dirent que la jeune fille était une exaltée et que pour se créer un certain renom elle avait voulu ajouter une note fantaisiste à l'histoire vraie des divines apparitions.

* * *

Presque dans le même temps, il fut question à Lourdes d'une aventure extraordinaire survenue à un homme de Saint-Pé ou d'un hameau voisin.

Cet homme se rendait pacifiquement au grand marché de Tarbes et cheminait, avant le jour, sur la route de Pau à Lourdes. Arrivé en face de la Grotte, selon la pieuse coutume des habitants des Pyrénées quand ils rencontrent une croix, une madone, un sanctuaire, le bon villageois ôta son béret et fit le signe de la croix. A l'instant, il fut enveloppé d'un globe de lumières fantastiques et, malgré ses efforts, il ne pouvait ni avancer, ni reculer. Éperdu et transi, il se mit d'instinct et machinalement à refaire le signe de la croix. Aussitôt le ballon éclata avec une détonation formidable, et tout rentra dans l'obscurité. A travers l'espace, il entendit des rires moqueurs et des ironies blasphématoires. Sans perdre une minute, le voyageur prit son chemin à rebours et rentra dans sa famille.

Les lettrés de Lourdes s'amusèrent beaucoup de la surprise qui avait épouvanté le paysan de Saint-Pé. Du haut de leur science, ils expliquèrent l'incident par un jeu de feux follets.

De nouvelles histoires, empreintes de merveilleux, ne tardèrent pas à arriver aux oreilles du public. Les gens sérieux de la localité n'en comprenaient pas le sens et les considéraient comme des fables ou des rêveries enfantées par l'imagination populaire, très surexcitée à cette époque. Il fallut cependant compter avec la réalité et reconnaître que quelque chose de mystérieux, qui n'avait aucun rapport avec ce qu'on avait observé précédemment, s'agitait d'une manière pernicieuse autour de la Grotte. Aux visions si belles et si harmonieuses de Bernadette succédèrent des scènes burlesques, disparates, quelquefois terrifiantes. Une véritable épidémie de visionnaires parut se révéler subitement à Lourdes; elle attaquait particulièrement les jeunes filles et les petits garçons. Lorsque certains de ces enfants approchaient des excavations de Massabielle, ils tombaient dans une espèce de contemplation fébrile et apercevaient à l'intérieur des roches toutes sortes de figures fantasmagoriques. A tel sujet fasciné se présentait une madone quelconque ornée de sceptres et de couronnes; à tel autre, un saint

Joseph, avec le lis traditionnel dans sa main; celui-ci croyait voir saint Pierre, celui-là saint Paul, un troisième les quatre évangélistes. En peu de temps, ce fut le défilé complet de tous les saints et de toutes les saintes les plus notoires du paradis. Les personnages d'emprunt qui vinrent figurer à ces diverses parodies, quoique revêtus d'une certaine beauté artificielle, étaient inquiets, remuants, et laissaient apercevoir des convulsions involontaires qui les rendaient repoussants.

*
* *

Aux jongleurs et aux saltimbanques cachés qui opéraient à l'intérieur de la Grotte vinrent s'ajouter des comparses d'une nature moins subtile et d'un génie moins inventif. Ces derniers étaient de pauvres individus, en chair et en os, qui cherchaient sciemment à se donner un rôle dans la comédie diabolique. Ainsi on parla d'un gros lourdaud de village, âgé de dix-huit à vingt ans, sorti on ne sut jamais d'où, venant parader le soir à l'entrée de la nuit, sur la rive droite du Gave, en face du rocher de Massabieille. Il arrivait sur le théâtre de ses exploits, harnaché de banderoles de verdure et le visage affreusement barbouillé. Après s'être mis à genoux et avoir marqué sa poitrine d'un grand signe de croix, il se livrait à mille contorsions et poussait des beuglements à faire retentir le bassin de la Grotte. On hua ce grossier personnage et il n'en fut plus question.

On s'entretint encore, pour ne citer qu'un second cas, d'une servante de la ville qui s'efforçait d'imiter Bernadette dans ses ravissements. Partant pour Massabieille, elle sortait de la maison de ses maîtres la tête basse et soigneusement cachée dans son capulet.

En route, elle feignait de ne rien entendre et ne
répondait jamais aux questions qui lui étaient adressées. Sous la Grotte, elle multipliait ses prostrations
et prenait des airs inspirés. Ses sourires étaient des
grimaces et ses prières partaient du bout des lèvres.
La pantomime qu'elle exécutait paraissait si visiblement calculée et si maladroitement réussie, que tout
le monde se prenait à rire. Déçue et bafouée, la
prétendue voyante rentra dans l'obscurité.

*
* *

Autrement significatifs, dramatiques et malfaisants
se révélaient les effets ressentis par les personnes qui
se trouvaient directement sous le regard fascinateur
du diable. Voici quelques observations faites à ce sujet,
et je commence par une scène dont j'ai été personnellement le témoin.

C'était au début des visions de cette espèce ; aucun
fait du genre que je rappelle n'était encore parvenu
à ma connaissance. Deux de mes collègues, le receveur et le commis principal d'Argelès, passant à
Lourdes, vinrent me voir, et après nous être entre-
tenus des grandes manifestations de la Vierge, auxquelles ils ne croyaient pas, ils me prièrent de les
accompagner à la Grotte, qu'ils désiraient visiter.
Nous arrivâmes sous les voûtes de Massabieille au
moment où une jeune fille de la ville, la nommée
Joséphine..., de la rue de Bagnères, paraissait être
tombée dans un de ces états pathologiques qui res-
semblent à la catalepsie. Une douzaine de femmes
faisaient cercle autour d'elle et la regardaient avec
étonnement. Nous nous approchâmes du groupe, et
nous trouvâmes la jeune fille à genoux, dans l'attitude d'une *Mater dolorosa*. Sa figure, sans avoir la

grâce surnaturelle de celle de Bernadette, ne laissait pas que d'être très belle et dépassait le charme des figures ordinaires. Les mains jointes, elle priait en soupirant, et de grosses larmes tombaient le long de ses joues. Des mouvements fébriles venaient par intervalles saccader sa prière.

Mes collègues furent tellement frappés par la vue de ce tableau, qu'ils ployèrent le genou, et avant de se relever ils jetèrent chacun sur le sol de la Grotte une pièce de monnaie. Je dois le reconnaître, j'éprouvai moi-même une vive impression quand je me trouvai en présence de la jeune fille, et un instant je crus voir une nouvelle et véritable extatique. Quelque chose de secret gênait cependant mon admiration et semblait m'avertir que la vérité n'était pas là. J'établisssais des comparaisons et me rappelais que devant les ravissements de Bernadette je me sentais transporté, tandis que devant ceux de Joséphine... je n'étais que surpris. En allant au fond des premiers, j'y saisissais une action vraiment céleste ; en envisageant les seconds, je n'y trouvais que les agitations d'un organisme fortement surexcité. Je me retirai avec mes doutes et mes incertitudes.

Joséphine..... ne laissa pas égarer l'opinion sur le sens à donner à ses extases. Après être revenue deux ou trois fois à la Grotte, elle déclara franchement qu'il était vrai que divers personnages mystérieux se montraient à elle à l'intérieur des roches ; mais que ces personnages lui paraissaient suspects et de mauvais aloi.

* *

Voici encore les détails d'un fait dont je peux personnellement garantir l'authenticité.

A l'un des côtés de la maison que j'habitais à

Lourdes avec ma sœur logeait une famille de braves gens, qui nous étaient particulièrement dévoués et que nous avions pris en affection. Un jour, l'un des enfants de cette famille, nommé Alex..., âgé de onze à douze ans, aujourd'hui homme fait, revint de la Grotte les yeux hors de leurs orbites et ne pouvant plus parler. Transi de peur, il alla se jeter précipitamment dans les bras de sa mère en paraissant réclamer protection. La mère anxieuse se hâta d'interroger l'enfant, mais celui-ci ne répondait que par des signes désespérés. Tout alarmée, la pauvre mère appela ma sœur, en la priant de venir à son aide. Ma sœur accourut, et après quelques soins et quelques paroles rassurantes données à l'enfant, celui-ci revint au calme. Quand il eut entièrement repris ses sens, il raconta ce qui suit :

« En sortant de la maison, j'ai été me promener avec d'autres enfants du côté de Massabielle. Arrivé dans la Grotte, j'ai prié un moment; puis, pour attendre mes camarades, je me suis approché du rocher et je m'y suis appuyé la tête sur le coude. J'étais là à regarder ceux qui étaient autour de moi et *je ne pensais à rien*, lorsque me tournant vers le creux du rocher, j'ai vu arriver vers moi une dame dorée toute couverte de *farbalas* (*sic*). Cette dame cachait ses mains et le bas du corps dans un nuage cendré pareil à celui des orages. Elle me fixait avec de grands yeux noirs et semblait vouloir me happer.

« J'ai pensé aussitôt que c'était le *laid* (le démon), et ne sachant plus ce que je faisais, je me suis échappé. »

En faisant ce récit, l'enfant tremblait encore de tous ses membres et se cramponnait à la robe de sa mère.

Quelques semaines après, le jeune Alex... faisait

sa première communion, et la veille du jour où il recevait son Dieu il répétait à ma sœur la narration qui précède.

* * *

Un grand nombre de personnes de Lourdes ont été les témoins des singularités qui vont suivre.

Un jeune paysan de la vallée de Batsurguère, aux allures naturellement gauches, se présentait seul à certains jours sous le rocher de Massabieille. Dès qu'il approchait de la Grotte, il était pris d'une espèce de saisissement et se mettait à tourner avec une rapidité vertigineuse. Quand il interrompait son mouvement de rotation, il regardait en l'air et paraissait poursuivre de ses mains un être chimérique. Au cours de ce dernier exercice, il montait de plusieurs pas sur la façade verticale du rocher et s'y maintenait, contre les lois de l'équilibre. Revenu à son état ordinaire, le jeune villageois tombait dans l'abattement et se retirait tout confus de la Grotte. Interrogé, il répondait qu'il n'était pas maître de sa volonté et qu'un moteur secret, agissant à l'intérieur des roches, l'obligeait à faire ce qu'il faisait.

* * *

Toujours à la même époque, ma sœur se rendit un après-midi à la Grotte pour y réciter son chapelet. Elle y rencontra plusieurs femmes qui appelèrent son attention sur une jeune fille de huit à neuf ans, à genoux sous le rocher et paraissant avoir une vision. Cette enfant, en effet, se tenait dans une attitude recueillie et poursuivait du regard, au fond du môle rocheux, quelque chose d'énigmatique qui semblait lui imposer un demi-

rire forcé. Tout à coup la jeune visionnaire tomba
à la renverse, et, pareille à un cylindre sur une
pente, elle se mit à rouler d'une manière désordon-
née, depuis le haut de la Grotte jusqu'au bord du
Gave. On jeta de grands cris, et plusieurs femmes
s'enfuirent. Rentrée en possession d'elle-même,
l'enfant ne sut pas expliquer les causes de sa chute
ni de sa descente précipitée.

*
* *

Un soir (c'était dans le temps où la Grotte était
fermée), plusieurs femmes priaient en groupe au
sommet du mamelon de Massabieille. L'une de ces
femmes, une mère, tenait devant elle une enfant
de trois à quatre ans, qu'elle entourait de ses bras.
Personne ne faisait attention à cette enfant, qui, du
reste, demeurait tranquille et regardait d'une manière indifférente dans la direction du Gave. Soudain la petite fille laissa échapper un cri de surprise,
se détacha de sa mère et, marchant en avant, elle
agitait ses mains vers un être invisible. Une exclamation de terreur sortit de toutes les bouches, et la
mère, semblable à une lionne à qui on enlève ses
petits, s'élança d'un bond sur son enfant et la retint
sur le bord du précipice. Un pas de plus, et la mère
et la fille roulaient au fond de l'abîme.

La jeune visionnaire savait à peine parler ; elle ne
put fournir aucune explication sur les causes qui
l'avaient troublée.

*
* *

Quelques mois après les faits que je viens de
raconter, le fils d'un métayer dont l'habitation se
trouvait à quelques centaines de pas de la Grotte,

en amont de la rivière, fut pris d'une maladie étrange que les médecins ne pouvaient définir.

L'enfant, âgé d'une douzaine d'années, était d'un caractère doux, sympathique, et avait joui jusque-là d'une santé parfaite. Sans transition, il devint taciturne, irascible, et son corps se pelotonna comme une boule informe. Il grommelait plutôt qu'il ne parlait et se servait de termes dont personne autour de lui ne connaissait la signification. Par crises, à certains moments du jour, il entrait dans des convulsions effrayantes.

Nous avions quelques rapports avec cette famille de métayers, et un jour ma sœur, rencontrant le père dans une rue de Lourdes, lui demanda des nouvelles de son fils.

« Il ne va pas bien, répondit le père, et je crains que quelque sort ou quelque maléfice n'ait été jeté sur lui. »

Ma sœur chercha à éclairer le brave homme sur ce point et lui promit d'aller visiter le jeune malade sans tarder.

Elle s'y rendit en effet, le lendemain ou le surlendemain, dans l'après-dînée, accompagnée de deux ou trois de ses amies. Les visiteuses trouvèrent l'enfant seul, affaissé sur lui-même auprès du feu, dans une salle basse servant de cuisine. Malgré leur insistance pour le faire parler, elles ne purent obtenir aucune réponse. Comme les parents travaillaient dans les champs, elles se disposaient à se retirer et s'étaient assises un moment dans la cour de la maison, lorsque le père parut et les pria de revenir sur leurs pas. Ces dames consentirent à rentrer ; mais arrivées sur le seuil de la cuisine, elles furent arrêtées par les vociférations et les regards exaspérés du malade. Dans un accès de rage, celui-ci se mit à les insulter et à vomir contre elles les épithètes les plus ordurières. Au fort de sa colère, dans un mouvement subit, il fut soulevé comme par un ressort secret et projeté, en saut de crapaud, d'un bout de la cuisine à l'autre. Les visiteuses eurent peur, et malgré les assurances du métayer disant qu'elles n'avaient rien à craindre, elles s'enfuirent à toutes jambes.

Le P. Beluze, prêtre des Missions de France, prêchait à cette époque une station à Lourdes. Il entendit parler de la maladie extraordinaire du fils du bordier et voulut s'en rendre compte par lui-même. Il se transporta sur les lieux, et après avoir suivi l'enfant dans une de ses crises, il n'hésita pas à déclarer que le malade était en proie à une possession diabolique. Exorcisé quelques jours plus tard par le même missionnaire, le jeune garçon revint presque immédiatement à sa santé première.

*
* *

Malgré ses grimaces, ses intimidations et ses méfaits, l'esprit trompeur ne put attiédir le zèle des habitants de Lourdes et de la contrée à l'égard de Notre-Dame de Massabieille. Au contraire, plus il s'agitait dans ses malices, et plus les populations accouraient pour témoigner de leur foi et de leur attachement à la Vierge Immaculée du rocher. De jour, de nuit, la prière du chapelet retentissait sous les excavations et se dressait comme une protestation permanente contre les empiétements du pernicieux envahisseur.

Durant ces temps, Bernadette venait aussi à la Grotte ; jamais les fausses clartés et les faux visages ne se montrèrent à elle. Le diable se rappelait le coup d'œil terrifiant qui l'avait obligé à fuir au cours de la quatrième apparition. Depuis ce jour, il n'avait plus osé s'attaquer à la privilégiée de la Vierge.

* *
*

Enfin arriva le moment où le diable s'aperçut que ses industries et ses efforts demeuraient impuissants à détruire ce que la Vierge avait fondé. Plus il s'ingéniait à accumuler sur la Grotte nuages sur nuages, plus la figure aimée de l'Immaculée Conception s'y laissait deviner resplendissante et belle. Les sinistres visions disparurent peu à peu, comme disparaissent, à l'arrivée du jour, certaines phosphorescences nocturnes engendrées par la famille répugnante des larves.

II

COUP D'ŒIL SUR LES CAUSES ORIGINELLES DE L'OPPOSITION CONTRE L'ŒUVRE DE LA GROTTE. — QUELQUES MOTS SUR M. LACADÉ, MAIRE DE LOURDES, ET SUR M. MASSY, PRÉFET DE TARBES. — PÉRIODE DU 21 FÉVRIER AU 25 MARS. — LA FAMILLE SOUBIROUS SURVEILLÉE. — M. ROULAND, MINISTRE DES CULTES, DEMANDE DES RENSEIGNEMENTS.

La suffisance et l'aveuglement des hommes ne pouvaient manquer de se joindre à l'action diabolique pour enrayer l'œuvre de la Vierge à la Grotte. Jamais, peut-être, la fureur de contredire aux choses surnaturelles n'a été portée aussi loin qu'à l'époque où nous vivons. Fiers de nos progrès intellectuels et de nos conquêtes modernes, nous voulons tout sonder et tout abaisser au niveau de notre raison. L'évidence des faits ne nous suffit plus; il nous faut l'analyse, il nous faut la démonstration; et si la cornue ou le chiffre se refusent à éclaircir nos problèmes, nous les repoussons comme absurdes ou comme indignes de notre attention.

C'est pour n'avoir pas voulu regarder au delà du monde matériel que les agents de l'État firent fausse route dans l'affaire de la Grotte. Ces fonctionnaires, au milieu desquels j'ai vécu quelque temps, n'étaient, au demeurant, ni méchants, ni irréligieux. Ils payaient simplement tribut, et cela d'une manière inconsciente, aux idées de leur époque. Le miracle leur paraissait chose surannée, et s'ils l'admettaient spéculativement aux périodes lointaines où Dieu avait besoin de frapper les sens pour se faire connaître, ils ne l'admettaient plus et n'en comprenaient pas la nécessité dans un siècle où les intelligences s'élevaient par leurs propres forces aux plus hautes conceptions.

N'ayant d'autre flambeau que celui de leur vaine science, les hommes officiels ne virent dans le fait de la Grotte qu'une de ces illusions enfantines qui ne peuvent en imposer qu'à la naïveté ou à la niaiserie populaire. Trop soucieux de leur propre considération, ils dédaignèrent tous, à l'exception du commissaire Jacomet, qui était forcé de remplir les devoirs de sa charge, de descendre à Massabieille pour se rendre compte des extases de Bernadette. Dans les premiers temps, ils ne firent qu'une guerre de railleries; mais plus tard, quand ils s'aperçurent que la croyance à l'apparition de la Vierge prenait racine et que le mouvement vers la Grotte allait

toujours croissant, ils crurent faire acte de sagesse
en cherchant à étouffer la superstition naissante.
Quand les visions de mauvais aloi se produisirent,
les représentants de l'autorité s'indignèrent et, —
je dois le reconnaître, — ils s'indignèrent avec
sincérité. Au récit des scènes burlesques provoquées
par l'esprit du mal, ils se raffermirent dans la pensée que tout ce qui s'agitait à Massabieille était un
amas confus d'exaltations malsaines et de drôleries
scandaleuses. Ne pouvant pas comparer le vrai avec
le faux, c'est-à-dire les extases de Bernadette avec
celles des énergumènes séduits, ils confondirent le
surnaturel divin avec le surnaturel diabolique, et,
les mettant tous deux sur le même pied, ils les pour-
suivirent de la même réprobation.

*
* *

Les quatre hommes qui se signalèrent le plus
dans cette campagne d'obstruction furent : le commissaire de police, le procureur impérial, le maire
de Lourdes et le préfet, qui siégeait à Tarbes. J'ai
déjà donné la physionomie des deux premiers ;
faisons connaître les deux autres.

M. Lacadé, maire de Lourdes, était un honnête
homme dans toute l'acception du mot. Notaire prudent et rompu aux affaires, il possédait à juste titre
la confiance d'une nombreuse clientèle. Comme chef
de la commune, il était d'un abord facile et savait
attirer à lui les sympathies de tous ses concitoyens.
Aux élections municipales, il arrivait presque toujours en tête des candidats élus, et le pouvoir cen-
tral lui confia, pendant de longues années, l'administration de la ville. Vers l'époque des apparitions,

il fut nommé chevalier de la Légion d'honneur, en récompense de ses bons et loyaux services. Au point de vue religieux, M. Lacadé n'était ni un sceptique ni un dévot ; il se montrait néanmoins ostensiblement l'ami des prêtres.

L'homme qui, à cette époque, présidait aux destinées du département des Hautes-Pyrénées se nommait le baron Massy. Ce fonctionnaire avait une réputation méritée d'excellent administrateur et possédait un tact particulier pour rapprocher les divergences politiques. Homme de devoir et de labeur, il s'occupait avec zèle des intérêts de sa circonscription et n'aimait pas les solutions différées. Par tempérament, il aurait été autoritaire ; par éducation, il se montrait affable et poli. Correct dans la vie civile, le préfet Massy ne négligeait pas non plus ses devoirs de chrétien ; tous les dimanches il assistait à la messe, et régulièrement, à Pâques, on le voyait s'asseoir à la Table sainte. Quelque temps avant les événements de Lourdes, le Pape Pie IX l'avait nommé commandeur de l'ordre de Saint-Grégoire-le-Grand.

Un contraste frappant ressortira au cours de ce récit, entre les actes des chefs de l'opposition et ce que je viens de dire de leurs personnes. Esprits réfléchis et clairvoyants dans le commerce ordinaire de la vie, ils se montreront sans logique et comme aveuglés dans l'affaire de la Grotte. Chrétiens et catholiques, ils accorderont, en théorie et en bloc, toute puissance à la Vierge ; puis, dans la pratique et partiellement, ils lui refuseront la faculté de pouvoir se présenter à Bernadette. Dominés par leurs préventions, ils iront jusqu'à recourir aux mesures les plus gauches et à se donner les apparences de persécuteurs intransigeants.

Les hommes dont j'ai esquissé les traits demeurèrent-ils toujours d'accord avec leur conscience? en d'autres termes, ces hommes, en faisant la guerre aux visions, crurent-ils réellement s'élever contre une erreur? Pour moi, qui connaissais la loyauté de leur caractère, l'affirmative ne saurait faire l'objet d'un doute. Si, dans le temps, j'ai désapprouvé leur ligne de conduite, ce n'était pas parce que je voyais en eux des ennemis de la Vierge, mais bien à raison des moyens mis en œuvre pour empêcher les autres de croire ce à quoi il ne leur convenait pas de croire eux-mêmes.

Ceci étant posé, il me sera donc permis de critiquer certaines de leurs résistances, sans attaquer la droiture de leurs intentions. Au surplus, ces résistances n'entraient-elles pas dans les desseins de la Vierge? et celle-ci, en les frappant d'impuissance, ne témoignait-elle pas qu'elle était venue à la Grotte et qu'elle entendait s'y maintenir malgré eux? La divine Mère ne se servit-elle pas précisément de leurs barrières mêmes pour mettre un terme aux scènes affligeantes que l'esprit du mal y provoquait?

Ce qui me confirme dans la pensée que les hommes du pouvoir n'obéissaient pas à un mobile coupable dans leur opposition, c'est que la Dame de la Grotte n'a jamais cessé de leur être propice et de les couvrir de sa maternelle protection. Des quatre fonctionnaires qui s'étaient ouvertement déclarés les adversaires des apparitions, trois sont morts en chrétiens: M. Jacomet, M. Lacadé et M. Massy. Chacun d'eux, à l'heure suprême, avait un prêtre à ses côtés et un crucifix sur ses lèvres. Quant à M. Dutour, décédé également, j'ignore les circonstances de sa mort. Je sais seulement que, dans les dernières années de sa vie, il faisait à un ami de la Grotte cette déclaration significative : « Nous combattions pour l'honneur de la religion, et nous devions vous vaincre ; si nous n'avons pas réussi, — je n'hésite plus aujourd'hui à le reconnaître, — c'est que vous aviez avec vous la Vierge contre nous. »

Cet aveu loyal n'aura sans doute pas été perdu pour M. Dutour.

Entrons maintenant dans l'épopée des tracasseries administratives.

On se souvient que, le dimanche 21 février, le procureur impérial et le commissaire de police de Lourdes, chacun de son côté, firent comparaître Bernadette à leur barre, afin de l'amener par voie de persuasion à ne plus retourner à Massabieille. On se rappelle encore que les invitations doucereuses des magistrats, pas plus que leurs menaces, ne purent modifier les résolutions de l'enfant, et que celle-ci, forcée de parler, répondit avec fermeté qu'ayant promis à la Dame de se rendre pendant quinze jours à la Grotte, elle ne manquerait pas à sa parole. Le père Soubirous, en cette même occasion, s'était montré moins inflexible aux instances, je devrais dire aux injonctions du représentant de la loi. Dominé par M. Jacomet, et se rappelant certains ennuis qui lui avaient été suscités quelque temps auparavant par la justice, le timide meunier s'était hâté de promettre qu'à l'avenir il s'opposerait aux visites de sa fille à la Grotte de Massabieille. Nous avons vu que, le lendemain, Bernadette mettait en défaut les engagements de son père et que, arrêtée sur le chemin de l'école par une force mystérieuse, elle avait été obligée de revenir en arrière et d'aller s'agenouiller, comme malgré elle, sous le rocher des apparitions.

En apprenant que la voyante avait reparu à Massabieille, le commissaire de police se crut joué par la famille Soubirous. Abandonnant le premier soupçon qu'il avait conçu d'une intrigue dévote, il s'arrêta à la pensée que les anciens locataires du moulin de Boly voulaient réparer leur fortune en posant leur fille comme une espèce de thaumaturge et en se servant d'elle pour exploiter la crédulité populaire. Tout un système de surveillance occulte fut établi autour du vieux cachot de la rue des Petits-Fossés. Le père et la mère étaient épiés dans leurs moindres démarches; les enfants de la maison, adroitement circonvenus pour obtenir d'eux quelque révélation indiscrète.

Dans la nuit, des personnages mystérieux venaient se coller aux portes et aux fenêtres pour voir, à travers les fentes, ce qui se passait au domicile suspecté. Enfin, sous prétexte de bienfaisance, de faux amis se présentaient à la même demeure pour y faire des offres fallacieuses d'argent. Tous les espionnages, toutes les ruses et tous les traquenards de la police n'aboutirent qu'à prouver une chose : c'est que la famille Soubirous était une famille honnête et, de plus, incorruptible.

Une plaie encore mal cicatrisée vint faire cependant pleurer de nouveau l'infortuné ménage. Dans l'année qui avait précédé les visions, le père Soubirous, victime d'une odieuse calomnie, avait été accusé d'un vol de bois et de farines, et pour ce motif enfermé pendant huit jours à la maison d'arrêt de la ville. Afin de renouveler le discrédit qui avait frappé un instant cette famille, les agents subal-

ternes de la police, outrepassant peut-être la pensée
de leur chef et voulant donner le change sur leurs
allées et venues, rappelaient partout la malheureuse
affaire du vol et laissaient comprendre qu'il s'agissait
d'un fait caché de même nature. Ils oubliaient de
dire, ce qui heureusement était notoire, que la pré-
vention avait été reconnue sans fondement, et que le
juge chargé des poursuites avait réclamé lui-même
l'élargissement du prisonnier.

Pendant que la police se livrait à ses investigations, le mouvement vers la Grotte allait toujours en
grandissant. L'officier de paix, M. Jacomet, qui possédait à un haut degré la clairvoyance des choses,
commença à s'apercevoir qu'il serait difficile de l'enrayer. Toujours en éveil sur les devoirs de sa charge,
il jugea opportun d'instruire le préfet de Tarbes des
faits singuliers qui se manifestaient à Lourdes. Dans
une communication du 24 ou 25 février, il transmit
à son chef hiérarchique la narration recueillie de la
bouche de Bernadette et y joignit ses propres observations. « Quoique les récits de la petite fille, disait-
il, ne méritent d'autre attention que celle qu'on
prête en passant aux contes d'enfant, il n'en est pas
moins vrai que la contrée les prend au sérieux et que
beaucoup de personnes se rendent tous les matins à
Massabieille, se persuadant qu'elles accomplissent
un acte de dévotion. »

Presque en même temps, une relation de même
nature était rédigée presque dans les mêmes termes
par le maire de Lourdes et arrivait au chef du département.

L'instituteur communal laïque de la localité,
M. Clarens, ne voulut pas demeurer en reste de bons
offices. Dans une exposition étudiée, il fit part à la

préfecture de l'impression qu'il avait ressentie à l'une de ses visites à la Grotte.

Le baron Massy lisait la correspondance de Lourdes en haussant les épaules et n'y prêtait attention que pour en égayer ses bureaux.

A ne regarder qu'à la surface, tout parut se tenir dans le calme durant la quinzaine des apparitions. Les autorités locales n'étaient pas cependant aussi tranquilles que semblait l'indiquer leur attitude. Les avalanches toujours croissantes des pèlerins qui arrivaient à la Grotte les déroutaient, et le maire et le commissaire de police, dans une occurrence sans précédent pour eux, ne savaient quelle ligne de conduite adopter. D'un côté, il leur répugnait d'accorder protection à ce qu'ils croyaient être une parade idolâtrique, et, de l'autre, ils craignaient d'abandonner les foules à leurs propres entraînements. Puis, quel que fût le parti auquel ils s'arrêteraient, étaient-ils sûrs d'être soutenus ou, pour mieux dire, de ne pas être désavoués par l'autorité supérieure? Les deux magistrats voulurent sortir du vague et de l'embarras de leur situation.

Le 2 mars, en prévision des affluences qui sans doute se concentreraient à Massabieille au jour marqué pour la dernière apparition, c'est-à-dire au 4 mars, le maire, M. Lacadé, écrivit au préfet, mais cette fois d'une manière officielle, pour lui demander son avis, ou plutôt ses instructions, sur le rôle à tenir dans l'affaire de la Grotte. Le lendemain, le préfet répondit pacifiquement qu'il n'y avait pas à s'occuper des faits et gestes de la fille Soubirous, et que le seul devoir de l'administration municipale était de dégager les chemins et de veiller à la sécurité des personnes.

On ne pouvait agir plus sagement; et cependant, dans la même journée du 3 mars, une première méfiance entra dans l'esprit du baron Massy au sujet des événements de Lourdes. Informé, par l'un des familiers de son cabinet, que de grands prodiges étaient attendus à Massabieille pour le dernier jour des apparitions, le préfet devint soucieux et rêveur. Il se demanda si le fameux rocher devant lequel s'extasiait la visionnaire n'était pas habilement préparé pour éclater, à heure convenue, en effets fantasmagoriques. Donnant suite à cette idée, il expédia une seconde dépêche à Lourdes, avec invitation au maire de faire explorer les excavations de la Grotte, de manière à s'assurer qu'aucune manœuvre de fraude n'y était et ne pouvait y être pratiquée.

Le lendemain, 4 mars, avant d'entrer dans le détail de la grande scène qui avait accompagné, ce jour-là, l'extase de Bernadette, le maire rendait compte au préfet, dans les termes suivants, de l'exécution de ses ordres.

« Lourdes, 4 mars.

« Monsieur le Préfet,

« J'ai reçu hier soir, à sept heures, la dépêche que vous m'avez fait l'honneur de m'adresser, et pour me conformer à son contenu, j'ai fait visiter, à onze heures du soir, la Grotte par M. le commissaire de police, le maréchal des logis de gendarmerie et par mon secrétaire. Trois agents de la mairie ont été chargés de la surveiller jusqu'à l'arrivée de la jeune fille. M. Capdevielle, mon adjoint, et M. le commissaire de police se sont rendus, ce matin, à cinq heures, à la Grotte, pour surveiller ce qui pourrait se produire [1]... »

Tout ce beau zèle fut en pure perte ; on ne découvrit pas la moindre trace de connivences coupables. Et pourquoi ne l'avouerais-je pas? J'ai toujours soupçonné la céleste Dame de Massabieille d'avoir inspiré au préfet l'idée de cette campagne d'opposition qui devait, en définitive, tourner à sa gloire. Je trouve, en effet, que personne n'avait plus d'intérêt qu'elle à ce que la Grotte fût examinée et surveillée de très près, et qu'il fût authentiquement démontré et plus tard consigné dans l'histoire qu'aucune supercherie n'avait pu se glisser dans la Grotte pendant qu'Elle la remplissait de sa douce présence. — Si j'ai fait un jugement téméraire à son préjudice, qu'Elle daigne me le pardonner.

Comme je l'ai écrit précédemment, quand les apparitions eurent pris fin, les étrangers, n'ayant plus de motifs pour se trouver à heure fixe à Massabieille, n'y venaient qu'individuellement ou par groupes assez peu considérables. Cette succession de pèlerins qui se remplaçaient sans interruption sous le rocher béni ne constituait pas moins, à la fin de la journée, une somme de visiteurs au moins égale à celle de la période des apparitions. Toutefois, comme les encombrements n'étaient plus à craindre et que Bernadette ne figurait plus en tête des manifestations, les autorités locales semblèrent ne plus s'occuper des affaires de la Grotte.

*
* *

Pendant que le calme régnait à Lourdes, un pli cacheté, au timbre du ministère des cultes, arrivait

---

[1] Registre de correspondance de la mairie de Lourdes, année 1858, lettre n° 61.

6

à la préfecture de Tarbes et venait réveiller le baron Massy de la somnolence à laquelle, de son côté, il s'était abandonné.

Je suspends un moment mon récit pour faire remarquer que la Vierge n'entendait pas prendre possession de la Grotte d'une manière clandestine ; au contraire, elle voulait s'y installer en pleine lumière et presque en se conformant aux prescriptions légales. A cet effet, nous l'avons vue et nous la verrons encore se présenter aux dépositaires du pouvoir et leur signifier sa volonté. Déjà elle s'est fait entendre chez le commissaire de police, le maire et le procureur impérial de Lourdes. Plus tard, nous avons suivi sa trace à la préfecture de Tarbes ; aujourd'hui, elle se révèle au ministre des cultes ; bientôt, nous la trouverons en face de l'empereur des Français. Les ressorts administratifs seront durs et peu flexibles ; n'importe, elle saura les détendre et les faire servir à ses fins.

La direction du ministère des cultes, en 1858, était confiée à M. Rouland. Ce haut fonctionnaire avait vu passer sous ses yeux, dans la presse, l'annonce du miracle de Lourdes ; mais trop absorbé par les affaires de son département, et jugeant qu'il ne s'agissait que d'une de ces légendes dont on se sert pour piquer la curiosité populaire, il n'avait prêté à ces faits qu'une attention fugitive. Les discussions et les clameurs des journaux élevèrent cependant, bientôt après, le fait des apparitions au rang d'un événement national. Dans les hautes régions gouvernementales, on demandait des renseignements au ministre, et M. Rouland, les mains vides de tout document officiel, ne savait que répondre. Vers le 10 mars, il écrivit une lettre pressante au préfet de Tarbes, l'invitant à le renseigner sans retard sur ce qui se passait à la Grotte de Lourdes.

Le baron Massy, se sentant en défaut, chercha à excuser son silence par cette considération que, respectant les précieux moments du ministre, il aurait craint d'en abuser en le détournant de soins autrement sérieux que ceux que comportait l'affaire de Massabieille. Il exposait ensuite le récit de Bernadette et lui faisait part de l'engouement superstitieux que ces faits avaient produit dans la contrée. Il clôturait son rapport en disant que depuis le 4 mars les plus chauds partisans du merveilleux ne se rendaient plus à la Grotte, et que, par conséquent, il n'y avait plus lieu de s'occuper des prétendues visions.

III

BERNADETTE EST SOUPÇONNÉE DE DÉMENCE. — FORMATION D'UN JURY MÉDICAL. — RAPPORT DE CE JURY. — LETTRE DU MINISTRE DES CULTES. — LE PRÉFET MASSY SE REND CHEZ L'ÉVÊQUE DE TARBES.

A l'hôtel de la préfecture, comme au ministère des cultes, on supposait donc que l'odyssée de la Grotte était parvenue à sa fin, et cette confiance dura jusqu'au 25 mars.

Grande fut l'émotion dans toutes les Pyrénées et au loin, à l'annonce des paroles recueillies, en ce jour, par Bernadette, des lèvres de la Vierge Immaculée. Jusque-là, les témoins émerveillés des extases avaient bien compris, par les battements de leur cœur, que celle qui se montrait à l'enfant ne pouvait être que l'auguste Reine du ciel. Toutefois, un certain doute, une certaine inquiétude demeurait encore au fond de leur conscience, et leur foi n'était garantie que par les assurances du sentiment. Heureuses et mille fois heureuses furent les populations du pays, en apprenant que la Vierge avait parlé et qu'elles pouvaient en toute certitude se livrer à tous les élans de leur foi enthousiaste. Dès que la grande nouvelle fut connue, les habitants de Lourdes, les premiers, allèrent se prosterner, ravis et reconnaissants, devant le trône agreste de l'Immaculée Conception.

Quoiqu'ils ne le considérassent qu'au point de vue des conséquences matérielles, le maire et le commissaire de police de Lourdes saisirent aussitôt l'importance qui s'attachait à l'événement du 25 mars. Ce même jour, et sans se concerter, l'un et l'autre écrivirent au préfet de Tarbes pour lui faire connaître la nouvelle révélation apportée par la voyante et la recrudescence du mouvement populaire qu'elle provoquait.

Un vif sentiment de contrariété s'empara du baron Massy à la lecture des communications qui lui venaient de Lourdes. Lui aussi comprit que tout allait recommencer et qu'il serait difficile de désabuser les gens simples des imaginations que faisaient naître les récits de la fille du meunier. Il avait, de plus, à compter avec le ministre, et il se voyait dans la nécessité d'avoir à revenir sur des assurances trop précipitamment données. Sa réputation de magistrat sérieux n'était-elle pas exposée à subir une atteinte de ce fâcheux contretemps ?

Souvent le préfet résumait ses appréciations sur Bernadette en disant qu'elle était folle ; mais il n'atta-

chait à ce mot que la signification relative qu'on lui
attribue dans le langage familier. En présence de la
nouvelle déclaration faite par l'enfant, il se demanda
si l'épithète de *folle,* qu'il lui avait donnée jusqu'alors
sans y ajouter d'importance, ne répondait pas exactement à l'état d'esprit de l'héroïne de la Grotte. Cette
idée prit de la consistance dans son imagination surexcitée, et il crut avoir trouvé le trait de lumière
qui allait tout éclairer.

Le même soir, 25 mars, M. Massy écrivit au maire
de Lourdes pour le prier de faire examiner le plus
tôt possible, par un jury médical, l'état mental de
l'extatique, et, au cas où l'avis des hommes de l'art
s'y prêterait, d'apprécier lui-même s'il n'y aurait
pas lieu d'envoyer la jeune fille dans un hospice ou
une maison de santé.

Conformément aux instructions reçues, le maire
de Lourdes choisit trois médecins, dont deux de la
ville et le troisième d'un village voisin, pour procéder à l'enquête réclamée par le préfet. En bonne
justice, M. le docteur Dozous, qui avait suivi les
extases et longuement interrogé Bernadette, aurait
dû faire partie du comité. Trop ouvertement com-
promis par son adhésion loyale au surnaturel des
visions, il fut systématiquement écarté. Je me fais
cependant un devoir de reconnaître que les praticiens qui obtinrent les préférences du maire étaient
tous des hommes très honorables, et quoiqu'ils ne
reconnussent pas l'intervention divine dans l'affaire
de la Grotte, on pouvait compter qu'ils ne transige-
raient pas avec ce qui serait ou ce qu'ils croiraient
être la vérité.

En exécution du mandat qui leur avait été conféré, les trois médecins se transportèrent à l'école
des Sœurs de l'Hospice, et là, en présence de la supé-

rieure, ils soumirent Bernadette à un long entretien. Sans se douter qu'elle subissait une épreuve, l'enfant s'abandonna, comme toujours, à la franchise et à la naïveté de son âme. Tout ce qui sortit de sa bouche fut franc, clair et précis, car elle ne connaissait pas le subterfuge. Les trois enquêteurs eurent beau l'arrêter par des raisonnements captieux et des réflexions embarrassantes; elle franchit tous les obstacles avec un à-propos charmant et une logique irréfutable. Comme résultat de leurs observations, les médecins délégués rédigèrent un procès-verbal dont voici la teneur dans ses parties essentielles :

« ... Rien ne démontre que Bernadette ait voulu en imposer au public; cette enfant est d'une nature impressionnable; elle a pu être victime d'une hallucination. Un reflet de lumière a sans doute frappé son attention du côté de la Grotte; son imagination, sous l'influence d'une prédisposition morale, a donné à ce reflet une forme qui frappe les enfants, celle des statues de la Vierge, qu'on remarque sur les autels...

« En conséquence, les soussignés pensent que la fille Bernadette Soubirous a pu présenter un état extatique qui s'est renouvelé plusieurs fois; que c'est là une affection morale dont les effets expliquent les phénomènes de la vision.

« Y a-t-il nécessité de traiter cette affection?

« La maladie que nous croyons pouvoir attribuer à Bernadette ne peut faire courir aucun risque à la santé de l'enfant dans les limites qu'elle nous offre. Il est vraisemblable au contraire que lorsque Bernadette aura repris ses habitudes ordinaires, elle cessera de songer à la Grotte et aux choses **merveilleuses qu'elle raconte.** »

* *

Le préfet ne pouvait se faire illusion sur la valeur à donner au rapport des médecins. De la folie présumée de la voyante, il n'était pas question ; car la discuter eût semblé laisser croire que des doutes s'étaient élevés à ce sujet.

L'hypothèse d'une hallucination n'était guère plus soutenable, ni acceptable. Si le reflet de lumière qui était censé avoir frappé la jeune fille ne s'était produit qu'une seule fois, il fallait convenir que sa puissance de fascination était bien extraordinaire ; car, depuis le 11 février jusqu'au 25 mars, il aurait retenu Bernadette sous son charme et l'aurait ravie seize fois en extase. Si au contraire, par une coïncidence inexplicable, on admettait que le prétendu reflet se produisait à la Grotte toutes les fois que Bernadette y entrait, on se trouvait en présence d'une alternative encore plus embarrassante. Comment, en effet, les gens qui entouraient la voyante, malgré la bonne volonté qu'ils y mettaient, n'avaient-ils jamais pu apercevoir le fameux rayon séducteur ? Le préfet était trop intelligent pour ne pas remarquer ces diverses oppositions, et ce qui ressortait de plus clair pour lui dans le rapport des médecins, c'est que, si Bernadette était folle ou hallucinée, il fallait lui abandonner le soin de se guérir elle-même.

Le 1er avril, en transmettant les conclusions de la commission médicale, le maire de Lourdes, sans le vouloir, venait encore aigrir la mauvaise humeur du préfet par la lettre suivante :

« ... L'affluence à la Grotte est toujours la même, et le temps pascal où nous sommes y contribue considérablement. Le plus grand nombre des personnes qui s'y rendent par piété y prient Dieu avec beaucoup de ferveur. Je présume que cette affluence viendra en décroissant après les fêtes.

« Tant que la tranquillité publique règne et que l'ordre n'est pas troublé, je pense qu'il n'y a rien à faire. Si vous en jugiez autrement, veuillez, monsieur le préfet, me donner de nouvelles instructions, et je les suivrai exactement [1]. »

Les conjectures du maire de Lourdes, relatives à la décroissance du nombre des pèlerins à la Grotte, ne rassuraient plus le baron Massy. Déjà, le 26 mars, précisément à raison de la difficulté qu'il entrevoyait à désabuser les masses de ce qu'il croyait être une fiction, il avait écrit au ministre des cultes, d'abord pour l'informer des faits nouveaux qui s'étaient produits, la veille, à Lourdes ; puis pour le prier d'intervenir auprès de l'évêque de Tarbes, afin que ce dernier, en vertu de son autorité spirituelle, réprouvât les prétendues apparitions de la Vierge à Bernadette. A la fin de la lettre, le préfet réclamait des instructions pour la conduite qu'il aurait à tenir lui-même.

Tandis qu'il attendait une réponse du ministre, le baron Massy pouvait remarquer qu'il ne s'était pas trompé sur l'obstination que mettraient les foules à manifester leur ferme croyance. Chaque matin, depuis la fête de l'Annonciation, le commissaire Jacomet lui signalait un concours toujours croissant aux roches de Massabieille. Le maire, M. Lacadé, était obligé de revenir lui-même sur les espérances qu'il avait données, et le 7 du même

---

[1] Registre de correspondance précité, lettre n° 81.

mois il faisait parvenir à la préfecture la lettre suivante :

« Monsieur le préfet,

« La jeune Bernadette s'est rendue de nouveau ce matin, vers cinq heures, à la Grotte, où était réunie une foule de curieux ; elle est restée longtemps en extase ; elle a prié Dieu pendant trois quarts d'heure environ, et puis elle s'est retirée. Les personnes qui étaient venues ont également prié Dieu avec un grand recueillement. L'ordre le plus parfait n'a cessé de régner.

« L'affluence des curieux à la Grotte a été considérable le 4 et le 5 du courant. On y a remarqué et on y a compté :

« Étrangers.	4.238
« De la ville.	4.822
« Total.	9.060 [1]. »

Le 11 avril, pour la première fois, nous voyons l'évêque de Tarbes s'entremettre dans l'affaire des visions. Défavorablement impressionné par le rapport des médecins enquêteurs, dont la copie lui était parvenue par voie officieuse, il craignit que Bernadette ne fût réellement atteinte de l'hallucination supposée, et aussitôt il manda au curé de Lourdes d'user de tous les moyens en son pouvoir pour empêcher la voyante de reparaître provisoirement à la Grotte.

[1] Mairie de Lourdes, lettre n° 86.

« Tout en admettant la possibilité des apparitions surnaturelles de Massabieille, je tiens à m'assurer, avant tout, disait le prélat, si les jugements de la science médicale ne sont pas sans quelque fondement. »

Le lendemain, 12 avril, pendant que la lettre de l'évêque arrivait au presbytère de Lourdes, le ministre des cultes écrivait de son côté au préfet de Tarbes :

« Monsieur le préfet,

« J'ai examiné les deux rapports que vous avez bien voulu m'adresser, le 12 et le 26 mars, sur une prétendue apparition de la Vierge qui aurait eu lieu dans une Grotte voisine de la ville de Lourdes.

« Il importe, à mon avis, de mettre un terme à des actes qui finiraient par compromettre les véritables intérêts du catholicisme et affaiblir le sentiment religieux des populations.

« En droit, nul ne peut constituer un oratoire ou lieu public du culte, sans la double autorisation du pouvoir civil et du pouvoir ecclésiastique. On serait donc fondé, dans la rigueur des principes, à fermer immédiatement la Grotte, qui a été transformée en une sorte de chapelle.

« Mais il y aurait vraisemblablement des inconvénients graves à vouloir user brusquement de ce droit. Il convient de se borner à empêcher la jeune fille visionnaire de retourner à la Grotte, et à prendre les mesures qui pourront insensiblement détourner l'attention du public, en rendant chaque jour les visites moins fréquentes.

« Je ne pourrais d'ailleurs, monsieur le préfet, vous donner en ce moment d'instructions plus précises : c'est avant tout une question de tact, de prudence et de fermeté ; et, à cet égard, mes recommandations seraient inutiles.

« Il sera indispensable que vous vous concertiez avec le clergé ; mais je ne saurais trop vous engager à traiter directement cette affaire délicate avec monseigneur l'évêque de Tarbes, et je vous autorise à dire en mon nom au prélat que je suis d'avis de ne pas laisser un libre cours à un état de choses qui ne manquerait pas de servir de prétexte à de nouvelles attaques contre le clergé et la religion. »

Muni de cette lettre, le baron Massy se rendit chez l'évêque de Tarbes.

IV

MONSEIGNEUR LAURENCE. — CONTRADICTIONS APPARENTES DANS LA CORRESPONDANCE DU CURÉ DE LOURDES. — VISITE DU PRÉFET A L'ÉVÊQUE. — DIVERGENCE DE VUES. — GRAVE INCIDENT. — RUPTURE DES RELATIONS ENTRE L'ÉVÊQUE ET LE PRÉFET. — CONSEIL DE REVISION. — SPOLIATION DE LA GROTTE. — ILLUMINATION.

L'un des évêques les plus remarquables qui aient occupé le siège de Tarbes est sans contredit Mᵍʳ Laurence, qui administrait le diocèse à l'époque des apparitions. Né d'une famille de petits artisans dans un village obscur qui avoisine le Béarn, le futur évêque si éminent avait passé son jeune âge presque sans fréquenter l'école : à vingt ans, il ne possédait encore que les rudiments des connaissances humaines. Par un concours de circonstances que la Providence fit naître, on découvrit son intelligence lumineuse comme on découvre le diamant brut qui laisse percer ses feux à travers ses scories. Dès que les horizons des choses de l'esprit lui furent ouverts, il se trouva dans son élément et franchit à pas de géant les distances qui séparent les classes élémentaires des classes supérieures.

Élève distingué à la pension de Bordères et à l'école secondaire de Bétharram, il fut particulièrement remarqué au collège d'Aire (Landes), où il avait été envoyé pour terminer ses études. Retenu dans cette dernière maison, il monta, presque d'emblée, de son banc d'élève à la chaire de philosophie.

En 1821, à l'âge de trente-un ans, il était ordonné prêtre, et, l'année suivante, il était nommé supérieur d'un petit séminaire qu'il s'agissait de créer à Saint-Pé, sur les ruines de l'ancien monastère des Bénédictins.

Ici, tout était à faire. L'abbé Laurence fit face à toutes les difficultés. C'est alors que se révélèrent son esprit d'initiative et son talent d'administrateur.

Après avoir créé le petit séminaire de Saint-Pé et lui avoir imprimé une impulsion féconde, l'abbé Laurence le quitta en 1834 : Mgr Double, évêque du diocèse, reconnaissant en lui l'homme de savoir et de bon conseil, venait de l'attacher à sa personne en qualité de vicaire général, et lui confiait, bientôt après, la direction du grand séminaire de Tarbes.

A la mort de Mgr Double, tous les prêtres du diocèse, la plupart condisciples ou élèves de l'abbé Laurence, le réclamèrent spontanément pour leur évêque, et, à l'âge de cinquante-cinq ans, Mgr Laurence portait la crosse épiscopale sur les lieux où, enfant, il avait promené sa houlette de berger.

Mgr Laurence était un esprit froid, méditatif, pratique ; il n'abandonnait jamais rien au hasard, et ses actes, comme ses décisions, étaient toujours marqués au coin de la plus haute sagesse. D'une dévotion filiale envers la Mère de Dieu, à qui il attribuait son élévation, il fit réédifier en son honneur, dans le diocèse, plusieurs sanctuaires que la Révolution avait détruits : Garaison, Héas, Piétat, Poeylaün, et il y rétablit le culte et les manifestations populaires des anciens temps. Toujours en éveil sur les intérêts matériels et moraux de ses ouailles, il s'occupa des hôpitaux, fonda des écoles pour l'instruction des jeunes filles, favorisa les missions paroissiales, et partout on retrouve encore la trace de son initiative bienfaisante.

En résumé, petit par sa naissance, grand par sa vertu, aussi savant que dévoué et sage : tel fut l'évêque que la Vierge Immaculée s'était choisi pour se faire reconnaître et proclamer à la Grotte de Massabieille.

Mgr Laurence mourut à Rome, le 30 janvier 1870, au cours du concile du Vatican. Avant de quitter sa ville épiscopale, déjà menacé par la maladie qui devait le conduire au tombeau, il fut prié par quelques-uns de ses amis de différer son voyage.

« Et mon devoir d'évêque ? répondit gravement l'intrépide vieillard. Si je meurs, n'y a-t-il pas des cimetières à Rome ? »

✶
✶ ✶

De même que le préfet était informé au jour le jour des événements qui se produisaient aux bords du Gave, ainsi l'évêque du diocèse recevait tous les matins, sur les mêmes faits, les communications de l'abbé Peyramale, curé-doyen de Lourdes. Ce dernier, comme on sait, s'était fait un devoir de ne pas se montrer à la Grotte, et les renseignements qu'il fournissait provenaient le plus souvent des bruits divers qui circulaient dans la foule. Or, ces renseignements lui parvenaient tantôt enthousiastes et tantôt très attiédis. Comme le bon doyen ne pouvait rien contrôler par lui-même et qu'il se bornait à transmettre les récits tels qu'ils lui étaient fournis, il semblait que sa correspondance ne fût pas sans quelque contradiction. Parfois, en effet, il était obligé de dire que ce qui était admis la veille ne l'était plus le lendemain, et réciproquement. Ainsi, pour ne citer qu'un fait qui donna lieu à des versions différentes, je rappellerai que, jusqu'au jour où elle découvrit la fontaine miraculeuse, Bernadette fut considérée à la Grotte comme une véritable incarnation angélique; le jour où la fontaine jaillit sous ses doigts, la voyante fut traitée de folle; le lendemain, toutes les faveurs lui étaient rendues, et elle fut exaltée à l'égal d'une thaumaturge ou d'une sainte. Ces différentes impressions se reflétèrent dans les rapports de l'abbé Peyramale et durent nécessairement y être consignées.

Mgr Laurence n'était pas homme à se laisser troubler par ces divergences. Tout en se tenant sur ses gardes, il remarquait que ces rapports, quoique différant entre eux, finisssaient par concorder et que souvent ils prêtaient un nouvel appui à la foi aux visions. Il traversa ainsi la quinzaine des apparitions sans rien préjuger, priant simplement Dieu de l'éclairer sur le mystère de la Grotte. Le jour où on lui annonça que la Dame de Massabieille s'était déclarée l'Immaculée Conception, une grande joie, suivie d'une espèce de rayonnement divin, pénétra dans l'âme de l'évêque. A l'instant il comprit, et l'intelligence qu'il avait des choses saintes lui donnait l'assurance qu'une déclaration aussi hardie n'aurait jamais pu se produire sur des lèvres humaines, si cette déclaration n'était sortie de la bouche même de Celle qui en était l'objet. Il cacha néanmoins ses convictions personnelles, se bornant à tendre l'oreille vers Lourdes pour écouter si la Vierge ne confirmerait pas la révélation de Bernadette par quelque acte extérieur de sa haute puissance. Il traversait cette période d'attente quand, un certain jour, le préfet du département lui fit demander une audience.

Après les compliments d'usage et la lecture de la lettre du ministre des cultes, le baron Massy posa à l'évêque le dilemme suivant :

« Ou les apparitions de Lourdes sont vraies et méritent une sanction, ou elles ne le sont pas et doivent être réprouvées. Si vous les tenez pour surnaturelles, dans le sens théologique du mot, dites-le hautement, et pour mon compte je serai le premier à m'incliner. Si, au contraire, vous les considérez comme suspectes, je craindrais de vous faire injure en vous indiquant votre devoir. Permettez-moi seulement de vous soumettre mon avis et de vous dire que, quelle que soit votre appréciation sur les événements de Lourdes, une déclaration expresse de votre part me paraît absolument indispensable. Un grand trouble moral règne dans la contrée, et si ce trouble n'est pas dissipé à bref délai par l'autorité de votre parole, il est à craindre qu'il ne dégénère en dissensions et en conflits regrettables.

— Je ne partage pas vos préoccupations, répondit l'évêque, et tout d'abord je dois vous déclarer que je ne peux pas vous imiter dans votre empressement. Si les apparitions de la Grotte étaient manifestement vraies ou fausses, mon rôle serait facile, et mes diocésains n'auraient plus à chercher ma pensée. Dans les conditions difficiles où se présente le problème qui nous occupe, le devoir d'un évêque est de surseoir à tout jugement et d'attendre que la Providence ait dégagé la vérité. Cette conduite sera la mienne dans l'affaire de Massabieille, et si vous le croyez utile, je vous autorise à instruire, dès ce jour, monsieur le ministre des cultes de ma détermination bien arrêtée.

— Votre silence, monseigneur, peut devenir un danger pour la tranquillité publique.

— Ce n'est pas mon avis, car on prie à la Grotte, et la prière n'est jamais un danger redoutable.

— Si l'on prie à la Grotte, on y ricane aussi.

— Vous êtes mal renseigné, et je peux vous donner l'assurance que tout le monde s'y tient dans le recueillement.

« Du reste, ajouta l'évêque, ne nous perdons pas en dissertations et précisons notre entretien. Pour vous, j'en suis convaincu, vous réduisez le fait de Lourdes aux simples proportions d'un embarras administratif, et il vous tarde d'en finir. Pour moi, j'y vois une question d'un ordre plus élevé, et cette question, si j'en crois mes prévisions, fera l'objet de mes longues méditations. Dans cette divergence de vues, nous ne sommes pas près de nous entendre.

— Souffrez, monseigneur, que je vous fasse observer qu'un véritable culte public s'est établi, au mépris de la loi, à la Grotte de Massabieille ; l'administration ne peut pas tolérer à Lourdes ce qu'elle défend ailleurs.

— A cet égard, je n'ai pas à m'immiscer dans vos scrupules ; toutefois, avant de vous mettre à l'œuvre, je vous engage à bien méditer vos mesures.

— Comme vous, monseigneur, j'ai des règles à suivre et des devoirs à remplir. Je n'entends pas m'y dérober. »

Les deux interlocuteurs se séparèrent en froid[1].

*   *
*

Un incident, indépendant des apparitions, vint rompre quelque temps après, et d'une manière définitive, les bonnes relations qui avaient précédemment existé entre l'évêque et le préfet.

La cathédrale de Tarbes possédait, attenant à ses murailles, un terrain vague affecté, dans les temps anciens, à la sépulture des chanoines. Ce terrain n'était séparé de la cour de la préfecture que par un mur de hauteur d'homme. S'appuyant sur une prétendue autorisation tacite de l'évêque lui-même, le baron Massy fit démolir le mur en question et s'empara du vieux cimetière pour y bâtir des écuries. Les réclamations s'élevèrent de toutes parts, et Mgr Laurence rappela le préfet au respect des droits d'autrui et aussi des convenances. Dans un mémoire qu'il lui fit parvenir, après avoir mis en relief les considérations morales qui avaient de tout temps protégé le terrain envahi, Mgr Laurence signifiait au baron Massy d'avoir à remettre les lieux usurpés en leur premier état sous peine, en cas de refus, de se voir exposé aux rigueurs d'une poursuite judiciaire. Sans tenir compte des représentations et des menaces de l'évêque, le préfet continua tranquillement ses constructions.

---

[1] Le colloque du préfet et de l'évêque me fut rapporté dans le temps par M. Peyramale, curé de Lourdes, qui recevait les confidences de l'évêché. J'en garantis, quant au sens, la rigoureuse exactitude.

En homme modéré, mais toujours ferme, Mgr Laurence, cherchant à éviter le retentissement d'un procès, écrivit à M. le ministre des cultes pour le prier de vouloir bien se constituer le juge du différend. Le ministre reconnut le bien fondé des revendications de l'évêque. Toutefois les constructions furent maintenues ; on décida seulement qu'elles recevraient une autre destination, et l'on y installa les bureaux de la préfecture ; mais à partir de ce moment, le préfet ne voulut plus revoir le chef du diocèse.

* *
*

Sur ces entrefaites, arrivait la période des conseils de revision. Suivant l'itinéraire tracé, le préfet vint à Lourdes dans la journée du 4 mai ; mais, contrairement à ses habitudes, il ne reçut pas les autorités locales, à part celles dont la présence était absolument indispensable aux opérations du jour. Durant l'inspection, il se montra fantasque, nerveux, cassant. Une tout autre préoccupation que celle qui faisait l'objet de sa mission officielle remplissait visiblement son esprit. On pouvait remarquer qu'il lui tardait de lever la séance, laquelle, en effet, ne traîna pas en longueur. Pendant que les conscrits évacuaient la salle, il chargea le commissaire de police d'appeler les maires du canton : il avait à leur faire une communication importante. Lorsque ceux-ci furent réunis, le préfet se leva d'un air solennel de son fauteuil, et voici en substance la harangue qu'il leur adressa, et qui fut connue le soir même dans toute la ville de Lourdes.

« Vous n'ignorez pas, messieurs, les agitations qui règnent dans le pays au sujet de prétendues visions surnaturelles qui auraient eu lieu près de cette ville, dans une Grotte rustique, sur les bords du Gave. Tous les jours, au grand regret des gens sensés, on voit des masses fanatiques s'ébranler vers Lourdes et courir se répandre, autour de la susdite Grotte, en pratiques et en prostrations idolâtriques. Ces déplacements désordonnés, comme ces parodies sacrilèges, constituent un danger pour la tranquillité publique et un véritable dommage pour les intérêts de la religion.

« Messieurs, il est temps que toutes ces manifestations scandaleuses aient un terme. Déjà, pour les réprimer, j'aurais pu mettre en action les moyens de rigueur que m'accorde la loi. Attaché comme je le suis aux populations que j'administre, j'ai préféré avant tout parler à leur bon sens et les ramener aux idées saines par la persuasion.

« Messieurs, vous êtes les représentants du pouvoir dans vos communes respectives, et, à ce titre, je vous prie de me servir d'interprète. Dites de ma part à vos bons villageois que les divagations de la visionnaire de Lourdes ne reposent que sur de vaines illusions, et ne peuvent être acceptées que par des esprits maladifs. Usez de votre influence pour les retenir dans leurs foyers, et faites-leur bien comprendre que leurs pérégrinations naïves ne font que favoriser un mouvement superstitieux. Messieurs, il s'agit de guérir les habitants des campagnes de la contagion qui les atteint, et d'opérer chez eux un relèvement moral. Vos lumières et votre dévouement ne sont pas au-dessous de cette tâche ; l'administration attend de vous ce service. »

Les braves magistrats municipaux écoutèrent la harangue et les prières du préfet, mais ils restèrent muets et impassibles. Cette attitude était une protestation à leur manière, et le baron Massy le comprit si bien qu'il abrégea l'entretien et congédia l'assistance.

**

Sans écho chez les maires, en dissidence avec l'évêque, peu soutenu par le ministre, le préfet de Tarbes ne savait à quelle branche se rattacher. Se voyant isolé, il se crut amoindri et voulut relever son prestige par un coup d'autorité. Des mains pieuses, je l'ai déjà dit, avaient édifié dans la Grotte une espèce d'autel qu'elles avaient orné d'une foule d'images religieuses. Sans réfléchir que la pensée des croyants s'élevait au-dessus de ces innocentes décorations, le préfet s'abusa jusqu'à se persuader qu'en les faisant disparaître il allait faire disparaître aussi les souvenirs qu'elles rappelaient. Au moment de quitter Lourdes, il fit appeler le commissaire de police et lui enjoignit d'avoir à prendre les mesures nécessaires pour retirer de la Grotte tous les objets qu'on y avait installés en oubli de la loi.

Dès que l'ordre du préfet fut connu, la consternation fut générale en ville. Les habitants sortaient aux portes et s'entretenaient de la nouvelle comme s'il eût été question d'une calamité publique.

Le commissaire de police, en quête d'un attelage pour accomplir sa misérable besogne, avait beau faire des réquisitions, des offres exagérées d'argent, partout il était repoussé avec dédain et force invectives. Le maître de poste de la localité, M. Barioge, au risque de perdre le privilège attaché à sa charge, répondit fièrement au représentant de la loi qu'il ne prêtait pas ses chevaux pour des corvées odieuses. A force de chercher, le commissaire trouva néanmoins, dans les bas quartiers de la ville, une femme vivant seule, qui, terrorisée par la menace

des amendes et des condamnations, consentit à prêter
sa charrette et sa modeste bête de somme[1]. L'officier de paix et ses agents se dirigèrent vers Massabieille, poursuivis par les huées et les réprobations
de ceux qu'ils rencontraient. Aucune opposition
matérielle ne fut cependant faite à leurs opérations,
et les quelques personnes qui stationnaient à la
Grotte au moment de l'arrivée des policiers se bornèrent à protester par leurs larmes et à prier pour
les malheureux spoliateurs.

Quand le convoi des statues et des images saintes
fut rendu à la mairie, le crieur public passa dans
tous les quartiers de la ville, annonçant que les
objets de piété enlevés de la Grotte seraient mis à
la disposition de ceux qui viendraient les reconnaître et les réclamer. Comme si un mot d'ordre eût
été donné à l'avance, toutes les femmes de la classe
ouvrière accoururent à la maison commune, s'empa-
rèrent des ex-voto qui leur appartenaient et aussi de
ceux qui ne leur appartenaient pas; puis, d'un pas
agile, et sans dévier à droite ou à gauche, elles
allèrent triomphalement les replacer à la Grotte. Le
soir, quand la nuit fut venue, ces mêmes femmes,
en réparation de l'outrage fait à la Vierge, firent res-
plendir le rocher de Massabieille d'une superbe illumination.

---

[1] Par une coïncidence qui frappa les esprits à Lourdes, cette
femme, le lendemain, se cassa deux côtes en tombant d'un gre-
nier à foin.

V

ANNONCE DE GUÉRISONS. — EMBARRAS DES LIBRES PENSEURS.
— DISCUSSIONS AU CERCLE DE LOURDES. — ANALYSE DE
L'EAU DE LA GROTTE PAR M. LATOUR, PHARMACIEN A TRIE.
— TRIOMPHE PASSAGER DES ENNEMIS DU SURNATUREL.

Les augures de la libre pensée, à Lourdes, avaient
hautement annoncé que la source de la Grotte ne
manquerait pas de tarir aussitôt que les neiges des
montagnes voisines cesseraient de lui envoyer leurs
eaux. Or, les neiges disparurent, le soleil du printemps avait séché les terrains, et la fontaine continuait de couler avec une ténacité désespérante. De
jour en jour, elle était plus belle, plus limpide
et plus abondante. Depuis le 25 mars, et même
dans quelques circonstances précédentes, un grand
nombre de personnes avaient été guéries subitement au contact de ses eaux. Après une simple
lotion, certains avaient recouvré la vue; d'autres,
l'ouïe compromise; celui-ci, l'usage d'un membre
paralysé; celui-là, le principe même de la vie,
attaqué petit à petit par quelque mal rongeur. Dans
les commencements, on ne s'occupa de ces guérisons que d'une manière confuse; car ceux qui en
avaient été l'objet les cachaient minutieusement
dans la crainte qu'elles ne fussent pas durables, et
qu'elles ne les exposassent, en cas de rechute, aux
moqueries des malveillants. Arriva cependant le

moment où les secrets firent explosion, et de toutes
parts on se mit à crier au miracle. Il y eut certainement des exagérations, et même des faussetés dans
les premiers récits qui circulèrent; mais au milieu
du tohu-bohu des déclarations qui furent faites, il
fut constaté que des cures vraies, authentiques, quo-
tidiennement contrôlées par les personnes qui avoi-
sinaient les anciens malades, avaient été obtenues
à la fontaine de Massabieille. Les ennemis du surnaturel commençaient à se troubler et ne savaient plus
à quelle cause attribuer les phénomènes qui s'accomplissaient à la Grotte.

Au cercle de Lourdes, divisé, comme je l'ai dit,
en deux camps, nos discussions étaient vives et interminables. A l'époque où nous étions arrivés, il ne
s'agissait plus entre nous de théories ou d'appréciations purement métaphysiques, mais de faits matériels et tangibles. Les convertis des premiers jours,
alors accrus en nombre, faisaient d'abord remarquer
à leurs adversaires que la fontaine miraculeuse continuait à couler malgré leurs prévisions contraires.
Ils les mettaient ensuite au défi d'expliquer les transformations pathologiques qui s'opéraient soudaine-
ment à la source, en dehors des lois de la nature.
Nos contradicteurs, ne pouvant nier la réalité
de la fontaine de Massabieille, récusaient en bloc
toutes les guérisons, et pour soutenir leur cause,
à défaut d'arguments, employaient la satire et la
raillerie.

Un jour, et ce jour ne passa pas inaperçu pour
nous, nous apprîmes que nos irréductibles savants,
dont plusieurs faisaient partie du conseil municipal,
s'étaient faits, au sein du conseil, les promoteurs
d'une proposition tendant à autoriser le maire de
Lourdes à faire analyser les eaux de la nouvelle fon-

taine. C'était les surprendre en flagrant délit de contradiction. Si, comme ils le disaient, ils ne croyaient pas en réalité aux guérisons annoncées, comment s'étaient-ils décidés à en rechercher la cause? Dans nos réunions du soir, nous mettions en évidence cette opposition de conduite ; mais nos braves récalcitrants se dérobaient à la logique de nos inductions en nous répondant qu'ils nous attendaient à plus tard.

*
* *

Le maire de Lourdes, qui, dans toutes les affaires de la Grotte, réglait sa conduite d'après les ordres du préfet, ne voulut pas donner suite au vœu exprimé par son conseil sans en avoir, au préalable, déféré à son chef hiérarchique. Non seulement le baron Massy donna son approbation au projet d'analyse, mais il se reprocha de n'en avoir pas été le premier instigateur. Si la source de Massabieille avait, en effet, quelque affinité chimique avec les sources minérales de Cauterets, de Saint-Sauveur et de Barèges, dont la vertu curative est si grande, les prétendues guérisons de la Grotte n'étaient-elles pas expliquées tout naturellement? Sans retard le préfet chercha à découvrir l'homme de la science qui serait le mieux en mesure de répondre au vœu du conseil municipal de Lourdes. Son choix se porta tout de suite sur l'un de ses amis, M. Latour, pharmacien à Trie, membre du conseil général, réputé l'un des chimistes les plus distingués du département. Le préfet Massy félicita les édiles de Lourdes de leur intelligente initiative, et pria M. Lacadé d'expédier sans retard un échantillon d'eau de la Grotte à l'analyste dont lui, préfet, avait fait choix. L'échantillon fut adressé à Trie dans les derniers jours d'avril, et le 6 mai suivant M. Latour, qui avait hâté ses opérations, faisait parvenir à la mairie de Lourdes le rapport suivant :

EXAMEN CHIMIQUE

« L'eau de la Grotte de Lourdes est très limpide, inodore et sans saveur tranchée ; sa pesanteur spécifique est très voisine de celle de l'eau distillée. Sa température à sa source (constatée par M. Pailhasson, pharmacien à Lourdes) est de 15 degrés centigrades. Voici sa composition chimique :

« 1° Chlorures de soude, de chaux et de magnésie : abondants ;

« 2° Carbonates de chaux et de magnésie ;

« 3° Silicates de chaux et d'alumine ;

« 4° Oxyde de fer ;

« 5° Sulfate de soude et carbonate de soude ;

« 6° Phosphate : des traces ;

« 7° Matière organique ulmine.

« Nous constatons dans la composition de cette eau une absence complète de sulfate de chaux ou sélénite.

« Cette particularité, assez remarquable, est toute à son avantage, et doit nous la faire considérer comme étant très légère, facile à la digestion, et imprimant à l'économie animale une disposition favorable à l'équilibre des fonctions vitales.

« Nous ne croyons pas trop préjuger en disant que, vu l'ensemble et la qualité des substances qui la constituent, la science médicale ne tardera pas, peut-être, à lui reconnaître des vertus curatives spéciales qui pourront la faire classer au nombre des eaux qui forment la richesse minérale de notre département.

« A. LATOUR,
« Pharmacien à Trie. »

6*

*
* *

Un cri de victoire éclata dans le camp des adversaires du surnaturel. Le rapport de M. Latour donnait la clef de tous les mystères et mettait en honneur les droits de la raison :

« Oui, oui, criaient en se tournant vers nous ces superbes triomphateurs, nous vous concédons toutes vos cures merveilleuses ; mais inclinez-vous devant la science, car c'est elle qui vous indiquera par ses lois inflexibles les causes réelles qui les ont produites. Quelles que soient vos attaches à vos séduisantes illusions, nous vous engageons à les abandonner ; filles du temps passé, elles ne sont plus de mise aujourd'hui.

— Votre joie et vos conseils, leur répondions-nous, nous paraissent un peu prématurés. D'abord vous remarquerez avec nous que les conclusions de M. Latour sont appuyées en partie sur un fragile « peut-être », ce qui leur donne un caractère dubitatif. D'autre part, et en admettant que les appareils de l'expérimentateur aient donné la solution vraie, il vous restera toujours un difficile problème à résoudre : c'est celui de l'instantanéité des guérisons. Pour nous, nous n'avons jamais compris que les eaux, qui sont la richesse minérale de notre département, aient jamais suivi, pour guérir les diverses maladies, la méthode succincte et accélérée des eaux de Massabieille. Quoi qu'il en soit, afin de circonscrire les débats, et pour prévenir vos évolutions habituelles, nous constatons aujourd'hui que vous avez reconnu, en les expliquant à votre manière, les cures extraordinaires qui se sont produites à la Grotte. Souvenez-vous de votre aveu, et nous verrons si plus tard vous tiendrez le même langage. »

Nos observations n'étaient plus écoutées.

Dans les transports de leur succès passager, les prôneurs des solutions naturelles jetaient un regard confiant vers l'avenir, et faisaient déjà de Lourdes une ville thermale. Ils aimaient à se représenter au pied du rocher de Massabieille un établissement monumental, répartissant généreusement la santé aux malades ; tout autour, des casinos merveilleux donnant asile aux oisifs et favorisant leur dissipation mondaine ; ailleurs, des hôtels somptueux, des logements confortables, des magasins aux mille et mille fantaisies ; partout, dans les rues, sur les places, le long des promenades, le mouvement et la vie.

A n'envisager que le côté décoratif du tableau, nos contradicteurs étaient réellement prophètes. Les magnificences futures, qu'ils entrevoyaient à travers le prisme de leur imagination, sont devenues des réalités. Le rocher de Massabieille, les collines qui l'encadrent ont vu s'élever, comme par enchantement, de superbes édifices dont la majesté sévère le dispute au bon goût. Ce dont nos philosophes étaient loin de se douter, c'est que ces édifices dussent être surmontés d'une croix, et qu'au lieu de favoriser le désœuvrement, le jeu ou le vice, ils dussent servir de refuge à la prière, à la pénitence, à toutes les œuvres de sanctification. Les foules aussi accourent à Lourdes ; mais ce qui n'avait pas été prévu, c'est que les malades viennent guérir à la Grotte, à l'encontre des conclusions des chimistes et des pronostics des médecins.

VI

LES DONS EN ARGENT DÉPOSÉS A LA GROTTE SONT REMIS A LA CAISSE DU RECEVEUR MUNICIPAL DE LOURDES. — FAUSSE INTERPRÉTATION DONNÉE PAR LA POLICE AUX PAROLES DU CURÉ PEYRAMALE. — LE PRÉFET DE TARBES PORTE UN ARRÊTÉ INTERDISANT L'ACCÈS DE LA GROTTE. — PROTESTATION DES OUVRIERS DE LOURDES. — DESTRUCTION DES BARRIÈRES. — INTERVENTION DU CURÉ ; APAISEMENT DES ESPRITS.

Quoique blessé dans son amour-propre de fonctionnaire, le préfet de Tarbes ne laissa percer aucun ressentiment pour la mystification que lui avaient fait subir les femmes de Lourdes à l'occasion de la spoliation de la Grotte. Il eut le bon esprit de comprendre qu'il ne pouvait pas se mettre en guerre avec de vulgaires ménagères ; et d'ailleurs, alors qu'il l'eût voulu, il prévoyait la difficulté qu'il y aurait à préciser le délit dont elles s'étaient rendues coupables.

Prétextant l'oubli où l'on avait laissé tomber ses ordres précédents, oubli regrettable, à son avis, le préfet écrivit donc, sans amertume toutefois, au maire de Lourdes, deux ou trois jours après sa rentrée à Tarbes, pour lui recommander de faire retirer de la Grotte les dons en argent que la générosité des pèlerins y avait déposés, et de veiller à l'avenir à ce que ces dons fussent recueillis tous les soirs et remis intégralement à la caisse du receveur municipal. A ces sages prescriptions, on reconnaissait le baron

Massy, le prévoyant administrateur, et tout le monde, dans la contrée, applaudit à la mesure de prudence prise par lui. Aucune soustraction jusque-là n'avait été commise, il est vrai, au trésor de la Vierge; mais qui pouvait répondre de l'avenir? et, en tout cas, n'y avait-il pas sagesse et même urgence à prévenir le danger de convoitises coupables?

J'ai hâte d'ajouter, à la louange de la municipalité de Lourdes, que ces fonds peu considérables furent scrupuleusement remis à l'administration diocésaine, et qu'ils servirent plus tard à l'érection de la chapelle réclamée par la Dame de la Grotte.

Dès que le mois de mai, c'est-à-dire le mois de Marie, fut arrivé, une véritable et incessante procession de pèlerins s'établit sur le chemin de Massabieille. Les charmes de la nature, si puissants en cette saison, se joignirent au sentiment religieux pour augmenter l'attrait des promenades à la Grotte. Le chemin qui y conduisait était bordé de deux haies toutes parfumées des senteurs des buis, des aubépines et des rosiers sauvages. Les arbres, alors couverts de leur nouveau feuillage, projetaient sur le passage une ombre délicieuse. Les rochers eux-mêmes semblaient vouloir charmer le regard des visiteurs en se revêtant de leurs fraîches tentures de mousse. Pas un de ceux qui, à Lourdes, croyaient aux divines apparitions, et c'était le plus grand nombre, ne passait un jour sans aller prier, tout en se récréant, auprès de la Grotte bénie.

Ce beau mouvement ne tarda pas cependant, sinon à disparaître, du moins à se ralentir d'une manière sensible. Le démon, furieux des hommages rendus à Notre-Dame de Massabieille, se prit de rage pour en arrêter le cours. On se rappelle l'histoire des terrifiantes visions. Ce fut précisément au temps dont nous parlons que l'enfer déploya toutes ses batteries pour tromper, séduire et épouvanter les plus fervents serviteurs de la Vierge. Il arriva un moment où les âmes timides n'osaient plus approcher qu'en tremblant des roches fréquentées par l'esprit de mensonge. La terreur devint d'autant plus grande, qu'un dimanche de cette époque-là le curé monta en chaire pour recommander aux mères de famille de surveiller leurs enfants et de ne plus leur permettre d'aller prendre leurs ébats du côté de Massabieille. Il chassa même de la sacristie et des bancs du catéchisme un enfant de chœur qui avait contrevenu à ses recommandations.

L'homme a souvent de la peine à démêler les voies dont Dieu se sert pour arriver à ses fins. On le vit bien dans cette circonstance.

Au sermon de l'abbé Peyramale assistaient deux agents subalternes de la police qui interprétèrent à contresens les paroles du prédicateur. Ils s'imaginèrent que le bon doyen se prononçait contre la réalité des apparitions et qu'il engageait ses paroissiens à ne plus retourner à la Grotte. Or, celui-ci avait été très explicite dans son sermon, et, sans user de périphrases, il avait parlé du diable et de son action néfaste à Massabieille avec toute la liberté des temps apostoliques. Il avait recommandé de se méfier de ses maléfices; puis voyant le trouble qui régnait dans l'auditoire, et ne voulant pas laisser de doute sur sa véritable pensée, il avait ajouté ceci :

« Rassurez-vous, mes frères; les machinations de l'enfer ne prévaudront jamais contre ce que Dieu s'est proposé d'établir; l'esprit de ténèbres a beau obscurcir les événements de la Grotte, ils brilleront malgré lui, pour la glorification de la Reine du ciel. »

Ces dernières paroles semblaient ne pouvoir donner lieu à aucune méprise, et cependant les deux agents conservèrent leur illusion. Ils allèrent rapporter à leur chef, M. Jacomet, ce qu'ils avaient cru entendre ; et celui-ci, confirmé dans cette opinion par l'incident de l'enfant de chœur qui, sur ces entrefaites, fut congédié du catéchisme, s'empressa de porter à la connaissance du préfet les faits mal interprétés qu'il avait recueillis dans la journée. Il lui disait, en substance, que le clergé de Lourdes, enfin désabusé des folles imaginations qu'il avait acceptées jusque-là, désavouait publiquement les fantasmagories de la Grotte et engageait les fidèles à ne plus participer aux extravagances qui se pratiquaient en ce lieu.

Déjà le préfet, à son dernier voyage à Lourdes, c'est-à-dire lors des opérations du conseil de revision, avait été informé de l'apparition à Massabieille de nouveaux visionnaires et des mimiques étranges auxquelles ils se livraient. Il en avait ri et avait répondu que, pour lui, les faits et gestes des nouveaux illuminés n'étaient que le prolongement de la comédie jouée par Bernadette ; qu'il n'y avait qu'une simple différence : c'est que l'actrice du premier moment, ou en d'autres termes la petite meunière, avait su jouer son rôle avec adresse, tandis que les acteurs de la dernière heure n'étaient que de grossiers et maladroits parodistes. Il s'était néanmoins réjoui de cette complication ; car, à son point de vue, elle ajoutait la confusion à la confusion, et laissait espérer que la légende des visites de la Vierge à Massabieille se perdrait par ses propres exagérations et ses propres absurdités. Quand il apprit par les rapports erronés de la police que le clergé de Lourdes tonnait publiquement contre les apparitions et conseillait de s'éloigner des lieux qui en avaient été le théâtre, il crut que ses prévisions allaient s'accomplir. Pendant quelques jours il tendit l'oreille du côté du palais épiscopal, pour écouter si l'évêque ne prononçait pas quelque censure contre les prétendus miracles des bords du Gave. Voyant que son attente était vaine et que l'autorité spirituelle continuait à demeurer impassible, il se promit, lui, laïque, de mettre un terme aux scandales qui, dans sa pensée, pervertissaient le sens moral et religieux de la contrée.

Ce ne fut pas sans un dessein marqué de la Providence que le baron Massy déploya tant de zèle contre le sanctuaire naissant. Le moment était venu où Dieu ne voulait plus permettre que le démon continuât à profaner l'humble Grotte que la Vierge avait sanctifiée par sa présence.

L'homme qui résumait en sa personne les diverses oppositions dirigées contre la Grotte, je l'ai déjà dit, était loyal, mais prévenu et mal renseigné ; il s'était posé en irréconciliable. Ce fut précisément ce redoutable adversaire, la plus haute expression de l'autorité publique dans le pays, que Dieu choisit pour en faire l'exécuteur et, par contre-coup, le souffre-douleur des projets qu'il avait médités.

Je n'ai pas besoin de rappeler que le baron Massy ne voyait dans le surnaturel divin ou diabolique qui se manifestait à Massabieille qu'un assemblage confus de fourberies et de pantomimes. Il était donc naturellement porté à faire la guerre à ce qu'il croyait être une vaine superstition ; mais en se mettant en avant, il ne s'aperçut pas qu'il obéissait moins à son **propre mouvement qu'aux impulsions d'une volonté supérieure.**

Se rappelant l'insuccès de ses premières entreprises, le baron Massy était devenu circonspect. Avant de recommencer ses attaques contre la Grotte, il jugeait nécessaire de se munir d'une arme plus expressément légale que celles dont il s'était servi jusqu'alors. Cette arme, il la cherchait, mais ne la trouvait pas. La main secrète qui dirigeait les événements la lui fit rencontrer dans le rapport chimique de M. Latour, de Trie.

Il était dit, en effet, dans ce rapport, que les eaux de Massabieille paraissaient bonnes à guérir, et que *peut-être* la science médicale ne tarderait pas à l'admettre dans ses prescriptions.

D'autre part, il était notoire que les gens de Lourdes et des environs, sans se préoccuper de ce que disaient ou ne disaient pas les savants, se rendaient d'une manière ostensible à la source miraculeuse pour y boire et y faire des lotions.

En rapprochant ce dernier fait des indications de l'analyse chimique, le préfet se vit en mesure de reprendre ses hostilités contre la Grotte sans crainte de s'exposer à une défaite. Il se souvint que la règlementation des eaux minérales appartient à l'État et que, par conséquent, jusqu'à décision de l'autorité supérieure, il avait le droit d'interdire l'usage public des eaux de Massabieille. Dès que le rapport de M. Latour fut dans ses mains, il rédigea un arrêté aux termes duquel, non seulement la fontaine miraculeuse, mais encore tous les terrains communaux qui enclavaient le rocher de Massabieille étaient mis en interdit. D'office, et pour ne pas perdre de temps, il revêtit cet arrêté de la signature du maire de Lourdes et l'envoya à l'imprimerie.

Par trop de hâte et de sans gêne, le baron Massy vint se heurter à un premier obstacle. Le maire de

Lourdes, qui jusque-là avait obéi passivement aux ordres de la préfecture, se sentit blessé dans son amour-propre en recevant les placards où son nom était étalé sans consentement préalable de sa part. Il écrivit énergiquement au préfet qu'il n'accordait à personne le droit de disposer de sa signature; plutôt que de sanctionner les mesures de rigueur indiquées sur l'arrêté, il donnerait sa démission de maire.

Le préfet ne s'attendait pas à cette résistance; il fut donc obligé de venir à composition avec son subordonné. Après une correspondance de plusieurs jours où le premier magistrat renouvelait ses instances et le second ses refus, des amis communs intervinrent et amenèrent une transaction. Il fut convenu que le préfet, par le texte de l'arrêté, dégagerait le maire de toute responsabilité, et que celui-ci, pour la forme, laisserait revêtir de sa signature le susdit arrêté. Par suite de cet accord, les anciennes affiches furent détruites, et le 8 juin, sur les murs de la ville et sur un poteau hissé au sommet du rocher de Massabieille, apparaissait la pancarte de prohibition, dont voici la teneur :

« Le Maire de la ville de Lourdes,

« *Vu les instructions à lui adressées par l'autorité supérieure ;*

« Vu les lois du 14-22 décembre 1789, du 16-24 août 1790, du 19-22 juillet 1791 et celle du 18 juillet 1837, sur l'administration municipale ;

« Considérant qu'il importe dans l'intérêt de la religion de mettre un terme à des scènes regrettables **qui se passent à la Grotte de Massabieille, sise à Lourdes, sur la rive gauche du Gave ;**

« Considérant, d'un autre côté, que le devoir du Maire est de veiller à la santé publique locale ;

« Considérant qu'un grand nombre de ses administrés et de personnes étrangères à la commune viennent puiser de l'eau à une source de ladite Grotte ;

« Considérant qu'il y a de sérieuses raisons de penser que cette eau contient des principes minéraux, et qu'il est prudent, avant d'en permettre l'usage, d'attendre qu'une analyse scientifique fasse connaître les applications qui en pourraient être faites par la médecine ;

« Que d'ailleurs la loi soumet l'exploitation des sources minérales à l'autorisation préalable du gouvernement ;

« ARRÊTE :

« ART. 1er. — Il est défendu de prendre de l'eau de ladite source.

« ART. 2. — Il est également interdit de passer sur le communal dit rive de Massabieille.

« ART. 3. — Il sera établi à l'entrée de la Grotte une barrière en planches pour en empêcher l'accès.

« Des poteaux seront également placés, qui porteront ces mots : *Il est défendu d'entrer dans cette propriété.*

« ART. 4. — Toute contravention au présent arrêté sera poursuivie conformément à la loi.

« ART. 5. — M. le commissaire de police, la gendarmerie, les gardes champêtres et les autorités de la commune demeurent chargés de l'exécution du présent arrêté.

« Fait à Lourdes, en l'hôtel de la mairie, le 8 juin 1858.

« *Le Maire*, A. LACADÉ.

« **Vu et approuvé :**

« *Le Préfet*, O. MASSY. »

*
* *

L'irritation habituelle que provoquent les actes oppressifs s'empara des habitants de Lourdes à la lecture de l'arrêté qui mettait la Grotte en interdit. Un tollé général s'éleva de tous les quartiers de la ville, et ceux-là mêmes qui étaient le moins portés à reconnaître l'action de la Vierge à Massabieille blâmèrent la mesure du préfet comme excessive, vexatoire et imprudente. Les femmes criaient dans les rues qu'elles ne se soumettraient jamais à des injonctions qui molestaient la douce Mère de Dieu.

Une portion notable de la population, la plus redoutable par sa force, n'avait cependant pas encore fait entendre sa voix. Il s'agissait des ouvriers des carrières, très nombreux à Lourdes, et particulièrement attachés à la croyance aux divines apparitions de la Grotte. Au moment de l'affichage des prescriptions préfectorales, retenus au dehors dans les divers chantiers qui entourent la ville, ils n'eurent connaissance du séquestre jeté sur la Grotte que le soir en rentrant dans leurs familles. Isolés les uns des autres, ils ne purent se communiquer leurs impressions, et la cité, durant la nuit, demeura dans le calme.

Le lendemain, les ardoisiers et les tailleurs de pierre, quoique un peu excités, reprirent pacifiquement le chemin de leurs carrières. Quand ils se trouvèrent réunis en groupes, l'arrêté devint le sujet de toutes les conversations; les récriminations prirent corps et les têtes s'échauffèrent :

« Eh ! qu'importe au préfet que nous croyions ou que nous ne croyions pas aux faits de la Grotte ? De quel droit veut-il nous empêcher de boire à telle source plutôt qu'à telle autre ? Sommes-nous des hommes libres, ou bien des esclaves ? »

Le mot de *révolte* fut prononcé, et dans tous les chantiers il fut décidé que les barrières déjà plantées sur le devant de la Grotte devaient disparaître.

Le soir, avant leur entrée en ville, les hommes des carrières s'attendirent les uns les autres, et dans une réunion plénière ils sanctionnèrent en commun le projet de rébellion conçu séparément. Les plus sages de l'assemblée firent cependant observer qu'il ne fallait pas procéder par surprise, et qu'avant de recourir aux moyens extrêmes on ferait mieux de se contenter d'une démonstration pacifique. La motion fut acceptée et il fut entendu qu'à la cessation du travail, dans la journée du 10 juin, tous les adhérents à la manifestation se réuniraient près du Pont-Vieux et de là se transporteraient à la Grotte.

En effet, ce jour-là, au coucher du soleil, on vit les rudes champions de la cause de la Vierge, le marteau sur l'épaule, descendre des hauteurs qui dominent la ville et se diriger d'un pas ferme vers le lieu du rendez-vous.

Arrivés au lieu convenu, ils s'établirent sur deux rangs et se mirent en marche vers la Grotte. Ceux qui étaient en tête de la colonne jetèrent au vent, d'une voix vigoureuse et dans le rythme traditionnel des Pyrénées, les premières invocations des litanies de la sainte Vierge. Aussitôt, un formidable *ora pro nobis*, pareil aux rumeurs lointaines de l'océan, alla réveiller les échos de la ville et des montagnes environnantes. Les manifestants avancèrent ainsi, en répétant leurs invocations, jusqu'au sommet du mamelon de Massabieille, franchirent la limite du poteau, et, par le talus où serpentent aujourd'hui les lacets, descendirent près du Gave.

Là, ils déposèrent leurs outils, et debout, la tête

haute, ils envoyèrent, par-dessus les barrières, à la
Dame du rocher les derniers accents de leurs supplications. La nuit venue, le signal du départ fut donné,
et chacun des manifestants rentra paisiblement à son
domicile.

Comme le maire de Lourdes ne voulait pas s'alié-
ner les sympathies de ses concitoyens et que le commissaire de police ne se sentait pas en état de résister
au mouvement de la corporation ouvrière, ils fei-
gnirent l'un et l'autre d'ignorer ce qui s'était passé à
Massabieille. Les tailleurs de pierre et les ardoisiers,
afin de réveiller les autorités locales de leur torpeur et de les forcer à voir le but qu'ils poursuivaient, renouvelèrent, une seconde et une troisième
fois, leur pacifique tentative dans la période du
10 au 16 juin. Au bout de ce temps, s'apercevant
que leurs moyens d'action demeuraient sans effet et
que leurs revendications n'étaient pas écoutées, ils
se décidèrent à donner une expression plus énergique à leur protestation.

Le 17 juin au soir, ainsi qu'il avait été convenu,
les robustes travailleurs des carrières descendirent
de nouveau vers la Grotte, marchant d'un pas résolu
et laissant comprendre, cette fois, qu'il ne s'agissait
plus d'une banale manifestation. Réunis autour du
rocher de l'apparition, ils se regardèrent les uns les
autres comme pour se compter et s'enhardir ; puis,
sans prononcer une seule parole, ils prirent leurs
instruments de travail, s'avancèrent vers la barrière
de planches et la firent sauter en éclats. Leur œuvre
accomplie, ils rentrèrent tranquillement en ville.

Le lendemain, 18 juin, le maire de Lourdes rendait compte, en ces termes, au préfet, de la dévasta-
tion commise, la veille, à Massabieille :

« ... Le garde champêtre, qui s'est rendu sur les lieux ce matin, à cinq heures, a trouvé la barrière détruite et des planches et des piquets sur le bord du Gave. Je viens de faire ramasser le bois qui n'est pas perdu, et je m'occupe de faire rétablir la barrière. Ceci indique qu'il serait nécessaire de faire surveiller la barrière jour et nuit[1]. »

La palissade fut, en effet, reconstruite par les soins du maire, et suivant des prescriptions adressées par la préfecture, une surveillance permanente fut établie autour de Massabieille.

C'était mal connaître la fibre montagnarde, que de croire les ouvriers de Lourdes capables de se laisser décourager par l'insuccès ou, pour mieux dire, par l'inefficacité de leurs premières tentatives. Comment s'y prirent-ils pour tromper la vigilance des gardiens? Toujours est-il que, le 27 juin et le 5 juillet suivants, les barrages disparurent de nouveau sans qu'on pût jamais découvrir les auteurs de ce méfait.

Deux dépêches successives allèrent informer le préfet des nouvelles dévastations commises à la Grotte. Dans la première, on lui disait que non seulement la fermeture, mais encore le poteau indicateur dressé au sommet de Massabieille avaient été abattus; dans la seconde, où le maire laissait percer un certain dépit découragé, il était spécifié, en outre, que poteau, planches et piquets avaient été jetés dans le Gave et emportés par le courant[2].

* *

La guerre ouverte se trouvait donc engagée entre la préfecture et les ouvriers de Lourdes. Le préfet

[1] Lettre n° 130 (1858, correspondance de la mairie de Lourdes).
[2] Lettres n°ˢ 135 et 144 du registre précité.

se faisait un point d'honneur de ne pas se laisser
braver par des gens sur lesquels il avait autorité;
les ouvriers n'admettaient pas que, sans motifs
sérieux, on portât atteinte à leur indépendance
religieuse.

Les barrières furent rétablies, et des ordres nouveaux arrivèrent au maire de Lourdes pour qu'il eût
à rendre la surveillance plus active et à faire dresser
procès-verbal, d'une manière rigoureuse, contre
tous ceux qui entreraient sur le domaine communal
de Massabieille. Devant l'obstination du préfet à
maintenir ses défenses, la colère des travailleurs des
carrières s'éleva jusqu'au paroxysme. Ils manifestaient tout haut leur irritation contre le chef du
département, et ne se gênaient pas pour dire devant
les autorités locales : « Ce n'est plus la police, c'est
nous qui nous chargeons, à l'avenir, de surveiller la Grotte, et gare à qui osera venir nous
déloger ! »

Au moment où les esprits étaient le plus surex-
cités et où la conciliation ne paraissait plus possible,
un homme se leva dans Lourdes pour conjurer les
périls de la situation. Cet homme, dont on connaît
déjà la grandeur d'âme, n'était autre que le curé
Peyramale. Un jour, un familier de son presbytère
vint lui dire qu'il avait entendu proférer dans la rue
cette parole sinistre : « Les policiers peuvent numé-
roter leurs membres, car avant peu ils auront à les
pêcher dans le courant du Gave comme les planches
des barrières. »

C'était plus qu'il n'en fallait pour émouvoir le
digne pasteur de la paroisse. A l'instant, il se rendit
dans les divers quartiers de la ville principalement
habités par la classe ouvrière, et là, parcourant les

maisons une à une, il se mit à prêcher partout la concorde et le respect dû aux décisions de l'autorité supérieure. Il jugea néanmoins sa démarche incomplète ; car au moment où il s'était présenté, les hommes valides se trouvaient dans les chantiers, hors de la ville, et il n'avait guère pu s'adresser qu'à des femmes. Le bon curé rentra chez lui, prit son repas de midi à la hâte ; puis il sortit de nouveau et se dirigea vers les collines qui encadrent la ville.

Dans tous les chantiers il fut accueilli avec respect et sympathie ; car les braves travailleurs savaient par expérience que, dans les jours d'épreuve, le curé était leur meilleur et leur plus fidèle ami. Toutefois, quand ce dernier vint à leur parler d'apaisement et du danger qu'il y avait à s'élever contre les ordres de la préfecture, il remarqua que les figures s'assombrissaient et que ses conseils n'étaient pas écoutés avec la déférence habituelle. Il reprit le chemin de la ville, l'âme un peu attristée, ne sachant dans quelle mesure il devait compter sur le résultat de sa mission. Dans la nuit qui suivit, l'inquiétude de ce qui allait advenir demeura dans son esprit et pesa sur son sommeil comme un lourd cauchemar.

Le lendemain, — c'était un dimanche, — il se leva de bonne heure, se promettant de prendre la parole à la première messe de la paroisse, plus particulièrement fréquentée par les gens du peuple. Il monta, en effet, en chaire et fit des événements qui troublaient la cité le sujet de son prône. S'adressant directement aux ouvriers des carrières, massés au fond de l'église, il leur reprocha leurs violences et leur dit que, plus que les barrières, ils entravaient l'œuvre de la Vierge à la Grotte. Il traita leur dévouement de dévouement de parade, et ne leur laissa

pas ignorer qu'à ses yeux il entrait plus d'orgueil
que de vrai zèle religieux dans les revendications
qu'ils poursuivaient. « Prenez garde ! s'écria-t-il,
l'autorité séculière connaît vos préméditations cri-
minelles et a son regard fixé sur vous. Ne vous
abusez pas ; elle dispose de la force et peut, à la
moindre de vos incartades, vous faire un mauvais
parti ! »

Des signes négatifs de tête accueillirent ces paroles.
Comme mu par un ressort, l'abbé Peyramale se dressa
sur la chaire de toute sa haute taille, et avec un
accent de particulière énergie : « Je m'aperçois,
s'écria-t-il, qu'il y a dans cette enceinte des hommes
obstinés qui veulent faire de leur ville une ville de
sang. Eh bien, soit ! mais je les préviens que le premier sang qu'ils auront à verser sera celui de leur
pasteur. Ce n'est plus avec la police, c'est avec celui
qui leur parle en ce moment qu'ils auront à compter.
Dès ce jour — car je n'ai pas peur, moi, de leurs mar-
teaux et de leurs barres de fer — dès ce jour, je me
rendrai sur le chemin de la Grotte, et malheur à
ceux qui essayeront de venir forcer le passage ! S'ils
arrivent en masse, je sais qu'ils pourront me fouler
aux pieds, mais du moins j'aurai le droit de les traiter de lâches ; s'ils se présentent séparément et que
l'un d'eux se hasarde à commencer la lutte, en loyal
adversaire je crois devoir l'avertir que ce n'est pas
lui qui l'emportera. » Sans autres ambages et sans
péroraison, le curé descendit de chaire.

Les ouvriers de Lourdes étaient fiers de leur
curé, parce qu'à l'occasion il savait prendre le langage et les véhémences des milieux populaires.
« Celui-là, disaient-ils, ose nous déclarer la vérité
en face, et nous savons qu'il n'est pas homme à recu-

ler devant une résolution prise. » A la fin de la mercuriale que je viens de citer, les factieux des carrières se regardèrent les uns les autres en souriant et se sentirent vaincus. Ces terribles enfants des montagnes, qui n'auraient pas craint de se commettre avec des bataillons armés, n'eurent pas le courage de résister aux admonitions de leur bien-aimé pasteur. Quand la messe fut dite, ils l'attendirent devant l'église, et là, lui tendant amicalement leurs mains calleuses, ils lui promirent de ne plus revenir à la Grotte, du moins en révoltés. A partir de ce moment, le calme revint dans la cité, et tout le monde à Lourdes, croyants et incroyants, bénissait l'heureuse intervention de l'abbé Peyramale.

VII

RUSES DES FEMMES DE LOURDES. — LE GARDIEN CALLET. — PROCÈS-VERBAUX. — JUSTICE DE PAIX. — DEUX ILLUSTRES CONTREVENANTS. — POURSUITES ABANDONNÉES. — RENCONTRE AVEC LOUIS VEUILLOT. — CHICANE DU PROCUREUR IMPÉRIAL DE LOURDES. — COUR D'APPEL DE PAU. — UNE DÉFECTION NOUVELLE DANS LE CAMP DES LIBRES PENSEURS. — UNE LÉGENDE ODIEUSE.

Les femmes de Lourdes avaient été les premières à jeter le cri de révolte contre l'arrêté du préfet. Quand elles virent que leurs maris se portaient à la violence et faisaient entendre des menaces sinistres,

elles eurent peur pour eux et cherchèrent à les
apaiser. Après la solution pacifique de la crise, il
semble qu'elles eussent dû se tenir tranquilles. Mais
il n'en fut rien ; elles trouvèrent que leurs maris
étaient allés trop loin et trop vite en se rendant sans
condition aux désirs de leur curé. A leur avis, ils
auraient pu renoncer provisoirement au droit qu'ils
avaient de faire usage de l'eau de la source,
puisqu'on soutenait, à tort ou à raison, que la nature
de cette eau n'était pas déterminée ; mais ils devaient
insister pour que la prière fût libre sous les roches
de Massabieille : la prière, disaient-elles, ne fait de
mal à personne. Dès que cette manière de voir fut
entrée dans l'esprit et dans les conversations des
femmes de Lourdes, il ne fut plus possible de l'y
maintenir à l'état théorique. Nos braves ménagères
s'entendirent spontanément pour reprendre en sous-
œuvre les revendications de leurs maris ; mais trop
faibles pour s'insurger contre la force matérielle,
elles combinèrent une campagne de ruses.

Après le quatrième relèvement des barrières, la
surveillance de la Grotte fut spécialement confiée à
un agent de la mairie, nommé Callet. Cet agent était
bonhomme, serviable, pas tracassier du tout ; cependant Callet avait été soldat, et comme tel, par rémi-
niscence de l'ancien temps, il entendait que la
consigne fût respectée. Les malignes femmes de
Lourdes saisirent du premier coup d'œil les côtés
vulnérables du gardien et le parti qu'elles pouvaient
en tirer.

Tous les jours, après une entente préalable, elles
sortaient de la ville et s'acheminaient vers le bassin
du Gave, divisées en deux escouades distinctes.
Quand celles qui formaient l'avant-garde étaient arri-

vées à la pointe de Massabieille, elles feignaient un instant de prier; puis, sous mille prétextes, elles appelaient Callet sur le haut de la butte. Callet, sans méfiance, et nullement fâché de rompre un moment la monotonie de la surveillance, se rendait au désir des insidieuses pèlerines. Lorsque la conversation était bien engagée en haut, les femmes demeurées en arrière, sur un signe convenu, traversaient rapidement la prairie de M. de Lafitte, franchissaient le lit du canal qui avait arrêté Bernadette et s'introduisaient dans la Grotte. Quand leur dévotion était satisfaite, elles revenaient sur leurs pas, montaient vers le groupe qui retenait Callet, faisaient échange de rôle avec leurs compagnes et leur facilitaient, grâce à la même supercherie, le moyen de satisfaire, à leur tour, leur pieuse dévotion.

Ce stratagème se renouvela plusieurs fois, et toute la ville en riait, que le brave Callet n'en savait pas le premier mot. Enfin, le chef de la police locale, mieux informé, l'en avertit en lui infligeant une verte réprimande.

A partir de ce moment, Callet ferma l'oreille à toutes les sollicitations et devint inexorable. Usant de contre-ruse à l'égard des femmes qui l'avaient trompé, il trouva l'occasion, dans le courant de juillet et au commencement d'août, de déclarer quatre-vingt-quatorze procès-verbaux. Dans le nombre des délinquants figuraient, il est vrai, une quarantaine de personnes étrangères, qui, en se rendant aux stations thermales du haut de la vallée, ou à leur retour, n'avaient pas voulu traverser Lourdes sans entrer dans la Grotte, malgré la consigne sévère alors en vigueur. Callet remettait tous les soirs au commissaire de police la liste des récalcitrants surpris dans la journée, et comme il n'était pas fort en rédaction, il abandonnait à son chef le soin de constater les délits dans la forme juridique.

Devant la multiplicité des contraventions dont il devait connaitre, le juge de paix de la localité se sentit débordé. Afin de ne pas laisser chômer les affaires, et sans s'attarder aux nuances de culpabilité, il adopta une méthode qui était en même temps expéditive et peu embarrassante. A jour marqué, il faisait citer les prévenus par groupes de semaine; puis, les englobant dans la même sentence, il les condamnait tous et chacun, en coupe réglée, à cinq francs d'amende et solidairement aux dépens.

Les femmes de Lourdes ne prirent jamais au sérieux ni les procès-verbaux, ni les amendes. Elles se rendaient à la justice de paix comme à une partie de plaisir, les unes en tricotant des bas, les autres en filant leur quenouille. Les curieux et les oisifs de la ville se faisaient aussi un régal de ces séances, car ils étaient témoins des scènes les plus désopilantes.

D'abord le juge de paix, qui, soit dit en passant, était un parfait honnête homme, mais nerveux et endoctriné par le parquet de Lourdes, arrivait sur son siège, tout huppé de colère. Il agitait la clochette et ordonnait d'un ton bref la lecture de l'acte d'accusation.

« Appelez la première contrevenante, ajoutait-il.

— Comment vous appelez-vous?

— Hé, monsieur le juge, vous le savez bien, je suis votre voisine; est-ce que vous ne me reconnaissez plus?

— Faites attention que vous **êtes ici** devant la Justice. Répondez à ma demande. »

Très souvent, les joviales prévenues cachaient à dessein leurs vrais noms pour se donner des sobriquets de famille qui excitaient l'hilarité générale.

« Si de pareilles manifestations se reproduisent, s'écriait le juge, je ferai évacuer la salle. »

Revenant à l'inculpée :

« Reconnaissez-vous les faits articulés dans le procès-verbal?

— Certainement; mais ce que je nie, c'est la compétence de Callet à verbaliser contre nous.

— Comment! qu'est-ce que vous voulez dire?

— Je veux dire que Callet s'enferme dans la Grotte et y prie à cœur-joie, tout le monde le sait; il n'a pas le droit de défendre aux autres ce qu'il se permet à lui-même[1].

— Pas tant de verbiage! Est-il vrai, oui ou non, que vous soyez entrée à la Grotte à l'aide d'effraction?

— A l'aide *des fractions!...* Oh! monsieur le juge, je ne connais pas ces choses-là, et en tout cas, si je m'en suis servie, c'est à mon insu.

— Vous êtes une sotte; je vous demande si vous avez pénétré dans la Grotte en brisant les planches des barrières?

---

[1] On racontait, en effet, que Callet, tous les jours, avant de monter sa garde, prenait le chapelet dans son gousset et le récitait devant la Grotte. S'inspirant du texte de l'Évangile : *Rendez à César ce qui appartient à César, et à Dieu ce qui appartient à Dieu,* Callet avait pris pour règle de ne déplaire ni au commissaire de police ni à Notre-Dame de Massabieille. Était-il donc si coupable?

Le brave Callet est encore en vie, mais chargé d'ans et d'infirmités. Dans ces derniers temps, il était encore gardien de la Grotte et heureux de fournir aux pèlerins tous les renseignements qui lui étaient demandés sur les origines et les transformations du pèlerinage.

« — Moi!... oh! cela non, Dieu m'en garde! Nous ne faisons pas comme les carriers, nous autres, pauvres femmes... A propos, monsieur le juge, pourquoi ne sont-ils pas cités comme nous, les carriers? Vous savez qu'ils n'y allaient pas de main morte, eux!

— Cela ne vous regarde pas; mais vous, qu'allez-vous faire à la Grotte? des singeries?

— Permettez, monsieur le juge : nous faisons, à Massabieille, exactement ce que vous faites le dimanche à l'église, rien de plus; je vous le dis sans malice.

— Vous croyez honorer la Vierge? vous la déconsidérez.

— Mais, monsieur le juge, lorsque vous allez en frac rendre visite à quelque grande dame de la ville, est-ce que vous croyez la déconsidérer? »

Tel était le ton habituel des audiences de la justice de paix, et le plus souvent elles se terminaient par un grand éclat de rire.

*
* *

Deux incidents survenus dans la même journée, et qui n'étaient pas entrés dans les prévisions de l'administration, vinrent arrêter cette débauche de procès et de condamnations.

Dans l'après-midi du 28 juillet, le gardien Callet vit descendre des hauteurs de Massabieille une dame en deuil, ayant un air de grande distinction; elle était accompagnée de deux jeunes personnes qui attiraient également l'attention par la dignité et le charme de leurs manières. C'étaient une mère et ses deux filles. Toutes trois vinrent s'agenouiller sans bruit près du Gave en dehors des barrières. Callet ôta instinctivement son képi et s'approcha du petit groupe avec un visible embarras.

« Madame, dit-il en s'adressant à la mère, vous ignorez sans doute qu'il est défendu de venir jusqu'ici. »

La dame releva la tête, et, à première vue, elle jugea Callet.

« Voyez, gardien, vous m'avez l'air d'un brave homme; je suis étrangère et je ne reviendrai pas souvent à Lourdes; permettez-moi, je vous prie, d'entrer dans la Grotte avec mes deux filles, et je vous serai bien reconnaissante.

— Mais, madame, vous vous mettriez dans le cas d'un procès-verbal.

— Oh! qu'à cela ne tienne! faites le procès-verbal, je le payerai; mais laissez-moi entrer. »

On pouvait remarquer que Callet faiblissait; il se gratta l'oreille, regarda si la silhouette du commissaire n'apparaissait pas sur quelque mamelon voisin; puis, un peu hésitant, un peu craintif, il détacha une planche et laissa pénétrer les trois voyageuses.

Celles-ci se mirent à genoux, et à haute voix elles dirent ensemble le chapelet. Quand elles eurent assez longtemps prié, elles s'approchèrent de la fontaine miraculeuse, y burent du creux de la main, avancèrent vers l'églantier qui descendait de la niche, en détachèrent une petite branche; puis, faisant un dernier signe de croix et une profonde révérence, elles se disposèrent à partir. Quand elles furent en dehors des barrières, Callet, toujours respectueux, se présenta, le carnet à la main, et pria **la dame de vouloir bien lui dire ses nom et prénoms.**

« Je suis l'amirale Bruat, gouvernante du prince impérial, » répondit simplement l'étrangère.

La foudre serait tombée sur le rocher de Massabieille, qu'elle n'aurait pas ébranlé Callet comme la déclaration qu'il venait d'entendre. Ses mains furent saisies d'un tremblement subit, et il lui fut impossible d'écrire le nom de l'amirale. Celle-ci ne put s'empêcher de sourire, et, prenant l'agenda du garde avec une familiarité charmante, elle y inscrivit son nom. Les trois visiteuses saluèrent Callet avec bienveillance et disparurent.

*
* *

Quelques minutes plus tard, un homme de quarante-cinq à cinquante ans, un nouvel arrivant, apparaissait sur le sentier qui descendait à la Grotte. Doué d'une forte corpulence, il marchait d'un pas lent, ferme et résolu. Sa figure présentait quelques traces de variole, mais elle était expressive, et son regard parlait. Sans faire attention au gardien, l'inconnu alla droit à la barrière qu'il trouva encore ouverte; levant sa jambe un peu lourde par-dessus la traverse horizontale qui retenait les planches, il entra, sans plus de façon, dans la Grotte.

« Holà hé! vous, s'écria cette fois Callet en se fâchant, vous n'avez donc pas regardé au poteau du haut de la côte?

— Si fait, mon brave homme, et j'ai même lu l'arrêté de M. votre maire.

— Alors, vous ne vous gênez pas! je vous dresse procès-verbal et vous somme de me décliner vos noms et qualités.

— Écrivez : je me nomme Louis Veuillot, et suis rédacteur en chef du journal l'*Univers*, à Paris. »

Callet, qui était moins ferré sur la notoriété des gens de lettres que sur celle des amiraux, fut plus heureux, à part un petit accroc d'orthographe, pour écrire le nom du célèbre publiciste que celui de Mme Bruat.

Louis Veuillot ôta son chapeau en entrant dans la Grotte, examina la conformation du rocher déjà fameux, arrêta longuement son regard sur la niche ; puis, se renfermant en lui-même, il se prit à méditer. Au bout d'un quart d'heure, il releva la tête, promena un dernier regard sur l'ensemble de la Grotte et s'éloigna en oubliant de saluer le garde.

Piqué de ce manque d'égards, Callet se mit à grommeler entre ses dents et à proférer les appellations peu gracieuses de « gros bouffi », « d'homme mal élevé, » qu'il appliquait à Louis Veuillot, pendant que celui-ci montait l'escarpement de Massabieille.

* *

En parcourant la liste des contrevenants surpris dans la journée, le commissaire de police fronça le sourcil. Bien qu'il ne fût qu'un simple instrument de l'autorité supérieure, il se demanda s'il était bien prudent pour lui de verbaliser contre deux puissances telles que l'amirale Bruat et le redoutable rédacteur en chef de l'*Univers*. Ne pouvait-il pas être accusé de zèle intempestif et d'incapacité à comprendre ce que l'on doit aux convenances sociales ? Dans les perplexités de sa position, il se rendit chez le maire pour lui demander conseil.

Le maire trouva le cas trop épineux pour oser se prononcer, et par ailleurs, ne voulant pas prendre à son compte la responsabilité d'une situation qu'il n'avait pas créée, il engagea le commissaire à soumettre ses préoccupations au préfet. Celui-ci à son tour ne se trouva pas moins embarrassé. En poursuivant l'amirale et Louis Veuillot, il craignait les désaveux du pouvoir et les éclats de la presse; en ne les poursuivant pas, il tombait dans l'arbitraire et perdait toute influence auprès de ses administrés. Avec sa fierté de caractère, il aurait incliné vers le premier parti; mais il avait à ménager les intérêts de sa charge, et à ce point de vue il reconnaissait que l'approbation ministérielle lui était nécessaire. Il se décida donc à la réclamer, en faisant observer à M. le ministre des cultes qu'il se trouvait dans la fâcheuse alternative d'avoir à poursuivre Mme Bruat et Louis Veuillot ou de ne pouvoir poursuivre personne. Sans entrer dans des explications, le ministre répondit immédiatement qu'il ne fallait poursuivre personne.

A partir de ce moment, les procès-verbaux cessèrent, les amendes ne furent pas exigées et les frais de justice tombèrent à la charge du Trésor.

* * *

On me permettra, je pense, de raconter ici ma rencontre avec Louis Veuillot, qui venait à Lourdes pour la première fois. C'est un de mes bons souvenirs.

La journée avait été très chaude. Le soir, près du ruisseau de Lapaca, je me promenais avec un de mes frères, curé dans le diocèse de Tarbes, et mon voisin, M. l'abbé Pène. Comme nous passions devant un établissement de bains, Louis Veuillot en sortit, se dirigea vers notre petit groupe, et, après nous avoir salués, demanda si les prêtres qui m'accompagnaient faisaient partie du clergé de la paroisse. L'abbé Pène s'empressa de décliner sa qualité de vicaire, et le rédacteur en chef de l'*Univers* parut enchanté.

« Je suis allé au presbytère, dit-il, et n'ai pas vu M. le doyen, qui est absent et ne doit rentrer que demain. Je voulais l'interroger sur les faits étranges dont tout le monde parle et qui se sont produits, m'assure-t-on, dans une grotte du voisinage. Il m'en coûterait de quitter Lourdes sans avoir puisé à bonne source des renseignements authentiques. J'espère qu'à défaut du pasteur, son vicaire voudra bien me les donner. »

L'abbé Pène apprit à Louis Veuillot que le clergé de Lourdes s'était abstenu de paraître à la Grotte durant la période des apparitions.

« Mais voici M. Estrade, ajouta-t-il en me désignant du doigt, qui a vu de ses yeux la plupart des extases de Bernadette, et vous ne trouverez pas ici de témoin mieux informé ni plus sûr. Il mérite à tous égards votre confiance.

— Oh ! la bonne aubaine ! s'écria Louis Veuillot.

— Monsieur, dit-il, en me prenant par le bras, je vous retiens. »

Puis, se tournant vers les deux prêtres :

« Je vous l'enlève. Il n'a plus rien à vous apprendre à vous, messieurs, et moi je suis curieux de tout savoir. Je veux pouvoir l'écouter sans distraction d'aucune sorte. Et puis, ajouta-t-il avec un malin sourire, nous sommes des laïques, nous, et pour discuter nous ne serons pas fâchés d'être seuls. Qui sait si je ne vous scandaliserais pas? »

J'étais encore sous le coup de mes premières impressions, et je commençai mon récit avec tant de chaleur et d'enthousiasme, avec une foi si vive et si fortement accusée, que Louis Veuillot m'interrompit dès le début.

« Je ne doute pas de votre sincérité, monsieur, me dit-il, mais permettez-moi de vous donner tout de suite un conseil : Vous vous prononcez trop catégoriquement ; ne le faites pas, attendez le jugement de l'évêque. Lui seul a grâce d'état pour démêler le vrai du faux dans ces sortes d'affaires. Et ce n'est pas facile. Il faut à l'évêque beaucoup de prudence, de tact et de savoir, et surtout la lumière d'en haut. J'ai été amené par la nécessité de ma profession de journaliste chrétien à étudier un peu la théologie mystique. C'est intéressant et fort instructif. On signale dans les ouvrages qui traitent de cette science une infinité de prodiges qui, à première vue, semblent des faits divins, et ne sont en réalité que des prestiges diaboliques ou des artifices purement humains. Personnellement, je vous l'avoue, j'ai été pris au piège, et voilà pourquoi je me défie tant. Un jour, on m'annonce qu'une extatique merveilleuse s'est révélée en Allemagne, et on me persuade que je pourrais peut-être rendre service à la cause religieuse en allant constater *de visu* la réalité de ce phénomène. Aussitôt je boucle ma valise, et me voilà parti pour les régions d'Outre-Rhin. J'entre chez la voyante, je l'observe, je l'admire dans ses ravissements, je lui prodigue mes respects, et je ne m'aperçois pas que j'étais dupe. A quelques jours de là, rentré à Paris, j'apprenais que ma belle extatique était une habile comédienne et que sa moralité laissait à désirer... »

Cela dit, M. Veuillot s'excusa de m'avoir interrompu et me pria de vouloir bien continuer mon récit, qu'il écouta jusqu'au bout avec un intérêt passionné. Évidemment, ma cause était gagnée, je le devinais à son émotion, et j'en eus la certitude quand il me demanda de relater dans une note écrite tout ce que j'avais vu et entendu à la Grotte lors de ma première visite.

Cette note, envoyée à Bagnères-de-Bigorre, où Louis Veuillot passait la saison en compagnie de Mgr de Salinis, archevêque d'Auch, fut reproduite intégralement deux ou trois jours après, dans les colonnes de l'*Univers*, qui, je crois, n'avait pas encore parlé des apparitions de Lourdes. Quelques années plus tard, je trouvais dans *les Mélanges* de Louis Veuillot (4e vol., p. 348) quelques traces de mes communications sous une signature impersonnelle : « Un témoin. »

Le rédacteur en chef de l'*Univers*, si redoutable et si redouté dans ses polémiques de presse, était d'une parfaite bonhomie dans ses causeries familières. J'ai gardé de lui un souvenir plein de charme. Après notre long entretien sur les visions de Bernadette, le temps était venu de rentrer au logis. Nous allâmes donc rejoindre l'abbé Pène et mon frère, et la conversation s'engagea sur un autre thème, sur la confession. Comme le sujet n'était pas de ma compétence, je me contentai de prêter l'oreille; mais tout à coup Louis Veuillot, se tournant vers moi, me dit à brûle-pourpoint :

« Et vous, est-ce que vous vous confessez souvent? »

Étourdi par cette question inattendue, je me mis à bredouiller, ne trouvant pas de réponse.

L'abbé Pène eut pitié de moi; il fit connaître à

mon indiscret questionneur que je me confessais aux
grandes fêtes.

« C'est beaucoup, dit Veuillot, mais ce n'est pas
trop. Moi, je me confesse tous les quinze jours,
et quoique mes épaules soient robustes, quand
arrive la fin de la quinzaine, je sens le besoin de
presser le pas pour me débarrasser de ma charge.
Vous agissez autrement, et cela prouve une chose :
c'est que votre fardeau est moins lourd que le
mien. »

Sur ce mot il me serra la main et prit congé de
nous.

*
* *

Je viens de dire qu'à la suite de la décision ministérielle il n'avait plus été question de procès-verbaux; je me trompe, et je répare l'erreur.

Le procureur impérial de Lourdes, qui était
devenu l'un des hommes les plus aigris de l'opposition, demeurait avec le regret de n'avoir pu exercer son action juridique sur les affaires de la
Grotte. Il en recherchait l'occasion et la fit naître
dans un misérable incident. M. Dutour, qui jusque-là
passait pour un magistrat de bon sens et de
haute prévoyance, perdit beaucoup dans l'estime
publique.

Un jour, un facétieux, qu'on ne put jamais découvrir, fit courir le bruit que l'empereur et l'impéra-
trice se proposaient de venir en pèlerinage à Lourdes,
mais qu'avant d'entreprendre leur voyage ils avaient
fait demander des prières à la Grotte. La plaisanterie, colportée de bouche en bouche dans la classe
ouvrière, fut saisie sur les lèvres de trois bonnes

femmes aussi inoffensives que crédules. Le procureur, par une aberration d'esprit qu'il est malaisé de comprendre, crut voir, dans le propos futile qui circulait, une réclame indirecte au profit de la Grotte et un outrage infligé à la considération de la famille impériale. Sans se douter qu'il se livrait au ridicule, il fit dresser procès-verbal contre les trop naïves commères et ordonna qu'elles fussent traduites en police correctionnelle pour colportage de fausses nouvelles.

A l'appel de la cause, les juges du tribunal de Lourdes se mirent à sourire et n'écoutèrent le ministère public que par pure convenance. Ils relaxèrent deux des prévenues et ne condamnèrent la troisième qu'à une faible amende pour quelque parole malsonnante adressée par elle aux agents de la police. La sentence ne fut pas du goût du chef du parquet de Lourdes; déjà piqué de l'attitude prise par le tribunal à l'ouverture de l'audience, il s'empressa, espérant par là relever son honneur, de porter le procès devant la juridiction de la cour d'appel de Pau.

Au jour marqué pour les débats, grand nombre de femmes de la capitale du Béarn, dont plusieurs avaient assisté aux extases de Bernadette, accoururent au-devant des inculpées de Lourdes, leur firent ovation et les accompagnèrent, au milieu de bruyantes et de chaleureuses sympathies, jusqu'au palais de justice. Le procureur général, se trouvant en face d'une manifestation qui, contrariée, pouvait dégénérer en désordre public; reconnaissant, par ailleurs, que l'instance engagée par son subordonné ne présentait pas un caractère sérieux, et qu'au fond du procès il n'existait qu'une mesquine revendication d'amour-propre, déclara, aussitôt que les

juges de la cour furent arrivés sur leurs sièges,
qu'il renonçait à donner suite à l'affaire de Lourdes.
Un tonnerre d'applaudissements éclata dans la
salle d'audience, et plusieurs personnes, en sortant, se mirent à crier : « Vive Notre-Dame de la
Grotte! »

Les femmes acquittées, après avoir été rete-
nues deux ou trois jours à Pau, revinrent à
Lourdes un laurier à la main (*sic*). Dans les rues,
on allait à elles pour leur donner la bienvenue et
les féliciter de l'issue du procès. M. Dutour fut
obligé de dévorer en silence l'humiliation de sa
défaite.

*
* *

L'action judiciaire intentée par M. Dutour aux
femmes de Lourdes me remet en mémoire une
défection qui se produisit, en ces temps-là, dans le
camp de la libre pensée, et qui fit dans la localité
une certaine impression. Le substitut du procureur
impérial, M. de L..., tomba malade, atteint d'une de
ces affections de poitrine qui ne pardonnent pas. Le
jeune magistrat en question était d'un caractère doux,
conciliant, et dans nos débats au cercle il discutait
toujours avec beaucoup de courtoisie. Sans qu'il eût
manifesté d'opinion tranchée sur les événements de
la Grotte, les opposants le comptaient pour un des
leurs. Dès que le malade comprit la gravité de sa
situation, il fit appeler l'abbé Peyramale et se confessa. Quand celui-ci revint pour lui apporter le saint
Viatique, M. de L... se dressa sur son séant, et dit
à haute voix :

« **Monsieur le curé, avant de recevoir mon Dieu,**

j'ai un aveu à faire, et je ne suis pas fâché, pour mon humiliation, que cet aveu soit entendu par tous ceux qui vous entourent. Bien que profondément convaincu de la réalité des apparitions de la Vierge à Massabieille, — j'avais des raisons pour cela, — je n'ai pas eu le courage de confesser ma croyance... »

A l'instant, l'abbé Peyramale l'arrêta pour calmer ses scrupules; puis, profondément édifié, il lui administra la sainte communion. M. de L... se releva de cette première crise; mais quelque temps après, transporté dans les Landes, il mourut pieusement au sein de sa famille.

*
* *

Je donne place ici, pour en faire sommairement justice, à une fable aussi misérable qu'odieuse dont les esprits licencieux, dans les cafés, amusèrent longtemps leur incrédulité. Cette histoire absurde, inventée dans les bas lieux de quelque officine immonde, et reproduite par des journaux sans scrupule et sans délicatesse, atteignait du même coup la réputation d'une très honorable famille de Lourdes et la croyance aux apparitions surnaturelles de Massabieille. Il était, en effet, raconté qu'à la première visite de Bernadette à la Grotte, le 11 février 1858, la voyante avait surpris dans un rendez-vous une belle dame de Lourdes, dont on citait le nom, avec un brillant officier de cavalerie. La femme infidèle, pour dérouter la petite fille et ne pas se faire reconnaître, s'était mise à imiter les poses de la Vierge et à débiter des paroles étranges sur un ton de prophétesse. En 1892, à l'occasion de la visite à la Grotte du trop fameux romancier Zola, une espèce de levée de boucliers se fit dans la presse à scandales pour rééditer la légende de l'épouse coupable. J'étais moi-même à Lourdes en septembre 1892, et je me préoccupais de l'influence pernicieuse que pouvait exercer sur les âmes simples la reproduction persistante de cette légende ignoble. J'avais une vague idée que la personne dont on flétrissait la mémoire, — car elle avait déjà quitté ce monde, — était devenue mère et gardait le lit durant la période des apparitions. Pour préciser mes souvenirs, je me rendis à l'hôtel de la mairie, et demandai communication des registres de l'état civil. Oh ! trouvaille heureuse ! La femme accusée d'avoir trahi ses devoirs de femme mariée avait mis au monde un enfant du sexe féminin, le 8 février 1858, trois jours avant la première apparition de la Vierge à la Grotte [1]. Cette constatation se passait de commentaires, et transmise à la presse, avec menace de la correctionnelle, elle fit cesser les racontars calomnieux.

[1] L'acte de naissance de cette enfant est inscrit sur les registres de l'état civil de Lourdes, à la date du 8 février 1858, sous le n° 13.

VIII

CLAMEURS DE LA PRESSE. — NOUVELLE ANALYSE RÉCLAMÉE PAR LES HABITANTS DE LOURDES. — RÉSULTAT DE CETTE ANALYSE FAITE PAR M. FILHOL, CHIMISTE A TOULOUSE. — INTERVENTION DE L'EMPEREUR NAPOLÉON III. — BARRIÈRES SUPPRIMÉES. — LE PRÉFET DE TARBES ET LE COMMISSAIRE DE POLICE DE LOURDES SONT DÉPLACÉS.

Parallèlement aux événements que je viens de relater, se poursuivait, à Lourdes, la solution d'un problème qui mettait en jeu les plus graves intérêts de la Grotte. Il s'agissait de faire lever les doutes qui existaient encore sur la nature des eaux de Massabieille.

On se rappelle les cris de joie poussés par les adversaires du surnaturel à l'arrivée du rapport chimique de M. Latour, de Trie. Ces cris se répercutèrent dans une infinité de journaux, depuis le *Petit Lavedan*, de Lourdes, et l'*Ère impériale*, de Tarbes, organe de la préfecture, jusqu'aux feuilles de la capitale les plus en vogue dans le monde des cafés. Partout on déclarait que la grande féerie de la Grotte allait se résumer en une simple et vulgaire question de buvette.

Les habitants de Lourdes, — j'en excepte les incroyants, — témoins journaliers des prodiges qui s'accomplissaient à la fontaine miraculeuse, ne se laissaient troubler ni par les persiflages de la libre pensée ni par les décisions de la science. S'inspirant uniquement de leur bon sens, ils soutenaient, envers et contre tous, que l'eau de Massabieille ne pouvait renfermer des principes minéraux propres à guérir, et surtout à guérir subitement. Les expériences du chimiste de Trie, ils les repoussaient, et ils réclamaient à haute voix qu'elles fussent renouvelées et conduites par des mains plus habiles.

Les promoteurs de la première analyse, tenant leur triomphe pour assuré, ne demandaient pas mieux que de confondre une seconde fois les partisans aveugles de la croyance au merveilleux. Une nouvelle expertise, dégagée de toute formule restrictive, ne porterait-elle pas au comble la gloire de leur initiative? Leurs projets de constructions étaient-ils insensés? Leurs prévisions de fortune pour la ville demeuraient-elles irréalisables? Puis, qui sait, les circonstances aidant, ne pouvaient-ils pas espérer pour eux une colonne d'honneur à côté de la fontaine bienfaisante, mais non cléricale, de Massabieille?

Le maire de Lourdes n'avait donc qu'à se rendre au vœu général de ses administrés, et il se prêta d'autant plus volontiers à ce désir que, sans partager l'engouement des uns ou des autres, il entrevoyait qu'une ère nouvelle allait s'ouvrir pour la ville. S'il était démontré, en effet, que l'eau de la Grotte guérissait en vertu de ses principes naturels, Lourdes devenait de ce fait une station balnéaire. Si au contraire elle agissait en dehors des lois de la nature, elle constituait à Massabieille, avec la légende qui s'y rattachait, un lieu de pèlerinage. En résumé, quel que fût le résultat de la nouvelle analyse, la cité n'y trouvait que des avantages.

Déjà, par anticipation, le maire avait écrit au

préfet pour le consulter sur le choix à faire de l'homme qui devait procéder à l'analyse définitive et officielle de l'eau de la Grotte. Le préfet avait répondu que le chimiste le plus en renom, dans le Midi, était M. Filhol, l'un des membres les plus éminents de la Faculté des sciences de Toulouse. Il conseillait de s'adresser à lui, non pas seulement parce que M. Filhol était un savant très estimé, mais encore parce qu'il avait fait une étude consciencieuse de la plupart des sources minérales des Pyrénées.

Aussitôt après avoir reçu la réponse du préfet, le maire convoqua le conseil municipal pour obtenir de lui l'autorisation de poursuivre les recherches relatives à la nature vraie des eaux de Massabieille. Sans toucher au côté religieux de la question, il exposa brièvement à l'assemblée l'intérêt qu'il y avait pour la ville à connaître d'une manière irréfragable la constitution chimique de ces mêmes eaux, et proposa M. Filhol comme étant le spécialiste le plus apte à donner entière satisfaction à cet égard. Le conseil ne fit aucune objection aux réflexions du maire, et prit, à l'unanimité des voix, la délibération suivante[1] :

« L'an mil huit cent cinquante-huit, et le trois juin, le conseil municipal de Lourdes s'est réuni au lieu ordinaire de ses séances, sous la présidence de M. Lacadé, maire.

« Étaient présents : MM. Normande et Capdevielle, adjoints, Claverie, Latapie, Cousté, Duprat, Dupont, Rouy, Rives, Labayles, Gesta, Lapeyre, Pagès.

[1] Copie extraite du registre des délibérations du conseil municipal de Lourdes (année 1858).

« M. le maire, après avoir ouvert la séance, a
exposé au conseil les faits suivants :

« On a découvert à Lourdes, sur la rive gauche
du Gave, une eau que l'on dit avoir des vertus curatives spéciales.

« Cette eau a été succinctement analysée par
M. Latour, chimiste distingué de ce département,
qui lui a reconnu des propriétés telles que la science
médicale pourrait *peut-être* la classer au nombre des
eaux qui font la richesse de ce pays.

« La ville a grand intérêt à connaître les principes
qui la constituent, ainsi que ses propriétés.

« Dans ces circonstances, je viens vous demander
l'autorisation de la soumettre de nouveau à une analyse.

« Le conseil, considérant que la proposition faite
par M. le maire doit être accueillie ;

« Considérant que l'analyse à laquelle M. Latour
s'est livré constate que l'eau de Massabieille paraît
avoir des principes minéraux ;

« Considérant qu'ayant déjà l'opinion de M. Latour,
l'intérêt bien entendu de la commune est de la faire
analyser par un autre chimiste, afin d'avoir l'opinion de deux hommes spéciaux :

« A délibéré que M. le maire était autorisé à faire
faire l'analyse de cette eau par M. Filhol, chimiste
à Toulouse, et à lui payer ses honoraires au moyen
des fonds libres du budget.

« N'ayant plus rien à soumettre au conseil, M. le
maire a levé la séance et les délibérants ont signé. »

(*Suivent les signatures.*)

Le maire écrivit donc à M. Filhol pour lui proposer l'analyse en question[1]. M. Filhol s'empressa de répondre qu'il acceptait, et bientôt il se mettait à l'œuvre.

La population ouvrière de la ville, absorbée à cette époque par la guerre entreprise contre les barrières, ne se préoccupa que médiocrement de la nouvelle décision de la science au sujet de l'eau de Massabieille. Elle avait vu Bernadette transfigurée ; elle avait vu des malades se relever guéris de la fontaine miraculeuse : cela lui suffisait pour asseoir son jugement.

Il n'en était pas de même dans le monde lettré, représenté à Lourdes par les membres du cercle du *Café Français*. Là, tous les esprits étaient inquiets et attendaient avec une impatience fébrile la réponse de M. Filhol.

Les croyants redoutaient, au cas où l'analyse donnerait des résultats défavorables, que les apparitions elles-mêmes ne fussent contestées et la foi ébranlée.

Les opposants n'étaient pas non plus entièrement rassurés sur les conséquences de la mesure provoquée par eux. Ils craignaient pour leur amour-propre et pour les projets qu'ils méditaient.

Les uns et les autres se confinèrent dans le silence, et pendant quelque temps ils firent trêve à leurs discussions irritantes. C'était le moment anxieux et recueilli qui précède le coup de foudre.

Le rapport de M. Filhol parut long à venir. Enfin, un certain jour, comme une traînée de poudre en feu, la nouvelle se répandit dans tous les quartiers de la ville que les conclusions du chimiste officiel étaient connues et que le surnaturel triomphait. Un

____

[1] Lettre n° 129, 16 juin 1858, mairie de Lourdes.

grand nombre de personnes accoururent à la mairie
pour s'assurer de l'exactitude du fait; puis, suivant l'opinion qu'elles avaient manifestée, elles
se retiraient, la figure rayonnante ou allongée. L'arrêt du laboratoire était précis : l'eau de la Grotte ne
renfermait que les éléments dont se compose l'eau
ordinaire; c'était tout simplement de l'eau bonne à
boire.

Voici comment s'exprimait l'éminent chimiste
dans son rapport :

« Je soussigné,........... certifie avoir analysé une
eau provenant d'une source qui a jailli près de
Lourdes. Il résulte de cette analyse que l'eau de la
Grotte de Lourdes a une composition telle qu'on
peut la considérer comme une eau potable, analogue
à la plupart de celles que l'on rencontre sur les
montagnes dont le sol est riche en calcaire.

« Les effets extraordinaires qu'on assure avoir
obtenus à la suite de l'emploi de cette eau ne peuvent
pas, au moins dans l'état actuel de la science, être
expliqués par la nature des sels qui entrent dans sa
composition. Cette eau ne renferme aucune substance capable de lui donner des propriétés théra-
peutiques marquées; elle peut être bue sans incon-
vénient. »

Après avoir exposé en détail les réactifs mis en
œuvre pour amener la décomposition de l'eau,
M. Filhol ajoutait :

« Il résulte des faits qui précèdent que l'eau analysée tient en dissolution :

« 1° De l'oxygène ;
« 2° De l'azote ;
« 3° De l'acide carbonique ;

« 4° Des carbonates de chaux, de magnésie et une trace de carbonate de fer ;

« 5° Un carbonate ou un silicate alcalin, des chlorures de potassium et de sodium ;

« 6° Des traces de sulfate de potasse et de soude ;

« 7° Des traces d'ammoniaque ;

« 8° Des traces d'iode.

« L'analyse quantitative de cette eau a été faite par les procédés ordinaires ; elle a donné les résultats suivants :

EAU, 1 kilogramme.

	milligr.
Acide carbonique	80
Oxygène	50
Azote	70
Ammoniaque (traces)	»
Carbonate de chaux	96
Carbonate de magnésie	12
Carbonate de fer (traces)	»
Carbonate de soude (traces)	»
Chlorure de sodium	8
Sulfate de soude et traces de silicate de potasse	18
Sulfate de potasse, de soude (traces)	»
Iode (traces)	»
Total	334

Toulouse, le 7 août 1858.

« *Signé* : FILHOL. »

* *

La déception fut grande dans le camp des adversaires du surnaturel en apprenant la décision suprême de la science. Nos braves philosophes

locaux, pris dans leurs propres filets, se sentaient
blessés au plus intime de leur âme. Ils ne pouvaient plus nier les guérisons de la Grotte, car ils
les avaient trop ouvertement reconnues, et, d'autre
part, ils ne savaient quel chemin s'ouvrir pour
échapper aux humiliations de la défaite. En stra-
tégistes peu sûrs de leur terrain, mais qui ne
veulent pas cependant abandonner le drapeau, ils
firent une dernière évolution et employèrent l'ar-
gutie à la place de l'argument. Ils disaient qu'il
n'était pas rare de constater des guérisons subites
sans que la cause en fût déterminée ; que, sous l'em-
pire d'une forte émotion, des paralytiques avaient
marché, des muets avaient recouvré la parole ; qu'enfin
tous les secrets de la nature n'étaient pas révélés, et
que ce qui s'offrait à nous aujourd'hui comme un
mystère pouvait devenir demain une vérité manifeste. Que n'eussent-ils pas dit s'ils avaient connu les
prodiges spécieux et charlatanesques qui s'accomplissent de nos jours dans nos écoles de thérapeu-
tique suggestive !

Les déclamations et les subterfuges sont des armes
depuis longtemps émoussées : la vérité les dédaigne.
Nos amis, qui avaient foi en la vertu surnaturelle des
eaux de Massabieille, ripostaient, non plus par des
théories en l'air, mais par des faits saisissables et
actuels. Ils plaçaient sous les yeux de leurs anta-
gonistes une foule de cas pathologiques, tels que
cancers, plaies béantes, ankyloses, membres défor-
més, maladies où l'imagination ne peut jouer aucun
rôle, et qui cependant avaient été guéries instantanément et d'une manière radicale à la Grotte, sous
l'action de ses eaux bienfaisantes ; ils les mettaient en
demeure d'avoir à expliquer ces sortes de phénomènes et de dire, une fois pour toutes, ce qu'ils en

pensaient. Nos obstinés contradicteurs revenaient à leurs digressions, battaient la campagne et semblaient prendre à tâche d'injurier le bon sens.

Les rares survivants de l'époque dont je parle, adversaires autrefois, sont aujourd'hui enrôlés, heureux croyants, sous la bannière de la Vierge Immaculée. Que de fois dans ces dernières années, venant de loin et me présentant à la Grotte, n'ai-je pas trouvé de nos anciens contradicteurs humblement agenouillés sur les dalles de la Grotte bénie? En me rapprochant d'eux, je leur faisais un signe d'intelligence, je leur indiquais la blanche Madone, et ce geste réveillait en nous tout un monde de souvenirs; dans une amicale entente, nous échangions un sourire significatif.

*
* *

Arrêté par le ministre dans sa campagne de procès-verbaux, et fixé désormais par un maître de la science sur l'innocuité de l'eau de Massabieille, le préfet de Tarbes, en bonne logique, aurait dû couper court à ses rigueurs contre la Grotte. Il ne le fit pas cependant, et si jusque-là on s'était plu à trouver une excuse aux mesures vexatoires qu'il avait provoquées, dans la droiture et la sincérité de ses convictions, il n'en fut plus de même dès qu'on s'aperçut qu'il agissait par caprice et par pur entêtement.

Deux motifs étaient invoqués dans son arrêté pour interdire l'accès de la Grotte : la crainte de voir la religion compromise et le souci de la santé publique.

Devant les déclarations formelles de la science, le baron Massy dut abdiquer ses inquiétudes sur l'hygiène publique; mais, par contre, ce point d'appui venant à lui manquer, il s'efforça de donner plus de couleur au prétexte du danger qui menaçait les croyances religieuses. Afin de justifier la persistance de son interdiction, il disait et faisait répéter partout qu'un culte illégal s'était établi à la Grotte et que ce culte était d'autant plus à réprimer qu'il mettait en honneur tout un système de mensonges et de superstitions.

À l'arrivée du rapport de M. Filhol, le préfet, craignant que ses ordres antérieurs ne fussent négligés, prescrivit au maire de Lourdes de ne rien modifier au régime de la Grotte, et notamment de maintenir les barrières et de les faire surveiller, en s'abstenant toutefois de dresser des procès-verbaux. Il s'ensuivit que la Grotte de Massabieille continua de rester fermée pendant deux longs mois, des premiers jours d'août au commencement d'octobre.

Le récit détaillé des tracasseries qui furent alors suscitées aux pèlerins serait fastidieux pour le lecteur. Je le lui épargne, et j'arrive tout de suite au dénouement de ces misérables querelles.

J'ai dit au cours de ce récit qu'un jour viendrait où Notre-Dame de Massabieille se présenterait au chef de l'État et l'amènerait à reconnaître ses lettres de créance. On était à la veille de ce jour-là.

Napoléon III, comme il le faisait tous les ans, s'était transporté à sa résidence particulière de Biarritz pour y passer la saison des bains de mer. Les habitants de Lourdes et des environs, las de l'arbitraire du préfet Massy et de la sujétion dans laquelle il les tenait, profitèrent du voisinage de l'empereur pour lui faire parvenir leurs doléances. Ils trouvèrent dans la contrée des hommes considérables qui voulurent bien s'employer à cette mission. Napoléon III parlait peu, mais il agissait promptement. A l'exposé des événements qui s'étaient produits à la Grotte de Lourdes, le souverain demeura impassible ; quand il apprit les chicanes absurdes soulevées par l'administration départementale, il fronça le sourcil, et, sans attendre la fin de l'audience, il sonna son secrétaire. En termes laconiques et secs, il lui donna ordre de télégraphier au préfet de Tarbes d'avoir à faire disparaître immédiatement les barrages qui obstruaient la Grotte de Lourdes et de ne plus s'immiscer à l'avenir dans l'affaire des apparitions.

Le 5 octobre, les barrières furent démolies par ceux qui les avaient élevées, et le placard suivant affiché sur les murs de la ville de Lourdes :

« Le Maire de la ville de Lourdes,

« Vu les instructions à lui adressées par l'autorité supérieure,

« Arrête :

« L'arrêté pris par lui le 8 juin 1858 est rapporté.
« Fait à Lourdes, en l'hôtel de la Mairie, le 5 octobre 1858.

« Le Maire : LACADÉ. »

Quelques semaines après, le *Moniteur officiel* publiait un décret en vertu duquel M. Massy, préfet de Tarbes, était transféré à Grenoble, et, à date rapprochée de ce décret, par décision ministérielle, M. Jacomet, commissaire de police à Lourdes, était nommé à Arles (Gard).

IX

VISITE INATTENDUE DE L'ÉVÊQUE DE MONTPELLIER. — SES
IMPRESSIONS A LOURDES. — COMMISSION CHARGÉE PAR
L'ÉVÊQUE DE TARBES D'ÉTUDIER LES FAITS DE LA GROTTE.
CLAMEURS DES JOURNAUX DE LA LIBRE PENSÉE. — TRA-
VAUX DE LA COMMISSION. — JUGEMENT DOCTRINAL RELATIF
AUX APPARITIONS DE LA VIERGE A MASSABIEILLE.

Une foule d'incidents avaient surgi, durant l'été
de 1858. Pour les exposer dans leur ordre chrono-
logique, je suis obligé de revenir en arrière.

Vers le milieu du mois de juillet, arrivait à Lourdes
un personnage éminent dont le savoir théologique
lui permettait de bien juger des choses surnaturelles. Cet homme était Mgr Thibaud, évêque de
Montpellier.

Se trouvant en traitement aux eaux de Cauterets, il
entendit beaucoup parler de la Grotte de Lourdes et
des prodiges qui s'y accomplissaient, mais les impressions qu'il avait recueillies étaient fort diverses.
Avant de rentrer dans son diocèse, il désira s'édifier,
par lui-même et sur les lieux, et reconnaître ce qu'il
y avait de fondé dans les mille bruits qui circulaient
au sujet des apparitions.

Un jour donc, sans autre avis préalable, il vint
frapper à la porte du presbytère de Lourdes. L'abbé
Peyramale se fit un plaisir de satisfaire sa légitime
curiosité. Après l'avoir entendu, l'évêque n'hésita
pas à convenir qu'il y avait de sérieuses raisons pour

croire que la Vierge était apparue à Massabieille. Sur le désir exprimé par le prélat, on fit appeler Bernadette.

L'air d'innocence de l'enfant, son regard modeste, son sourire virginal impressionnèrent vivement Mgr Thibaud. Il l'accueillit avec beaucoup d'égards, la fit asseoir près de lui, et après lui avoir adressé quelques paroles pleines de bienveillance il la pria de lui faire le récit des faveurs dont elle avait été l'objet.

Pendant que Bernadette parlait, le prélat, la tête penchée en avant, écoutait avec une avide attention et ne changeait d'attitude que pour essuyer des larmes involontaires qui coulaient de ses yeux.

Quand la petite fille eut terminé sa narration, l'évêque était entièrement convaincu de la réalité des apparitions de la sainte Vierge à Lourdes. Il retint néanmoins encore longtemps Bernadette, et, lorsque le moment fut venu de la congédier, il lui donna sa bénédiction avec un accent qui trahissait l'émotion et le respect.

Après le départ de l'enfant, Mgr Thibaud se tourna vers le curé et les vicaires présents à l'entretien, et leur dit :

« Si le récit de cette enfant n'est pas vrai, on peut révoquer en doute tout ce que notre entendement nous propose de croire. Quoi! une pauvre paysanne sans culture intellectuelle, une créature simple et naïve comme une fleur des champs, viendrait nous débiter un poème à mettre en défaut les imaginations les mieux douées? Non, cela n'est pas possible, et ce que la jeune fille raconte, elle l'a vu, elle l'a entendu. »

La pieuse curiosité de Mgr Thibaud n'était pas encore satisfaite. Avant de quitter Lourdes, il voulut connaître le sentiment de diverses personnes qui avaient assisté aux extases de Bernadette. Je fus appelé, et j'eus l'honneur de témoigner devant lui; il me retint près de deux heures. J'étais encore dans le feu de mon premier enthousiasme, et, après avoir longuement parlé, je terminai mes récits par les paroles suivantes :

« Monseigneur, j'ai vu sur les grands théâtres des actrices célèbres; elles n'étaient que des statues grimaçantes à côté de Bernadette. Elles traduisaient, en se torturant, les passions de la terre; mais l'extatique, comme un ange, reflétait délicieusement, à la Grotte, les vertus et les béatitudes des demeures éternelles.

—C'est cela! c'est cela! s'écriait l'évêque. D'autres, monsieur, m'ont parlé comme vous. Qu'y a-t-il d'étonnant? La voyante n'avait-elle pas sous les yeux la Vierge sans tache qui fait l'admiration des phalanges célestes? »

Mgr Thibaud, autant que je pus le juger, était d'une nature ardente et expansive. Au salon de l'hôtel où il m'avait reçu et où se trouvaient plusieurs prêtres, il se promenait à grands pas et ne cessait de répéter :

« Eh! que fait donc Mgr Laurence sur son siège épiscopal de Tarbes? Que signifie l'inaction dans laquelle il se renferme? Je comprends la réserve du premier moment; mais aujourd'hui que les faits sont notoires, que tarde-t-il à les reconnaître, ou du moins à les étudier? Est-ce qu'il a peur d'un préfet? Est-ce qu'il craint les ricanements d'une presse idiote et abâtardie? Est-ce qu'il suppose que tout le monde est halluciné à Lourdes? Je n'avais pas l'intention de m'arrêter à Tarbes; ma conscience d'évêque m'en fait aujourd'hui un devoir. Si monseigneur l'évêque de

Tarbes hésite encore à croire aux apparitions de la Grotte, je lui dirai de venir ici et de faire ce que j'ai fait. Je le défie de se retirer incroyant. »

Mgr Thibaud donna-t-il suite à son projet de faire visite à l'évêque de Tarbes? je l'ignore; ce qu'il y a de certain, c'est que, peu de jours après le passage de l'évêque de Montpellier, — pour préciser, c'était le dimanche qui suivit le 28 juillet, — Mgr Laurence faisait publier dans toutes les églises de son diocèse une ordonnance, en vertu de laquelle une commission ecclésiastique était nommée afin de constater l'authenticité et la nature des faits qui s'étaient accomplis à la Grotte de Lourdes.

Ce document est trop remarquable pour que je ne le reproduise pas ici.

Ordonnance de Mgr l'Évêque de Tarbes, nommant une commission chargée de constater l'authenticité et la nature des faits qui se sont produits, depuis environ six mois, à l'occasion d'une apparition, vraie ou prétendue, de la très sainte Vierge dans une Grotte, sise à l'ouest de la ville de Lourdes.

BERTRAND-SÉVÈRE LAURENCE, par la miséricorde divine et la grâce du Saint-Siège apostolique, évêque de Tarbes ;

« *Au Clergé et aux Fidèles de notre diocèse, salut et bénédiction en Notre-Seigneur Jésus-Christ.*

« Des faits d'une haute gravité, se rattachant à la religion, qui remuent le diocèse et retentissent au loin, se sont passés à Lourdes depuis le 11 février dernier.

« Bernadette Soubirous, jeune fille de Lourdes âgée de quatorze ans, aurait eu des visions dans la

Grotte de Massabieille, située à l'ouest de cette ville ;
la Vierge Immaculée lui aurait apparu ; une fontaine
y aurait surgi. L'eau de cette fontaine, prise en boisson ou en lotion, aurait opéré un grand nombre de
guérisons ; ces guérisons seraient réputées miraculeuses. Des gens en foule sont venus et viennent
encore, soit de notre diocèse, soit des diocèses voisins,
demander à cette eau la guérison de leurs maux
divers, en invoquant la Vierge Immaculée.

« L'autorité civile s'en est émue.

« De toutes parts, et dès le mois de mars dernier,
on demande que l'autorité ecclésiastique s'explique
sur ce pèlerinage improvisé.

« Nous avons cru que l'heure n'était pas venue de
nous occuper utilement de cette affaire ; que, pour
asseoir le jugement qu'on attend de nous, il faut
procéder avec une sage lenteur, se défier de l'entraînement des premiers jours, laisser calmer les
esprits, donner le temps à la réflexion et demander
des lumières à une observation attentive et éclairée.

« Trois classes de personnes font appel à notre
décision, mais dans des vues différentes.

« Ce sont d'abord celles qui, se refusant à tout
examen, ne voient dans les faits de la Grotte et dans
les guérisons attribuées à l'eau de la Fontaine
que superstition, jongleries et moyens de faire des
dupes.

« Il est évident que nous ne pouvons être de leur
avis à priori et sans un sérieux examen ; leurs journaux ont d'abord crié, et bien haut, à la superstition,
à la supercherie, à la mauvaise foi ; ils ont affirmé
que les faits de la Grotte avaient leur raison d'être
dans un intérêt sordide, une cupidité coupable, et
ont ainsi blessé le sens moral de nos populations
chrétiennes. Le parti de tout nier, d'accuser les

intentions est le plus facile pour trancher les difficultés, nous en convenons; mais, outre qu'il est peu loyal, il est déraisonnable et plus propre à irriter les esprits qu'à les convaincre.

« Nier la possibilité des faits surnaturels, c'est suivre une école surannée, c'est abjurer la religion chrétienne et se traîner dans l'ornière de la philosophie incrédule du siècle dernier.

« Nous ne pouvons, nous catholiques, ni prendre conseil, dans cette circonstance, auprès des personnes qui dénient à Dieu le pouvoir de faire des exceptions aux lois générales qu'il a établies pour gouverner le monde, l'ouvrage de ses mains, ni entrer en discussion avec elles pour arriver à connaître si tel ou tel fait est surnaturel, attendu que, d'avance, elles proclament que le surnaturel est impossible.

« Est-ce à dire que nous repoussons, sur les faits dont il s'agit, une discussion large, sincère, consciencieuse, éclairée par la science et ses progrès? Non, certes; nous l'appelons, au contraire, de tous nos vœux. Nous voulons que ces faits soient d'abord soumis aux règles sévères de la certitude qu'admet une saine philosophie; qu'ensuite, pour décider si ces faits sont surnaturels et divins, on appelle à la discussion de ces graves et difficiles questions des hommes spéciaux et versés dans les sciences de la théologie mystique, de la médecine, de la physique, de la chimie, de la géologie, etc., etc.; enfin, que la science soit entendue et qu'elle prononce. Nous désirons avant tout que pour arriver à la vérité aucun moyen ne soit omis.

« Il est une autre classe de personnes qui n'approuvent ni ne blâment les faits que l'on raconte, mais qui suspendent leur jugement. Avant de se prononcer, elles désirent connaître la décision de l'autorité compétente et la sollicitent de tous leurs vœux.

« Il est enfin une troisième classe très nombreuse, qui a déjà, sur les faits qui nous occupent, des convictions acquises, quoique prématurées. Elle attend avec une vive impatience que l'évêque diocésain prononce en premier ressort sur cette grave affaire.

« C'est donc pour éclairer la religion et la piété de tant de milliers de fidèles, pour répondre à un besoin public, finir les incertitudes et calmer les esprits, que nous cédons aujourd'hui aux instances qui se renouvellent depuis longtemps de toutes parts : nous appelons la lumière sur des faits qui intéressent au plus haut degré les fidèles, le culte de Marie, la religion elle-même. Nous avons résolu, à cet effet, d'instituer dans le diocèse une commission permanente pour recueillir et constater les faits qui se sont passés ou qui pourraient se produire encore dans la Grotte de Lourdes ou à son occasion, pour nous les signaler, nous en faire connaître le caractère, et nous fournir ainsi les éléments indispensables afin d'arriver à une solution.

« A CES CAUSES,

« LE SAINT NOM DE DIEU INVOQUÉ

« NOUS AVONS ORDONNÉ ET ORDONNONS CE QUI SUIT :

« ART. Ier. — Une Commission est instituée dans le diocèse de Tarbes à l'effet de rechercher :

« Si des guérisons ont été opérées par l'usage de l'eau de la Grotte de Lourdes, soit en boisson, soit en lotions, et si ces guérisons peuvent s'expliquer naturellement, ou si elles doivent être attribuées à une cause surnaturelle ;

« Si les visions que prétend avoir eues, dans la Grotte, l'enfant Bernadette Soubirous, sont réelles, et, dans ce cas, si elles peuvent s'expliquer naturellement, ou si elles revêtent un caractère surnaturel et divin ;

« Si l'objet apparu a fait des demandes, manifesté des intentions à cette enfant ; si celle-ci a été chargée de les communiquer, à qui, et quelles seraient les demandes ou intentions manifestées ;

« Si la fontaine qui coule aujourd'hui dans la Grotte existait avant la vision que Bernadette Soubirous prétend avoir eue.

« ART. II. — La Commission ne nous présentera que des faits établis sur des preuves solides ; elle nous adressera sur ces faits des rapports circonstanciés contenant son avis.

« ART. III. — MM. les doyens du diocèse seront les principaux correspondants de la Commission. Ils sont priés de lui signaler : les faits qui se seront produits dans leurs doyennés respectifs ;

« Les personnes qui pourraient rendre témoignage de l'existence de ces faits ;

« Celles qui, par leur science, pourraient éclairer la Commission ;

« Les médecins qui auraient soigné les malades avant leur guérison.

« ART. IV. — Après renseignements pris, la Commission pourra faire procéder à des enquêtes. Les témoignages seront reçus sous la foi du serment. Lorsque les enquêtes se feront sur les lieux, deux membres au moins de la Commission s'y transporteront.

« **ART. V.**.— **Nous recommandons avec instance à**

la Commission d'appeler souvent dans son sein des hommes versés dans les sciences de la médecine, de la physique, de la chimie, de la géologie, etc., afin de les entendre discuter les difficultés qui pourraient être de leur ressort à certains points de vue et de connaître leur avis. La Commission ne doit rien négliger pour s'entourer de lumières et arriver à la vérité, quelle qu'elle soit.

« ART. VI. — La Commission se compose des neuf membres du chapitre de notre cathédrale, des supérieurs de nos grand et petit séminaires, du supérieur des Missionnaires du diocèse, du curé de Lourdes et des professeurs de dogme, de morale et de physique de notre séminaire. Le professeur de chimie de notre petit séminaire sera souvent entendu.

« ART. VII. — M. Nogaro, chanoine-archiprêtre, est nommé président de la Commission. MM. les chanoines Tabariés et Soulé sont nommés vice-présidents. La Commission nommera un secrétaire et deux vice-secrétaires pris dans son sein.

« ART. VIII. — La Commission commencera ses travaux immédiatement et se réunira aussi souvent qu'elle le jugera nécessaire.

« Donné à Tarbes, dans notre palais épiscopal, sous notre seing, notre sceau et le contreseing de notre secrétaire, le 28 juillet 1858.

« *Signé :* † BERTRAND-SÉVÈRE, *év. de Tarbes.*

« Par mandement :

« FOURCADE, *chanoine-secrétaire.* »

En lisant ce document, on ne peut s'empêcher d'admirer l'esprit de franchise et de sagesse qui en caractérise le fond. Ici, pas de détours, pas de mys-

tère, pas de tempéraments; tout devait se faire au
grand jour par les règles de la saine raison, et l'on
sent que l'évêque n'avait d'autre souci que celui de
connaître la vérité quelle qu'elle fût. Il confia l'étude
du grand problème qui l'occupait à des hommes
dont le savoir théologique et la maturité de l'âge
répondaient de la sûreté du jugement qui serait
porté. Après avoir écarté de l'enquête les pseudo-
philosophes qui nient non seulement le miracle,
mais encore la possibilité du miracle, il prescrivit
au comité qu'il venait de créer de s'entourer de vrais
savants, de tenir compte de leurs observations et,
selon l'occurrence, d'opposer leur opinion aux cré-
dulités du vulgaire et aux révoltes des esprits indé-
pendants. Enfin, pour assurer la sincérité des témoignages, il fit intervenir la religion et recommanda
de n'accepter les déclarations concernant la Grotte
que sous la foi et les responsabilités du serment.
Quand ces diverses précautions furent prises, — la
sollicitude humaine ne pouvait aller au delà, —
l'évêque se renferma dans son oratoire et pria Dieu,
qui est la source de toute lumière, de vouloir éclairer la commission et de la conduire sur le chemin
de la vérité.

* *

A la publication de l'Ordonnance épiscopale, les
journaux de la libre pensée, soit à Paris, soit en
province, entreprirent une nouvelle levée de boucliers en criant au scandale et à l'abomination. Selon
leur doctrine, la décision de l'évêque était anticon-
cordataire, offensante pour la raison et propre à
réveiller les discussions religieuses des anciens
temps. A tout le moins, le prélat devait être pour-
suivi comme d'abus et chassé de son diocèse. .

Deux journaux de la capitale, *l'Univers* et *l'Union,* défendaient seuls l'évêque de Tarbes, et, sans se prononcer encore sur le cas actuel de Lourdes, ils soutenaient avec énergie les principes et les enseignements de l'Église en matière de miracles. Louis Veuillot, en particulier, écrasait de sa logique irrésistible tous les fétichistes des lois générales et immuables. En les combattant, il laissait échapper les mots les plus heureux et les plus piquants. Un jour, à l'adresse du *Siècle,* il commençait ainsi un article de fond : « *Le Siècle,* qui a pris, ce matin, à son service un théologien de louage...; » ce mot de *théologien de louage* ne pouvait être trouvé que par lui. Dans une autre circonstance, le rédacteur en chef de *la Presse,* M. Guéroult, terminait une diatribe contre les miracles par ces paroles : « Si on m'assurait qu'un fait surnaturel, fût-il des plus frappants, s'accomplit, à l'heure même, à côté de chez moi, sur la place de la Concorde, je ne me détournerais pas pour l'aller voir. » Et Louis Veuillot de répondre : « Si l'on annonçait à M. Guéroult qu'au nom du Christ un grand miracle s'accomplit sur la place de la Concorde, il n'irait pas. Il ferait bien, puisqu'il tient à demeurer incrédule ; devant un tel spectacle, il ne serait pas assuré de trouver une explication physique qui le dispensât d'aller se confesser. »

Enfin, cette bruyante tempête s'apaisa comme les précédentes, c'est-à-dire sans grand dommage pour la Grotte et pour la tranquillité de l'évêque de Tarbes.

* *

Bien que constituée depuis les derniers jours de juillet, la commission d'enquête ne commença ses

travaux que dans la troisième semaine de novembre.
La Grotte ayant continué à demeurer fermée jusqu'au mois d'octobre, les délégués de l'évêque ne voulurent pas enfreindre les ordres du préfet et se firent un devoir de n'apparaître à Massabieille que lorsque les barrières furent enlevées. A la date dont je viens de parler, alors que les causes de conflit étaient dissipées et que le calme était revenu dans les esprits, les principaux membres du chapitre de Tarbes vinrent à Lourdes et y procédèrent à leurs premières investigations.

Après la messe du Saint-Esprit, dite dans l'église de la paroisse, ils firent appeler Bernadette et, en présence du public, ils la soumirent à un long et minutieux interrogatoire. L'enfant, dans ses réponses, se montra telle qu'elle avait toujours été, c'est-à-dire simple, claire, précise, convaincue. Elle fit avec émotion le portrait de la Dame céleste, raconta jusqu'aux moindres détails les phases diverses des apparitions et traduisit particulièrement avec une grâce inexprimable la scène où la Vierge s'était révélée à elle sous le nom de l'Immaculée Conception. Lorsque le président de la commission lui demanda si, en son âme et conscience, elle pouvait affirmer avec serment la vérité de ses déclarations, Bernadette parut se recueillir un instant; puis, avec une gravité qui frappa les assistants, elle leva la main et répondit : « Je le jure. »

Dès cette première épreuve, le comité d'enquête inclinait à croire que non seulement Bernadette ne trompait pas, mais qu'elle ne s'était pas trompée. Poursuivant néanmoins le cours de ses investigations, il se rendit à la Grotte miraculeuse, pour en examiner la structure et les divers effets d'optique. Un moment, il s'était demandé si quelque forme fantastique ou quelque faux jeu de lumière n'avait pas pu exercer une fascination quelconque sur le regard de l'enfant. Après avoir exploré les lieux et fait des expériences de toutes sortes, il fallut abandonner cette hypothèse et reconnaître que rien, dans la Grotte, ne se prêtait à de pareilles illusions.

Bernadette était là. On la pria d'indiquer le point précis de la niche où la Dame mystérieuse lui avait apparu, la place d'où elle l'avait aperçue pour la première fois et enfin les divers mouvements qu'elle avait exécutés pour découvrir la « fontaine ». L'enfant montra ici tant de précision et de simplicité que, en voyant le parfait accord qui existait entre ce qu'elle avait raconté et ce qu'elle montrait, il était impossible de ne pas se rendre à l'évidence.

A cette occasion aussi, un grand nombre de personnes furent entendues par la commission au sujet de l'existence, plus ou moins plausible, de la fontaine miraculeuse. A cet égard, comme je l'ai dit précédemment, les dépositions des témoins se partagèrent. Beaucoup de pêcheurs à la ligne, des ouvriers qui avaient travaillé sur les bords du Gave, déclaraient qu'en temps de pluie ils étaient venus s'abriter dans la Grotte, et que jamais ils n'y avaient aperçu de source d'aucune sorte. Des pâtres, des fermiers voisins assuraient, au contraire, l'avoir vue couler en d'autres circonstances, à des époques anciennes. Tous cependant étaient unanimes à reconnaître qu'au début des apparitions la source ne se montrait pas, et que son jaillissement subit sous les doigts d'une enfant constituait évidemment un fait en dehors des lois ordinaires de la nature[1].

Au cours de cette même journée, plusieurs per-

---

[1] **Voir à la fin du volume, l'étude de M. l'abbé Richard.**

sonnes de Lourdes, guéries miraculeusement à la Grotte, furent appelées au presbytère pour témoigner par leur présence sur leur état nouveau, et raconter les circonstances dans lesquelles elles avaient recouvré la santé. M. Dozous, médecin de la localité, qui avait soigné la plupart de ces personnes durant la période de leur maladie, vint apporter au jury ecclésiastique l'attestation des prodiges qui s'étaient produits, et reconnaître que la médecine se trouvait impuissante à en donner une explication scientifique. En quittant Lourdes, les membres de la commission emportaient la conviction que le doigt de Dieu s'était montré à la Grotte.

Ce ne fut pas seulement à Lourdes que la délégation épiscopale porta ses investigations. Elle se rendit sur tous les points de la contrée où, par l'usage de l'eau de Massabieille, des guérisons surnaturelles avaient été obtenues. Tout ce que la sagesse humaine peut inspirer de précautions fut mis en œuvre dans cette seconde mission pour arriver à la connaissance complète et rigoureuse de la vérité. Afin de se prémunir contre les surprises de la mauvaise foi ou les entraînements d'un faux zèle religieux, les enquêteurs, avant d'entreprendre l'instruction des guérisons elles-mêmes, prenaient des renseignements aux sources les plus sûres sur la moralité, les habitudes et la trempe d'esprit des personnes guéries. Ils demandaient si les maladies dont elles se trouvaient précédemment atteintes étaient notoirement connues, et si le retour à la santé s'était produit en présence de témoins et sous l'action immédiate de l'eau de la Grotte de Lourdes. Lorsque ces informations préliminaires avaient donné un résultat satisfaisant, ils se transportaient aux domiciles où la Vierge s'était plu à répandre ses faveurs.

Les interrogatoires se faisaient toujours en présence des médecins respectifs qui avaient soigné les malades, et si les hommes de la science, sans parti pris, émettaient quelque doute sur le caractère surnaturel des guérisons, celles-ci étaient rigoureusement écartées.

Les travaux de la commission se prolongèrent pendant quatre ans. La moisson des faits miraculeux recueillis fut riche et variée ; et cependant, comme on ne pouvait éterniser l'enquête, il fallut abandonner l'examen d'un grand nombre de guérisons où la puissance de la Vierge s'était manifestée. Les délégués de l'autorité épiscopale allèrent en corps, et avec la solennité que comportaient les circonstances, faire connaître à Mgr Laurence le résultat de leurs patientes et laborieuses observations. Les cures merveilleuses consignées dans leurs rapports étaient non seulement frappantes et reconnues telles par la science médicale, mais de plus elles avaient reçu, pour la plupart, le sceau que le temps imprime à tout ce qui est durable. En déposant leur mandat, les membres de la commission purent dire à leur évêque, avec une petite variante des lieux, ce que Jésus-Christ avait dit aux disciples de Jean : « A la piscine de Lourdes, les boiteux marchent, les sourds entendent et les muets retrouvent la parole. »

Enfin, le 18 janvier 1862, parut le *Mandement de Mgr l'évêque de Tarbes, portant jugement sur l'apparition qui a eu lieu à la Grotte de Lourdes.*

En quelques lignes, le prélat établissait d'abord le fait des apparitions divines sous les deux Testaments, signalait, dans l'histoire de l'Église, les apparitions de la sainte Vierge et rapportait, en substance, le récit de l'apparition de la Grotte de

Lourdes. Puis, posant la nécessité de lentes études pour l'appréciation des faits surnaturels, il développait, dans une discussion ample, lumineuse et irréfutable, les motifs de son jugement. Et il ajoutait :

« L'événement dont nous vous entretenons est, depuis quatre années, l'objet de notre sollicitude ; nous l'avons suivi dans ses phases différentes ; nous nous sommes inspiré auprès de la commission composée de prêtres pieux, instruits, expérimentés, qui ont interrogé l'enfant, étudié les faits, tout examiné, tout pesé. Nous avons aussi invoqué l'autorité de la science, et nous sommes demeuré convaincu que l'apparition est surnaturelle et divine, et que, par conséquent, ce que Bernadette a vu, c'est la très sainte Vierge. Notre conviction s'est formée sur le témoignage de Bernadette, mais surtout d'après les faits qui se sont produits et qui ne peuvent être expliqués que par une intervention divine.

« Le témoignage de la jeune fille présente toutes les garanties que nous pouvons désirer. Et d'abord, sa sincérité ne saurait être mise en doute. Qui n'admire, en l'approchant, la simplicité, la candeur, la modestie de cette enfant ? Pendant que tout le monde s'entretient des merveilles qui lui ont été révélées, seule elle garde le silence ; elle ne parle que quand on l'interroge ; alors elle raconte sans affectation, avec une ingénuité touchante, et aux nombreuses questions qu'on lui adresse elle fait, sans hésiter, des réponses nettes, précises, pleines d'à-propos, empreintes d'une forte conviction. Soumise à de rudes épreuves, elle n'a jamais été ébranlée par les menaces ; aux offres les plus généreuses, elle a répondu par un noble désintéressement. Toujours d'accord avec elle-même, elle a, dans les différents interrogatoires qu'on lui a fait subir, constamment maintenu ce qu'elle avait déjà dit sans y rien ajouter, sans en rien retrancher. La sincérité de Bernadette est donc incontestable. Ajoutons qu'elle est incontestée. Ses contradicteurs, quand elle en a eu, lui ont eux-mêmes rendu cet hommage.

« Mais, si Bernadette n'a pas voulu tromper, ne s'est-elle pas trompée elle-même? N'a-t-elle pas cru voir et entendre ce qu'elle n'a point vu ni entendu? N'a-t-elle pas été victime d'une hallucination? — Comment pourrions-nous le croire? La sagesse de ses réponses révèle dans cette enfant un esprit droit, une imagination calme, un bon sens au-dessus de son âge. Le sentiment religieux n'a jamais présenté en elle un caractère d'exaltation; on n'a constaté dans la jeune fille ni désordre intellectuel, ni altération de sens, ni bizarrerie de caractère, ni affection morbide qui ait pu la disposer à des créations imaginaires. Elle a vu d'abord subitement, alors que rien ne pouvait la préparer à l'événement qui s'est accompli; et durant la quinzaine, lorsqu'elle s'attendait à voir tous les jours, elle n'a rien vu pendant deux jours, quoiqu'elle se trouvât dans le même milieu et dans des circonstances identiques. Et puis, que se passait-il pendant les apparitions? Il s'opérait une transformation dans Bernadette : sa physionomie prenait une expression nouvelle, son regard s'enflammait, elle voyait des choses qu'elle n'avait jamais vues, jamais entendues, dont elle ne comprenait pas toujours le sens, et dont cependant elle conservait le souvenir. Ces circonstances réunies ne permettent pas de croire à une hallucination; la jeune fille a donc réellement vu et entendu un être se disant l'Immaculée Conception; et ce phénomène ne pouvant s'expliquer naturellement, nous sommes fondé à croire que l'apparition est surnaturelle.

« Le témoignage de Bernadette, déjà important par lui-même, emprunte une force toute nouvelle, nous dirons même son complément, des faits merveilleux qui se sont accomplis depuis le premier événement. Si l'on doit juger l'arbre par ses fruits, nous pouvons dire que l'apparition racontée par la jeune fille est surnaturelle et divine, car elle a produit des effets surnaturels et divins. Que s'est-il passé, Nos Très Chers Frères? L'apparition était à peine connue, que la nouvelle s'en répandit avec la rapidité de l'éclair; on savait que Bernadette devait aller pendant quinze jours à la Grotte, et voilà que toute la contrée s'ébranle; des flots de peuple se précipitent vers le lieu de l'apparition; on attend avec une religieuse impatience l'heure solennelle; et pendant que la jeune fille, ravie, hors d'elle-même, est absorbée par l'objet qu'elle contemple, les témoins de ce prodige, émus, attendris, se confondent dans un même sentiment d'admiration et de prière.

« Les apparitions ont cessé, mais le concours continue; les pèlerins venus des contrées lointaines comme des pays voisins accourent à la Grotte, on voit s'y presser tous les âges, tous les rangs, toutes les conditions. Et quel est le sentiment qui pousse ces nombreux visiteurs? Ah! ils viennent à la Grotte pour prier et demander quelque faveur à l'Immaculée Marie. Ils prouvent, par leur attitude recueillie, qu'ils sentent comme un souffle divin qui anime ce rocher devenu à jamais célèbre. Des âmes déjà chrétiennes se sont fortifiées dans la vertu; des hommes glacés par l'indifférence ont été ramenés aux pratiques de la religion; des pécheurs obstinés se sont réconciliés avec Dieu, après qu'on a **eu** invoqué en leur faveur Notre-Dame de Lourdes. Ces merveilles de la grâce, qui portent un caractère d'universalité et de durée, ne peuvent avoir que Dieu pour auteur. Ne viennent-elles pas, par conséquent, confirmer la vérité de l'apparition?

« Si des effets produits pour le bien des âmes nous passons à ceux qui concernent la santé des corps, que de nouveaux prodiges n'avons-nous pas à raconter? On avait vu Bernadette boire et se laver dans le lieu désigné par l'Apparition, et cette circonstance avait éveillé l'attention publique. On se demandait si ce n'était pas l'indication d'une vertu surnaturelle descendue sur la fontaine de Massabieille. Dans cette pensée, des malades essayèrent de l'eau de la Grotte, et ce ne fut pas sans succès; plusieurs, dont les infirmités avaient résisté aux traitements les plus énergiques, recouvrèrent subitement la santé. Ces guérisons extraordinaires eurent un immense retentissement; le bruit s'en répandit bientôt au loin.

« Des malades de tous les pays demandaient de l'eau de Massabieille, quand ils ne pouvaient pas se transporter eux-mêmes à la Grotte. Que d'infirmes guéris! que de familles consolées!... Si nous voulions invoquer leur témoignage, des voix innombrables s'élèveraient pour proclamer, avec l'accent de la reconnaissance, l'efficacité souveraine de l'eau de la Grotte. Nous ne pouvons faire ici l'énumération de toutes les faveurs obtenues; mais ce que nous pouvons dire, c'est que l'eau de Massabieille a guéri des malades abandonnés et déclarés incurables. Ces guérisons ont été opérées par l'emploi **d'une eau privée de toute qualité naturelle curative, au rapport d'habiles chimistes qui en ont fait** une rigoureuse analyse. Elles ont été opérées, les unes instantanément, les autres après l'usage de cette eau deux ou trois fois répété, soit en boisson, soit en lotion. En outre, ces guérisons sont permanentes. Quelle est la puissance qui les a produites? Est-ce la puissance de l'organisme? La science, consultée à ce sujet, a répondu négativement. Ces guérisons sont donc l'œuvre de Dieu. Or, elles se rapportent à l'apparition; c'est elle qui en est le point de départ; c'est elle qui a inspiré la confiance aux malades; il y a donc une liaison étroite entre les guérisons et l'apparition; l'apparition est divine, puisque les guérisons portent un cachet divin. Mais ce qui vient de Dieu est vérité; par conséquent, l'apparition se disant l'Immaculée Conception, ce que Bernadette a vu et entendu, c'est la très sainte Vierge! Écrions-nous donc : le doigt de Dieu est ici! *Digitus Dei est hic!*

« Comment ne pas admirer, Nos Très Chers Frères, l'économie de la Providence? A la fin de l'année 1854, l'immortel Pie IX proclamait le dogme de l'Immaculée Conception. Les échos portèrent jusqu'aux extrémités de la terre les paroles du Pontife; les cœurs catholiques tressaillirent d'allégresse, et partout on célébra le glorieux privilège de Marie par des fêtes dont le souvenir restera à jamais gravé dans notre mémoire. Et voilà qu'environ trois ans après la sainte Vierge, apparaissant à une enfant, lui dit : *Je suis* L'IMMACULÉE CONCEPTION... *Je veux qu'on élève ici une chapelle en mon honneur.* Ne semble-t-elle pas vouloir consacrer par un monument l'oracle infaillible du successeur de saint Pierre?

« Et où veut-elle que ce monument soit érigé? C'est au pied de nos montagnes pyrénéennes, contrée où se réunissent les nombreux étrangers qui, de toutes les parties du monde, viennent demander la santé à nos eaux thermales. Ne dirait-on pas qu'elle convie les fidèles de toutes les nations à venir l'honorer dans le nouveau temple qui lui sera bâti?

« Habitants de la ville de Lourdes, réjouissez-vous, l'auguste Marie daigne abaisser sur vous ses regards miséricordieux. Elle veut qu'à côté de votre cité on lui élève un sanctuaire où elle répandra ses bienfaits. Remerciez-la de ce témoignage de prédilection qu'elle vous donne; et puisqu'elle vous prodigue ses tendresses de mère, montrez-vous ses enfants dévoués par l'imitation de ses vertus et votre attachement inébranlable à la religion.

« Du reste, nous aimons à le reconnaître, l'apparition a déjà porté parmi vous des fruits abondants de salut. Témoins oculaires des événements de la Grotte et de ses beaux résultats, votre confiance a été grande, comme a été forte votre conviction. Nous avons admiré votre prudence, votre docilité à suivre nos conseils de soumission à l'autorité civile, lorsque, pendant quelques semaines, vous avez dû cesser vos visites à la Grotte et refouler dans vos cœurs les sentiments que vous avait inspirés le spectacle qui avait si vivement frappé vos yeux pendant la quinzaine des apparitions.

« Et vous tous, nos bien-aimés diocésains, ouvrez vos cœurs à l'espérance; une ère nouvelle de grâces commence pour vous : vous êtes tous appelés à recueillir votre part des bénédictions qui nous sont promises. Dans vos supplications et dans vos cantiques, vous mêlerez désormais le nom de Notre-Dame de Lourdes aux noms bénis de Notre-Dame de Garaison, de Poueylaün, de Héas et de Piétat.

« Du haut de ces sanctuaires sacrés, la Vierge Immaculée veillera sur vous et vous couvrira de sa protection tutélaire. Oui, Nos Très Chers Collaborateurs et Nos Très Chers Frères, si, le cœur plein de confiance, nous tenons les yeux fixés sur cette étoile de la mer, nous traverserons, sans crainte de naufrage, les tempêtes de la vie, et nous arriverons sains et saufs au port de l'éternel bonheur.

« A ces causes,

« Après en avoir conféré avec Nos Vénérables Frères les Dignitaires, Chanoines et Chapitre de Notre Église cathédrale,

« Le Saint Nom de Dieu invoqué :

« Nous fondant sur les règles sagement tracées par Benoît XIV dans son ouvrage de la Béatification et de la Canonisation des Saints pour le discernement des apparitions vraies ou fausses;

« Vu le rapport favorable qui nous a été présenté par la Commission chargée d'informer sur l'apparition à la Grotte de Lourdes et sur les faits qui s'y rattachent;

« Vu le témoignage écrit des docteurs médecins que nous avons consultés au sujet de nombreuses guérisons obtenues à la suite de l'emploi de l'eau de la Grotte;

« Considérant d'abord que le fait de l'apparition envisagé, soit dans la jeune fille qui l'a rapporté, soit surtout dans les effets extraordinaires qu'il a produits, ne saurait être expliqué que par l'intervention d'une cause surnaturelle;

« Considérant, en second lieu, que cette cause ne peut être que divine, puisque les effets produits étant, les uns, des signes sensibles de la grâce, comme la conversion des pécheurs; les autres, des dérogations aux lois de la nature, comme les guérisons miraculeuses, ne peuvent être rapportés qu'à l'Auteur de la grâce et au Maître de la nature;

« Considérant enfin que notre conviction est fortifiée par le concours immense et spontané des fidèles à la Grotte, concours qui n'a point cessé depuis les premières apparitions et dont le but est de demander des faveurs ou de rendre grâces pour celles déjà obtenues :

« Pour répondre à la légitime impatience de notre vénérable Chapitre, du clergé, des laïques de notre diocèse et de tant d'âmes pieuses qui réclament depuis longtemps de l'autorité ecclésiastique une décision que des motifs de prudence nous ont fait retarder;

« Voulant aussi satisfaire aux vœux de plusieurs de nos collègues dans l'épiscopat et d'un grand nombre de personnages distingués, étrangers au diocèse;

« Après avoir invoqué les lumières du Saint-Esprit et l'assistance de la sainte Vierge;

« Avons déclaré et déclarons ce qui suit :

« ART. 1er. — Nous jugeons que l'Immaculée Marie, Mère de Dieu, a réellement apparu à Bernadette Soubirous, le 11 février 1858 et jours suivants, au nombre de dix-huit fois, dans la Grotte de Massabieille, près de la ville de Lourdes; que cette apparition revêt tous les caractères de la vérité et que tous les fidèles sont fondés à la croire certaine. Nous soumettons humblement notre jugement au jugement du Souverain Pontife, qui est chargé de gouverner l'Église universelle.

« ART. 2. — Pour nous conformer à la volonté de la sainte Vierge, plusieurs fois exprimée lors de l'apparition, nous nous proposons de bâtir un sanctuaire sur le terrain de la Grotte, qui est devenu la propriété des évêques de Tarbes.

« Cette construction, vu la position abrupte et difficile des lieux, demandera de longs travaux et des fonds relativement considérables. Aussi avons-nous besoin, pour réaliser notre pieux projet, du concours des prêtres et des fidèles de notre diocèse, des prêtres et des fidèles de la France et de l'étranger.

« Nous faisons appel à leur cœur généreux et particulièrement à toutes les personnes pieuses de tous les pays qui sont dévouées au culte de l'Immaculée Conception de la Vierge Marie...

. . . .

« Et sera notre présent Mandement lu et publié dans toutes les églises, chapelles...

« Donné à Tarbes... le 18 janvier 1862.

« *Signé :* † BERTRAND - SÉVÈRE,

« Évêque de Tarbes. »

*

*   *

Le jugement doctrinal de l'évêque de Tarbes eut un grand retentissement et fut accueilli partout avec des transports d'allégresse. La fibre nationale se réveilla quand on eut l'assurance que la Reine du ciel, dans son corps glorieux, était venue, encore une fois, dans son vieux royaume des Gaules. C'était un événement d'heureux présage; car la Vierge avait apparu à Bernadette le sourire sur les lèvres, et déjà de ses mains maternelles étaient tombées les prémices de ses insignes bienfaits. Dès

que l'on apprit, par la voix de l'évêque, que la
Dame de Massabieille réclamait une chapelle et
qu'elle désirait qu'on y vînt en procession, un cri
spontané de générosité et de tendresse filiale sortit
de toutes les poitrines françaises. « Quoi, Mère!
disait-on de toutes parts, vous! la Reine du ciel et
la Souveraine du monde, vous vous bornez à nous
demander une humble chapelle? Vous ne reconnaissez donc plus les fils aînés de l'Église et les
descendants des croisés? Non, non, il n'en sera pas
ainsi; c'est un temple, et un temple digne de vous,
que nous aurons le bonheur de vous offrir. Vous
nous invitez ensuite à venir vous visiter dans la
demeure rustique que vous vous êtes choisie dans
nos montagnes. O Mère, aviez-vous besoin de le
dire, et ne vous apercevez-vous pas que nous
sommes déjà debout, et que la France entière est
prête à s'ébranler pour aller recevoir les bénédictions de votre cœur maternel? »

La France chrétienne, en effet, demeura fidèle à
ses engagements. Avec un élan spontané, les bourses
se délièrent et des aumônes abondantes arrivèrent
à Lourdes pour l'érection du sanctuaire réclamé par
l'Immaculée Conception. Quant à la seconde promesse, on sait comment elle a été acquittée. Qui
pourrait compter aujourd'hui les foules innombrables qui ont passé devant le rocher béni et pri-
vilégié de la colline de Massabieille?

LA BASILIQUE

X

BERNADETTE APRÈS LES APPARITIONS

I. — SÉJOUR DANS LA FAMILLE. — LA FAMILLE SOUBIROUS

Après la période des apparitions, Bernadette rentra dans les habitudes de sa vie ordinaire, ne soupçonnant pas même que l'événement qui venait de la mettre en relief pût lui attirer un hommage ou une attention quelconque. Tandis que d'un bout de la France à l'autre, et jusque dans les contrées lointaines, des milliers et des milliers de voix redisaient le nom de l'heureuse enfant, elle seule parut s'ignorer et ne pas comprendre qu'on pût s'intéresser à sa chétive personne. Afin de la préserver des atteintes de l'orgueil, la Providence, qui veillait sur elle, se plut à lui laisser son intelligence toute modeste, sa pauvreté et jusqu'à son asthme tenace. Bernadette reprit donc le cours ordinaire de son existence en demeurant toujours l'humble fille des Soubirous, la candide et innocente bergère de Bartrès.

Comme avant les apparitions, on la voyait passer, chaque matin, se rendant à l'école, portant un pauvre cabas mal joint, au fond duquel on apercevait pêle-mêle son bas à tricoter, son croûton de pain noir et son alphabet racorni. Aux récréations du préau de l'Hospice, elle se mêlait aux jeux avec un abandon charmant, riait, chantait, sautillait

8*

avec ses jeunes compagnes. Quand vint le moment de se préparer à la première communion, rien de saillant ne distingua Bernadette des autres enfants. Comme ces dernières, elle avait tour à tour ses distractions et ses recueillements, ses étourderies et ses ferveurs. Auprès du confessionnal, sans être dissipée, elle ne prenait point des airs confits. En toutes choses, en un mot, elle allait à Dieu tout naturellement, c'est-à-dire avec l'abandon de son innocence et la confiante familiarité de son cœur aimant.

Bernadette s'approcha pour la première fois de la Table sainte, le 3 juin 1858, à la chapelle de l'Hospice, où elle avait été instruite de ses devoirs religieux. A l'occasion de cette douce et sainte fête, on espérait à Lourdes que la petite voyante serait favorisée d'un de ces ravissements angéliques qui faisaient l'admiration des foules aux roches Massabieille. Il n'en fut rien. Bernadette, les mains jointes, s'avança vers l'autel, reçut son Dieu dans son cœur virginal et revint à sa place, sans donner d'autre signe que celui d'une immense et profonde félicité. A la Grotte, Bernadette remplissait une mission; ici, elle accomplissait un acte grandiose sans doute, et à nul autre comparable, mais un acte de la vie privée.

A quelque temps de là, l'abbé Peyramale racontait néanmoins qu'un certain dimanche, pendant qu'il distribuait la sainte communion dans l'église paroissiale, son attention avait été attirée par un nimbe de lumière brillant sur la tête d'une jeune fille à genoux. Il avait regardé... C'était Bernadette.

Dans la visite que nous fit l'heureuse enfant, à

l'occasion de sa première communion, ma sœur lui demanda :

« Dis-moi, Bernadette, qu'est-ce qui t'a rendue le plus heureuse : ou de recevoir le bon Dieu, ou de converser, à la Grotte, avec la sainte Vierge? »

Bernadette hésita un moment, puis elle répondit :

« Je ne sais; ces choses-là vont ensemble et ne peuvent pas être comparées. Ce que je sais, c'est que j'ai été bien heureuse dans les deux circonstances. »

Le mot que je viens de rapporter me remet en mémoire une foule de réponses faites par Bernadette au cours de ses entretiens familiers avec nous. Ces réponses, échappées spontanément de sa bouche, caractérisent cette enfant et relèvent la saveur de certains détails consignés dans mes récits précédents. Je vais en citer quelques-unes au hasard de la plume, regrettant de ne pouvoir les reproduire dans la pittoresque expression du patois que parlait si bien Bernadette.

Mais tout d'abord, je dois faire connaître que vers la fin des apparitions nous cherchâmes, ma sœur et moi, à attirer la voyante à notre domicile, afin d'obtenir d'elle des renseignements intimes sur tout ce qui s'était passé à la Grotte. Elle vint d'abord à nous avec timidité et réserve; mais bientôt, encouragée par nos franches et cordiales sympathies, elle s'abandonna à sa nature expansive, et devint notre petite et familière amie. Pendant près de deux ans, sinon tous les jours, du moins à intervalles rapprochés, nous eûmes sa visite et pûmes lire dans son âme, aussi pure et aussi transparente que le cristal.

Au risque de me répéter, j'ajouterai que Bernadette, dans les sujets ordinaires de la conversation,
ne montrait qu'une intelligence assez bornée; mais
il n'en était pas de même quand on lui parlait de
la Grotte et des faits qui s'y rattachaient. Alors elle
n'était plus elle-même et répondait avec un charme
et un à-propos qui ravissaient ses interlocuteurs. Et
maintenant citons.

Un jour qu'elle causait avec nous, au salon, je
lui adressai cette question :

« Dis-moi, Bernadette, est-ce que la Dame de la
Grotte te parle français, ou bien patois?

— Oh! patois!...

— Bah!... tu veux qu'une dame d'un rang si élevé
sache parler patois?

— Mais oui!... »

Puis avec fierté :

« Et le patois de Lourdes, encore, elle parle! »

Un autre jour, à propos de la promesse de bonheur que lui avait faite la Vierge, un missionnaire
de Garaison [1] voulut savoir ce qu'en pensait la
voyante, et lui fit devant nous cette observation :

« Puisque la Dame t'a promis de te rendre heureuse dans l'autre monde, tu n'as plus à t'inquiéter
de rien, et tu peux te reposer tranquillement sur
cette promesse.

— Ho! ho! monsieur le curé, comme vous y allez!
Je serai heureuse, oui; mais attention! si je fais
comme il faut et si je marche droit mon chemin. »

[1] Le P. Vignes.

*
* *

Dans une autre circonstance, parlant à Bernadette des secrets que lui avait confiés la Vierge, je lui dis :

« Es-tu bien sûre que les secrets ne soient connus que de toi seule? C'est que nous étions aussi bien près de la Dame, et alors, tu conçois?...

— Oh! je suis bien sûre que vous ne les avez pas entendus, parce que cela ne se passait pas comme lorsque nous causons ici.

— Que veux-tu dire?

— Lorsque la sainte Vierge me confiait les secrets, elle me parlait par ici, et non par les oreilles, — et en disant « par ici », Bernadette indiquait la région du cœur.

— Je ne te comprends pas.

— Ni moi je ne sais me faire comprendre. Tenez, pour tous ceux qui étaient autour de moi à la Grotte, c'était comme si une personne se trouvait à cent pas de nous : cette personne verrait bien que nous parlons, mais elle n'entendrait pas ce que nous disons [1].

— Bah! tu n'es qu'une radoteuse. »

Et l'enfant, sans insister, se mettait à sourire.

*
* *

En nous donnant les détails de l'apparition du 18 février, Bernadette nous disait :

« La Dame me pria de venir pendant quinze jours à la Grotte... »

Je l'interrompis :

« Cite-nous les paroles mêmes de la Dame.

[1] Le langage de Bernadette, en cette circonstance, ressemblait beaucoup à celui de sainte Thérèse parlant de ses extases.

— La Dame me dit : Voulez-vous avoir la bonté...
et s'arrêtant à ce mot, confuse et la tête baissée,
l'enfant ajouta : La Vierge me dit *vous!*... »

** **

Durant la période aiguë des oppositions administratives, en revenant un jour du dehors, je trouvai
Bernadette en conversation avec ma sœur.

« Tu ne sais pas? lui dis-je; il paraît que maintenant on connaît toutes les supercheries, et que
l'on ne songe à rien moins qu'à te mettre en prison. De plus, comme en certaines circonstances
j'ai voulu te soutenir, on ajoute que je pourrais
bien te suivre... »

Comprenant la plaisanterie, Bernadette se leva
d'un air enjoué :

« Oh! la bonne affaire que ça ferait pour moi!...
D'abord, je ne coûterais rien à mes parents, et puis
vous seriez là, juste à point, pour m'apprendre à
lire et à réciter mon catéchisme, comme on fait à
l'Hospice.

** **

« Dis-moi, Bernadette, lui demanda un jour ma
sœur : est-ce que la Vierge, quand nous étions à la
Grotte, ne regardait que toi seule?

— Oh! si!... Elle regardait tout le monde, et
même avec beaucoup d'affection. Parfois, elle semblait considérer les personnes une à une, et pour
certaines, son regard s'arrêtait sur elles comme
quand on retrouve un ami. »

** **

Le jour où les membres de la commission nommée par l'évêque se transportèrent à la Grotte, le président adressa à Bernadette cette question :

« Vous venez de nous raconter qu'au moment de la découverte de la source vous aviez mangé un brin d'herbe. Pourquoi cela?

— Je ne sais, la Dame m'y a poussée et me l'a fait comprendre.

— Mais, mon enfant, il n'y a que les animaux qui mangent de l'herbe crue?

— Oh! pour cela, monsieur l'abbé, vous vous trompez; nous mangeons bien, nous, des salades crues. Il est vrai, continua-t-elle en souriant, que nous y ajoutons un peu d'huile et de vinaigre. »

Je m'arrête, car, si je voulais rappeler toutes ses reparties intéressantes, cela me mènerait trop loin.

* *

J'ai dit, en commençant ce chapitre, que Bernadette, après les apparitions, était revenue à ses occupations habituelles. On l'aura compris, je n'ai voulu marquer par là que la grande modestie et la simplicité de la voyante; mais la renommée, qui déjà s'était attachée à elle, devait nécessairement modifier les conditions de son existence obscure et paisible. Nul étranger, en effet, ne voulait plus traverser Lourdes sans avoir vu et entendu la petite privilégiée de Marie. Aux heures de halte des voitures qui se rendaient à Cauterets, à Saint-Sauveur ou à Barèges, une véritable procession s'établissait vers la demeure des Soubirous. Quand Bernadette ne s'y trouvait pas, tous les voyageurs se dirigeaient à pas précipités vers l'hospice. Il serait difficile de dire les sujétions et les ennuis de la pauvre enfant durant les trois ou quatre années qui suivirent les apparitions. Rentrée chez elle après les classes, c'est à peine si elle trouvait le temps de prendre son repas. Pendant qu'elle se trouvait à la salle d'école, la sonnette était sans cesse agitée. Dix fois, vingt fois par jour, elle était obligée de commencer et de recommencer son récit. A certains moments, à bout de forces et suffoquée par son asthme, elle ne donnait plus signe d'émotion, et racontait les plus belles scènes des apparitions comme une leçon apprise. Sans tenir compte de son état d'abattement, les femmes, en particulier, se cramponnaient à elle avec une ténacité désespérante. Les unes lui demandaient un souvenir ; les autres lui présentaient des chapelets à toucher ; il y en avait qui tombaient à genoux et lui demandaient une bénédiction. Au milieu de toutes ces obsessions, Bernadette demeurait doucement souriante, et pour se défendre elle employait souvent les mots les plus heureux. A l'occasion d'une bénédiction sollicitée avec instance par une visiteuse, l'enfant répondit :

« Mais vous voyez bien, ma pauvre femme, que je ne porte pas l'étole ; attendez au moins que l'évêque m'ait délégué ses pouvoirs. »

**

Une dernière épreuve, la plus pénible pour elle, attendait Bernadette à la fin des audiences qu'elle était obligée de donner. L'état de détresse où se trouvait la famille Soubirous n'était plus un mystère pour personne. Avant de s'éloigner de Bernadette, chacun voulait lui laisser un gage de sa sympathique commisération. Celle-ci refusait avec humilité, mais non sans faire comprendre qu'il était inutile d'insister. Prières, ruses, violences même étaient employées pour vaincre les délicatesses de l'enfant.

Rien ne pouvait l'ébranler, et, quoique souvent à bout de forces, Bernadette sortait toujours victorieuse de ces sortes d'assauts.

Voici deux faits particuliers dont je peux personnellement rendre témoignage :

Un jour, une dame étrangère, aux manières distinguées, vint frapper à notre porte pour nous demander à voir la petite héroïne de la Grotte, qui se trouvait en ce moment avec nous. Nous lui donnâmes accès dans la maison, et nous la mîmes en rapport avec notre chère visiteuse. Elle se confondit en remerciements, et manifesta une grande joie en voyant qu'elle pouvait s'entretenir en toute liberté avec celle qui avait reçu les sourires de la Vierge. Elle la fit parler, et demeura plus d'une heure suspendue à ses lèvres. Quand l'étrangère se disposa à partir, avec la délicatesse de ceux qui savent donner, elle embrassa l'enfant et glissa furtivement un rouleau sous les plis de son tablier. Comme si un charbon ardent était tombé sur elle, Bernadette se leva d'un bond et laissa tomber le cadeau de la dame. Confuse de son mouvement, elle ramassa le rouleau d'or et le remit gentiment à la charitable étrangère. Aucune supplication ne put la décider à prendre ce trésor.

Quelques jours plus tard, — ceci se passait au presbytère de la paroisse, — l'évêque de Soissons, en se rendant aux eaux de Cauterets ou de Barèges, s'arrêta à Lourdes pour s'informer des événements de la Grotte. Il vit Bernadette, et eut avec elle une longue conversation. Comme Mgr Thibaud, il fut profondément impressionné des récits de la voyante. Vers la fin de l'entrevue, l'évêque tira de sa poche un chapelet à chaîne d'or et l'offrit à l'enfant.

« Oh! il est trop beau pour moi, s'écria Bernadette! Je vous remercie, monseigneur, mais je ne peux pas l'accepter.

— Remarquez, ma fille, dit le prélat avec une affectueuse bienveillance : mon cadeau n'est pas aussi désintéressé que vous le supposez ; car en vous donnant mon chapelet, j'avais l'intention de vous demander le vôtre.

— Oh! qu'à cela ne tienne, » répondit l'enfant. Et aussitôt, avec une grâce charmante, elle tira son modeste chapelet et le remit entre les mains de son illustre interlocuteur. Celui-ci eut beau prendre mille détours; il dut quitter Lourdes sans avoir pu faire accepter son chapelet, mais il emportait celui de Bernadette.

Bien des gens, à Lourdes, ont cru dans le temps que l'un des secrets confiés par la Vierge à Bernadette était une recommandation expresse de n'accepter aucune offre d'argent ni de quoi que ce fût, à l'occasion des choses de la Grotte. J'ignore jusqu'à quel point était fondée la croyance populaire; car, comme on le sait, la voyante s'en est allée au ciel emportant avec elle les confidences de la céleste Dame. Ce que je peux assurer, c'est qu'il lui a fallu une force d'âme surhumaine pour résister aux assauts de la charité, et que si réellement il y a eu défense de rien prendre, jamais consigne n'a été mieux observée.

Un exemple plus héroïque encore, et qui montre jusqu'à quel point peut s'élever la délicatesse chrétienne, était donné par le père et la mère de Bernadette. Dans les temps qui avaient précédé les apparitions, les deux époux Soubirous s'en allaient tous les matins au travail qui leur était offert au dehors, et, à force de dévouement, ils parvenaient au jour le jour à gagner de quoi subsister, eux et leur nombreuse famille. Du jour où les événements de la Grotte eurent mis Bernadette en évidence, les conditions d'existence de sa famille furent aggravées, et de mauvaises qu'elles étaient elles devinrent critiques. Les Soubirous avaient leur maison continuellement envahie par la foule, et ne pouvant se livrer à leurs occupations ordinaires d'une manière suivie, ils étaient souvent aux prises avec la faim. L'état de dénuement du malheureux ménage inspirait déjà la compassion ; mais les figures hâves qui s'y montraient provoquaient un sentiment plus pénible. Après avoir donc satisfait leur pieuse curiosité auprès de la voyante, les âmes charitables eussent voulu soulager tant de misère. On connait déjà les efforts qui étaient tentés pour forcer la délicatesse de Bernadette. Quand ces efforts avaient échoué, les visiteurs se tournaient vers le maître et la maîtresse de la maison, espérant que ceux-ci feraient meilleur accueil à leurs libéralités. Ils se trompaient ; le père et la mère Soubirous opposaient les mêmes résistances que leur fille, et ne se laissaient ébranler par aucune considération. Quelquefois il arrivait que certaines personnes généreuses ne pouvaient se résigner à ces refus. Agissant alors au sens de l'Évangile, elles feignaient l'indifférence ; puis, au moment opportun, elles déposaient leurs offrandes à la dérobée, soit sur un meuble, soit sur une étagère. C'était peine perdue : les Soubirous mettaient autant de zèle à déjouer les industries de la bienfaisance qu'on en met ailleurs à se **garder** des surprises du vol. Tout le monde put se convaincre alors de la fausseté de l'imputation portée contre les anciens meuniers, de faire un trafic cupide des divagations mystiques accréditées par leur fille.

Une pensée pénible comme un remords assombrissait néanmoins les figures en ville et y oppressait les cœurs. Parce que la famille Soubirous était inébranlable dans sa délicatesse, fallait-il la laisser dépérir dans les affres de la misère? Ce désolant problème, malgré les plus ingénieux efforts de la charité, demeura sans réponse durant neuf longues années.

La position déjà lamentable des Soubirous paraissait ne pouvoir plus s'aggraver, et cependant une épreuve plus cruelle que les précédentes allait encore fondre sur la malheureuse famille. Aux premiers jours du mois de décembre 1866, l'épouse dévouée de François Soubirous, celle en qui se concentraient toutes les affections du foyer, atteinte d'une maladie subite et très grave, s'éteignait doucement, le 8 décembre 1866, en la fête même de l'Immaculée Conception, après quatre ou cinq jours de souffrance[1]. La douleur des enfants fut bien amère, on le conçoit; mais le pauvre malheureux père, frappé comme d'un coup de foudre, tomba dans une espèce de prostration hébétée. Il demeura quelque temps sous le poids de cette accablante torpeur; puis, d'instinct, se rappelant que ses bras étaient encore nécessaires aux petits êtres qui l'en-

---

[1] Bernadette aimait à se rappeler cette heureuse coïncidence et y trouvait une grande consolation. A l'heure même où s'éteignait la mère de Bernadette, on chantait pour la première fois, dans la chapelle de la crypte, les vêpres de l'Immaculée Conception.

touraient, il fit effort sur lui-même, et reprit le travail pour donner du pain à sa jeune famille.

Personne plus que le vénérable abbé Peyramale ne souffrait à Lourdes de la misère et des malheurs de la famille Soubirous. Persuadé, comme la plupart de ses paroissiens, que l'infortuné ménage ne résistait aux offres de secours que par obéissance à des injonctions secrètes venues de la Grotte, le bon pasteur priait avec instance la Mère des miséricordes de vouloir bien adoucir la sévérité de ses ordres. Enfin, après avoir longtemps attendu, il crut reconnaître dans une circonstance fortuite une réponse du Ciel à ses pressantes supplications.

Un jour que le charitable doyen traversait les bas quartiers de la ville, il apprit par hasard que le moulin Lacadé, sur le ruisseau de Lapaca, était à vendre, et que le propriétaire de l'immeuble cherchait un acquéreur. Cette nouvelle fut pour lui comme un trait de lumière. A l'instant sa pensée se porta sur le malheureux père de Bernadette. Il savait combien Soubirous désirait reprendre son ancienne profession de meunier, non seulement parce que cette profession répondait bien à ses goûts, mais encore parce qu'elle lui facilitait les moyens de surveiller et de nourrir ses enfants. Le zélé pasteur, sans perdre une minute, alla s'adjoindre le supérieur de la Grotte, le R. P. Sempé, et, quelques heures plus tard, les deux voyageurs se trouvaient en présence de l'évêque de Tarbes. Msr Laurence connaissait depuis longtemps la profonde misère dans laquelle vivaient les parents de Bernadette. Aussi, quand il eut appris l'objet de la démarche des deux visiteurs, il fut d'avis qu'il fallait négocier sans retard l'achat de l'usine. Il s'engageait à pourvoir lui-même à la dépense. Le traité fut conclu, et

par acte du 29 août 1867, passé devant M⁰ Daléas,
notaire à Tarbes, François Soubirous, le père de la
voyante, était constitué propriétaire du moulin
Lacadé. A partir de ce moment, la famille Soubirous ne fut plus exposée aux privations des temps
passés, et, sauf le grand vide laissé par la mort de la
mère, elle vécut relativement heureuse.

Tout le monde applaudit à Lourdes à la généreuse
initiative de l'abbé Peyramale, et tint compte au
bon doyen du service rendu aux Soubirous comme
d'un service d'ordre public rendu à la ville.

XI

BERNADETTE APRÈS LES APPARITIONS (SUITE)

II. — BERNADETTE A L'HOSPICE DE LOURDES

Bernadette avait déjà quitté Lourdes depuis
quelques mois, quand survint la mort de sa mère,
et dès lors elle n'assista pas à la prise de possession,
par sa famille, du moulin Lacadé.

Pour compléter sa biographie, il me faut reprendre
les faits de plus haut et remonter jusqu'au temps
où elle habitait encore, avec ses parents, l'ancien
« cachot » de la rue des Petits-Fossés.

A cette époque, une préoccupation pénible obsé-
dait les parents de Bernadette. Celle-ci, malgré les
soins dont elle était entourée, continuait à demeurer
languissante et chétive. Longtemps le père et la

mère avaient espéré qu'après avoir traversé l'âge
où l'économie organique subit une crise, l'enfant
se fortifierait. Il n'en fut rien.

Bernadette ne paraissait pas faire attention à son
état de santé: tous les jours, comme d'habitude, elle
continuait à se rendre en classe ; puis, quand les circonstances le lui permettaient, elle se drapait dans
son capulet, et allait prier à la Grotte. Elle passa
ainsi quelque temps à Lourdes, sans que rien de saillant fût à noter dans son existence.

Les sœurs de l'hospice de Lourdes s'étaient fortement attachées à leur élève. Les qualités aimables
de l'enfant, son air d'innocence, les souvenirs ineffables qu'elle rappelait, forçaient les sympathies.
Déjà les bonnes religieuses avaient remarqué avec
inquiétude que la complexion de Bernadette se dété-
riorait de jour en jour davantage. Elles attribuaient
la marche envahissante du mal à l'insuffisance de
soins. Partant de cette pensée, et s'abandonnant à
l'élan de leur cœur, les bonnes sœurs résolurent
d'appeler l'enfant sous leur toit hospitalier. Après
avoir obtenu la permission de leurs supérieurs, elles
allèrent trouver les parents de Bernadette, et, ne
traitant la question qu'au point de vue hygiénique,
elles leur représentèrent la nécessité qu'il y avait
de déplacer la petite malade.

Elles s'offrirent à la recevoir chez elles et à la soi-
gner comme leur fille. Les Soubirous acceptèrent
avec reconnaissance les avances qui leur étaient
faites, et Bernadette suivit les sœurs. La séparation
se fit sans les tristesses habituelles, car l'enfant ne
s'éloignait de la maison paternelle que de quelques
centaines de pas ; d'ailleurs il était bien entendu
qu'elle aurait toute facilité d'aller revoir sa famille
à peu près chaque jour.

Officiellement, Bernadette entra à l'hospice de Lourdes à titre de malade indigente ; mais, en réalité, elle ne fut pas soumise au régime des invalides et des pauvres. Elle était pour les sœurs un dépôt sacré, et la supérieure de la maison, s'inspirant de cette considération, la fit installer dans une chambrette à part, bien riante et bien saine, et lui assigna une place de choix à la table des pensionnaires de l'école.

Malgré les attentions délicates et dévouées que l'on eut pour elle, Bernadette n'alla pas mieux, au contraire. Quelque temps après son arrivée à l'hospice, elle éprouva une crise si forte, que l'aumônier, M. l'abbé Pomian, se crut obligé de lui administrer les derniers sacrements. Les médecins de la localité, appelés en toute hâte, furent unanimes à déclarer que la jeune fille était perdue sans ressources. En désespoir de cause, ils prescrivirent néanmoins un remède énergique, qui pouvait produire une certaine réaction. Après leur départ, les sœurs qui entouraient Bernadette lui firent prendre une cuillerée de l'eau de la Grotte. A l'instant la malade recouvra la parole, et presque sans transition elle se sentit guérie. Les sœurs se mirent à crier au miracle, et les habitants de Lourdes en prolongèrent l'écho. Y eut-il réellement miracle en cette circonstance ? C'est ce dont il est permis de douter ; car Bernadette, plus tard, fut soumise aux mêmes épreuves, suivies des mêmes relèvements spontanés.

En appelant près d'elles la petite privilégiée de Marie, les religieuses de l'hospice avaient espéré la délivrer des visites importunes qui venaient l'obséder et lui enlever ses forces. Encore, sous ce rapport, les bonnes sœurs n'avaient compté qu'avec leur

cœur et non avec les exigences tenaces du public.
Elles résistaient autant qu'il était en leur pouvoir
aux demandes d'audience qui leur étaient faites ;
mais généralement les visiteurs se recommandaient
de personnes ou de titres si puissants, qu'à la fin
elles étaient obligées de céder. Bernadette avait fait
abandon complet de sa volonté, et, se souvenant
des bontés de la Vierge, elle se montrait à tous également souriante. Elle racontait simplement ce qu'elle
avait vu, ce qu'elle avait entendu, sans rien ajouter,
sans rien retrancher. Si quelqu'un faisait mine de
ne pas croire ou présentait quelque objection oiseuse,
l'enfant répondait d'un ton aimable :

« Oh ! je ne suis pas savante, moi, pour discuter.
Je vous ai dit ce qui s'est passé à la Grotte ; examinez
vous-même ce qu'il faut en penser. »

A l'extérieur, dans ces colloques, Bernadette
semblait heureuse ; au fond, quand la conversation
dégénérait en passe-temps ou en réflexions futiles,
la pauvre enfant était à la torture. Un mot d'elle
fera comprendre les lassitudes morales et physiques
qu'elle éprouvait dans ces sortes d'entretiens. Un
jour qu'elle était prise par l'une des indispositions
qui lui étaient familières, une dame de Lourdes
vint la trouver dans son lit :

« Te voilà donc toujours souffrante, ma chère
Bernadette ? lui dit la dame en entrant. Mon Dieu,
ma pauvre enfant, que je te plains !

— Ne me plaignez pas tant, répondit gaiement la
malade, j'ignore si j'ai grand profit à vivre avec la
fièvre ; mais, en tout cas, je préfère cela aux séances
du parloir.

— Il faut te rappeler, ma fille, que tu remplis un
devoir imposé par la Vierge.

— Oh ! ce devoir, je le remplis avec joie ; mais

tenez, il y a des gens qui viennent me voir et m'entendre, comme ils vont voir et entendre certaines bêtes curieuses dans une ménagerie. »

Bernadette franchit la dix-huitième et la dix-neuvième année de son âge dans des alternatives de santé bonnes et mauvaises. Durant cette période, elle grandit un peu et apprit, non sans peine, à lire et à écrire. Elle vivait heureuse, au jour le jour, ne se préoccupant nullement de son avenir.

Dans l'année 1863, Mgr Forcade, évêque de Nevers et supérieur général des Dames de la Charité de cette ville, vint à Lourdes visiter les sœurs de l'Hospice, qui relevaient de son obédience. Après avoir salué et béni la communauté, il s'empressa de demander à la supérieure des nouvelles de Bernadette. Quelques minutes après, faisant l'inspection de l'établissement, il la trouva à l'office, occupée à éplucher des légumes. Il fut charmé du regard doux et modeste de la jeune cuisinière et lui adressa en passant quelques paroles bienveillantes.

Quand le soir fut venu, il la fit appeler au salon de réception et la pria de lui raconter les merveilles dont elle avait été l'heureux témoin. Mgr Forcade était déjà gagné à la cause des apparitions depuis la décision doctrinale de l'évêque de Tarbes; mais lorsqu'il eut entendu Bernadette, il devint enthousiaste. Un moment de silence suivit la narration de la voyante, et l'on pouvait s'apercevoir que l'évêque poursuivait une idée fixée dans son esprit. Le prélat réfléchissait, en effet, et se demandait avec anxiété ce qu'allait devenir la fleur d'innocence qu'il avait devant lui, si cette fleur était transplantée sans protection dans l'atmosphère corrompue du monde.

La préoccupation dont il était assailli se traduisait bientôt dans ses paroles. Levant la tête, il dit à Bernadette :

« Oui, ma fille, vous avez reçu de grandes grâces de la part de la sainte Vierge ; maintenant que comptez-vous faire pour reconnaître ces faveurs ?

— Monseigneur, je n'ai jamais songé qu'à faire ce que je fais déjà ici, c'est-à-dire travailler et prier avec les chères sœurs.

— Remarquez, ma pauvre enfant, que vous n'êtes ici qu'à titre provisoire et que les bonnes sœurs ne pourront vous garder que pour un temps limité.

— Mais si elles me prennent pour servante ?

— Elles ne le peuvent pas, car les servantes de l'Ordre sont liées par des vœux, et vous ne l'êtes pas. »

Bernadette baissa la tête.

« Voyons, ma fille, reprit l'évêque, ouvrez-moi bien votre cœur ; ne vous est-il jamais venu dans la pensée d'entrer dans la congrégation des bonnes sœurs qui vous soignent ?

— Non, monseigneur, ou si j'y ai jamais pensé, c'était pour me dire que cela n'était pas possible.

— Comment cela ?

— Parce que je suis trop ignorante et que je n'ai pas de fortune.

— Il est vrai, continua l'évêque, qu'en règle générale on exige une dot et une certaine instruction ; mais quand nous nous trouvons en face d'une vraie vocation, nous savons faire fléchir la règle.

— Je crois comprendre votre pensée, monseigneur, et je vous en remercie ; mais avant de m'engager je désire réfléchir longuement.

— Oh ! Dieu me garde, mon enfant, de provoquer

en vous une résolution précipitée. Ce que j'ai voulu vous dire, c'est d'examiner au fond de votre conscience ce que la Vierge attend de vous. Priez cette bonne Mère de vous éclairer, suivez ses inspirations; puis, si un véritable attrait vous incline vers le cloître, c'est-à-dire vers une vie d'immolation, écrivez-moi, et, de mon côté, j'examinerai devant Dieu ce qu'il convient de faire. »

La séance fut levée.

L'invitation de l'évêque de Nevers ne parut modifier en rien la conduite extérieure de Bernadette. Celle-ci continuait à aller et venir comme d'habitude et ne remplissait ses devoirs religieux ni avec plus de zèle, ni avec plus de ferveur. Défense, du reste, avait été faite aux religieuses de la pressentir sur ses projets d'avenir ou de peser sur sa détermination. Tandis que tout le monde supposait que Bernadette ne consentirait jamais à s'éloigner de la Grotte, un travail intérieur s'opérait en elle et la prédisposait à la vie d'abnégation. Après un an de méditations et de prières, Bernadette fit demander une audience particulière à la Mère supérieure de la maison.

« Ma mère, lui dit-elle d'un ton grave, j'ai longuement réfléchi, devant Dieu et la sainte Vierge, sur les paroles qui me furent adressées, vous vous en souvenez sans doute, par Mgr l'évêque de Nevers. Aujourd'hui mon parti est pris, et si la chose est faisable et que je n'en sois pas trop indigne, je vous prie d'écrire à Sa Grandeur que je désire vivre et mourir sous le voile des religieuses dont il a la direction.

— Ah! béni soit ce jour! s'écria la supérieure, en embrassant Bernadette et en l'arrosant de ses larmes. Depuis longtemps, je priais secrètement avec vous, et depuis longtemps j'attendais cette heure fortunée. Oui, oui, ma chère Bernadette, nous serons tout heureuses de vous recevoir parmi nous, et n'êtes-vous pas déjà notre fille bien-aimée?... »

A quelques jours de là, en effet, Mgr Forcade informait la supérieure de l'hospice que les portes du noviciat de la maison mère de Saint-Gildard, à Nevers, étaient ouvertes à la privilégiée de la Vierge, et qu'il autorisait deux sœurs de Lourdes à venir accompagner la postulante.

La Vierge Immaculée voulut-elle que Bernadette demeurât encore son apôtre à la Grotte? Se proposa-t-elle de prouver que sa petite messagère, en entrant au couvent, n'avait obéi à aucune contrainte, ni cédé à aucun entraînement? Toujours est-il que la jeune aspirante fut assaillie d'une foule de maladies successives qui la retinrent à Lourdes jusqu'à l'été de 1866. Durant cette période d'attente, et lorsque sa santé le lui permettait, elle suivait avec beaucoup de ferveur les exercices de la communauté et commençait à se préparer à la vie religieuse.

Enfin arriva le moment où Bernadette dut se détacher de sa famille, de la Grotte, des bonnes sœurs qui l'avaient élevée. Un cruel et terrible déchirement allait se faire dans son âme.

La veille de son départ, elle se rendit à sa Grotte bien-aimée de Massabieille, accompagnée de deux ou trois religieuses de l'hospice. A la vue de ces lieux bénis, sa poitrine se gonfla. Bientôt elle éclata en sanglots, et un torrent de larmes coula de ses yeux; elle se prosterna la face contre terre. Un cri intraduisible s'échappa en même temps de sa poitrine :

« O ma mère! ma mère! comment pourrais-je vous quitter! »

Elle voulait prier, mais la pauvre enfant était

anéantie, et le chapelet demeurait immobile dans ses mains. Elle s'approcha du rocher au-dessus duquel se trouve la niche, et, à différentes reprises, elle y colla ses lèvres, comme si elle eût voulu y laisser l'empreinte de son âme. Elle revint se placer à genoux en dehors de la Grotte et se mit à regarder d'un œil ardent la niche où elle avait contemplé la Reine du ciel. Hélas! la figure aimée qui l'illuminait autrefois de ses sourires n'était plus là, et Bernadette se répandait de nouveau en torrents de larmes.

Les sœurs crurent qu'il était prudent de l'arracher à cette scène de désolation. Elles s'approchèrent doucement et lui dirent qu'il était temps de s'éloigner.

« Oh! de grâce, s'écria-t-elle d'un air suppliant, c'est pour la dernière fois!... Je vous en prie, mes sœurs, accordez-moi encore un moment! »

Le délai fut accordé et même renouvelé; mais à la fin les religieuses prirent, avec les ménagements de l'affection, Bernadette sous les bras et l'emmenèrent. La jeune fille, baignée de pleurs, s'arracha enfin à ces lieux aimés qu'elle ne devait plus revoir; mais après avoir fait quelques pas, prise d'une résolution héroïque, elle essuya ses larmes, jeta un dernier regard sur la Grotte, et se mit à marcher avec précipitation vers la ville. Quand elle eut retrouvé un peu de calme, les sœurs lui dirent :

« Mais, Bernadette, pourquoi vous chagriner comme vous l'avez fait? Ne savez-vous donc pas que la Vierge est partout, et que partout elle sera votre mère ?

— Oh! oui, je le sais, répondit-elle, mais à Lourdes, mes sœurs, la Grotte était mon ciel! »

Le lendemain, de grand matin, Bernadette alla faire ses adieux à toute sa famille. En entrant sous le toit paternel, elle tomba évanouie dans les bras de sa mère. On lui prodigua des soins, et elle reprit bientôt connaissance. Toujours assise, comme l'ange de la douleur, sur les genoux de sa mère, elle regardait avec une tendresse ineffable tous les membres de sa famille. Ceux-ci, l'un après l'autre, venaient l'embrasser et la couvrir de pleurs. Soudain un roulement de voiture se fit entendre devant la porte. Comme mue par un ressort, Bernadette se leva, s'arracha des bras de ses parents et disparut précipitamment en redisant plusieurs fois :

« Adieu! adieu! »

Elle s'arrêta un instant en face de l'hospice, où ses bienfaitrices éplorées l'attendaient pour lui donner leurs derniers embrassements. Deux de ces dernières montèrent avec elle, puis la voiture partit. Bernadette ne devait plus revoir Lourdes que du haut des demeures éternelles !

XII

BERNADETTE APRÈS LES APPARITIONS (SUITE)

III. — BERNADETTE AU COUVENT DE NEVERS. — SA VIE RELIGIEUSE. — SA MORT.

La Mère et les religieuses du couvent de Nevers attendaient Bernadette avec l'émotion qu'elles auraient éprouvée à l'arrivée prochaine d'un ange dans leur maison. Elles étaient heureuses de penser que bientôt elles auraient pour compagne et pour amie celle qui avait eu l'insigne honneur de se trouver face à face et de converser dans l'intimité avec la Mère de Dieu. Quels admirables récits n'allaient-elles pas entendre! et en leur exposant les scènes des apparitions, la voyante ne leur ferait-elle pas le tableau des magnificences du ciel! Tout était donc dans la joie au couvent de Nevers, et chacune des religieuses se proposait de faire le meilleur accueil possible à leur nouvelle sœur, quand un scrupule, ou mieux, une crainte s'éleva dans l'âme de la supérieure. Elle se demanda si les égards que l'on allait prodiguer à la jeune postulante ne pourraient pas fausser sa conscience et la porter aux enivrements de l'orgueil. Elle fit part de ses préoccupations aux vénérables sœurs qui formaient son conseil; celles-ci, entrant dans les vues de la Mère, déclarèrent d'un commun accord qu'il y avait prudence à ne manifester à Bernadette d'autres égards que ceux que l'on avait pour les aspirantes ordinaires.

Le lendemain de cette décision, les deux sœurs de Lourdes qui avaient accompagné Bernadette frappaient à la porte de la Mère et lui annonçaient l'arrivée de la jeune postulante. La Mère fut prise d'un religieux saisissement, et pour calmer son émotion, après avoir renvoyé les deux religieuses, elle tomba à genoux aux pieds de son crucifix. Longtemps elle resta dans cette attitude, et lorsqu'elle se crut enfin maîtresse d'elle-même, elle descendit au parloir où, seule et le cœur déjà bien gros, l'attendait Bernadette. Elle jeta un regard intentionnellement distrait sur la jeune fille et se mit à l'interroger comme si elle n'avait jamais entendu parler d'elle.

« Vous êtes la postulante qu'on a amenée de Lourdes?

— Oui, madame la supérieure.

— Comment vous nommez-vous?

— Bernadette Soubirous.

— Que savez-vous faire?

— Oh! pas grand'chose, madame la supérieure.

— Mais alors, mon enfant, que voulez-vous que nous fassions de vous? »

Bernadette ne répondit pas.

« Qui vous a recommandée à notre congrégation?

— C'est Mgr l'évêque de Nevers.

— Ah! ce cher et saint homme, il n'en fait jamais d'autres!... Venez, ma fille, je vais vous accompagner au réfectoire, où vous souperez avec les sœurs de Lourdes; puis, demain matin, si vous n'êtes pas trop fatiguée, vous vous rendrez à la cuisine, où vous aiderez la sœur converse à laver la vaisselle. »

En lui assignant l'un des bas emplois de la maison, la Mère avait cru soumettre Bernadette à une épreuve d'humilité. Elle se trompait, et celle qui devait exécuter les ordres eut moins à se contraindre que celle qui les avait donnés. Bernadette ne s'était jamais demandé ce à quoi elle pourrait être employée au couvent; elle se rendit à son poste de travail avec la même gaieté de cœur que si elle l'avait choisi de son propre mouvement.

Dès son entrée au noviciat, Bernadette reçut le nom de sœur Marie-Bernard; jamais nom ne fut plus heureusement appliqué, puisque c'étaient, en un seul, ceux de la Vierge apparue et de l'heureuse voyante.

La sœur Marie-Bernard, déjà familiarisée avec la vie de couvent, n'eut aucun effort à faire pour se plier aux exigences de la règle. D'une piété douce, mais persévérante, elle ne manifesta ni les ardeurs habituelles des novices, ni les lassitudes et les découragéments qui suivent les excès de zèle. Toujours simple et sans prétentions, elle forçait les sympathies, et les religieuses de Nevers, comme celles de Lourdes, s'attachèrent à la jeune novice, non seulement à raison des faveurs extraordinaires dont elle avait été l'objet, mais encore à raison de l'amabilité naturelle de son heureux caractère.

Le séjour de Nevers parut influer d'une manière favorable sur la complexion de Bernadette. Durant les premiers mois, elle reprit des forces, et son visage avait un air de santé. Hélas! cet état de choses avec les espérances qu'il donnait ne fut pas de longue durée.

Un soir, après la sortie du réfectoire, la pauvre enfant eut un vomissement de sang tellement prolongé, que tout le monde autour d'elle désespéra de sa vie. Le médecin de la maison, appelé en grande hâte, déclara, au premier coup d'œil, que la novice était perdue. Il essaya divers remèdes, mais ils demeurèrent sans effet. La Mère générale, pleine d'angoisse et de douleur, fit avertir M\ Forcade de la situation alarmante où se trouvait Bernadette. Malgré l'heure avancée de la nuit, l'évêque traversa la ville à pied et se rendit en toute hâte auprès de la malade. Ne pouvant lui donner le saint viatique, car les vomissements persistaient avec violence, il lui administra le sacrement des mourants. Après de longues prières et une dernière bénédiction, croyant que tout était fini, il s'éloigna du lit de l'agonisante avec des larmes dans les yeux.

Pendant qu'il descendait l'escalier, la Mère supérieure, qui l'accompagnait, lui exprima le regret qu'elle éprouvait de voir mourir Bernadette avant d'avoir reçu le voile et fait sa profession religieuse.

« Eh! qu'est-ce qui en empêche? répondit vivement

le prélat. Oui, oui, accordons cette dernière faveur à l'enfant privilégiée de la Vierge. »

Et, revenant sur ses pas, il se transporta de nouveau auprès du lit de la malade.

« Sœur Marie-Bernard, murmura doucement l'évêque à l'oreille de l'agonisante, la Vierge de Lourdes n'est pas encore satisfaite; elle veut vous voir arriver au ciel avec la livrée de professe. Recueillez toutes les ferveurs de votre âme et préparez-vous à prononcer vos vœux. Si vous entendez mes paroles, faites-le-moi comprendre. »

A l'instant Bernadette éleva un regard de reconnaissance vers le ciel. L'évêque s'empressa de réciter les prières d'usage; puis, d'un ton solennel, il invita la novice à répondre, ou mieux, à donner de cœur son adhésion à la formule des engagements qu'on allait prononcer en son nom. La malade, incapable de parler, fit de la tête un signe d'acquiescement.

Après la cérémonie, elle tomba dans une espèce d'état comateux qui paraissait annoncer l'agonie. Son heure cependant n'était pas encore venue. Tandis que les religieuses de la maison se pressaient autour du lit de douleur pour recevoir le dernier soupir de leur bien-aimée compagne, celle-ci s'endormit tout doucement d'un sommeil réparateur, et bientôt sa respiration devint plus libre et mieux accentuée. Après quelques heures de repos, la sœur Marie-Bernard se réveilla toute souriante et se mit à parler. On s'empressa de lui donner quelques aliments qui la réconfortèrent, et au bout de deux ou trois jours Bernadette entrait en pleine convalescence.

Mais, hélas! comme tous ceux qui sont marqués du sceau des élus, la pauvre enfant n'échappait à une épreuve que pour retomber dans une autre.

Du reste, pour elle, les paroles de la Vierge : « Je ne vous promets pas de vous rendre heureuse en ce monde, mais dans l'autre, » ne devaient-elles pas pleinement s'accomplir ? A peine relevée de la secousse qui avait mis ses jours en danger, Bernadette reçut une nouvelle qui vint la frapper au plus intime de son âme.

Sans y être préparée, elle apprit tout à coup la mort de sa mère ! Elle tomba à la renverse et demeura longtemps évanouie. Quelques mois auparavant, elle avait laissé sa mère à Lourdes, encore jeune et pleine de santé ; l'une des dernières paroles qu'elle avait entendues sortir de sa bouche était la promesse de venir la voir soit à Nevers, soit dans tout autre couvent où elle serait envoyée. Bien des larmes coulèrent en secret dans la cellule de la jeune religieuse ; mais les larmes n'excluent pas la résignation, et Bernadette, après avoir payé son tribut aux tristesses et aux défaillances de la nature, se montra l'imitatrice et la digne fille de Celui qui a souffert sur le Calvaire. Elle répétait souvent :

« Mon Dieu, vous l'avez voulu, j'accepte le calice que vous m'avez présenté ; que votre saint nom soit béni ! »

Les terribles commotions qu'elle venait d'éprouver coup sur coup jetèrent la sœur Marie-Bernard dans une grande faiblesse. Pendant quelque temps, elle fut dispensée de toute règle et soumise à un régime particulier de soins et de ménagements. Quand ses forces furent revenues, et nonobstant sa profession faite *in extremis*, elle dut rentrer au noviciat pour y compléter sa formation religieuse. Elle se prépara à l'immolation définitive d'elle-même avec un abandon pieux qui témoignait moins d'un sacrifice que d'une joie. Enfin, après avoir bien prié et bien médité, Bernadette renouvelait ses vœux en pré-

sence de Mᵍʳ Forcade, dans l'église de la maison
mère de Saint-Gildard, à Nevers, le 30 octobre 1867.

Peu de jours après sa profession, la sœur Marie-
Bernard reçut l'ordre de quitter son tablier de cuisinière pour aller prendre celui d'infirmière à l'hospice annexé au couvent. Sans en avoir jamais parlé
à personne, elle avait toujours ambitionné secrètement, depuis qu'elle était en religion, de pouvoir
être employée au soulagement des malades. Hélas!
qui, mieux que ceux qui souffrent, sait compatir
aux souffrances d'autrui? La jeune professe se trouvait donc au comble de ses vœux; mais la pauvre
enfant n'avait calculé qu'avec son dévouement, et
bientôt elle succombait aux fatigues de sa charge.
Le médecin de la maison fit observer à la supérieure
que Bernadette serait mieux à sa place dans un lit
d'infirme que dans les agitations d'une fonction d'infirmière. La supérieure comprit, et immédiatement
elle releva la sœur Marie-Bernard de son emploi pour
lui confier le soin de la chapelle de la communauté.

Dans cette charge, la sœur Marie-Bernard révéla
des aptitudes qu'on n'avait pas soupçonnées en
elle. Dès son entrée dans la chapelle, elle montra
un goût exquis pour la décoration des autels, et en
peu de temps elle devint très habile aux travaux
d'aiguille. On conserve encore d'elle, comme des
reliques, des ouvrages de broderie rivalisant de
finesse et d'inspiration avec ce que l'on a produit
de plus parfait en ce genre.

L'humble religieuse passait la plus grande partie
de sa vie à l'ombre du sanctuaire. Là, recueillie et
méditative, elle travaillait, du matin au soir, sous
le regard de Dieu et de son auguste Mère. Pour
elle, la foi n'avait pas d'ombres, et elle se sentait
comme incorporée à la sainte Famille.

Tandis que la dévouée sacristine mettait son bonheur et sa gloire à parer les images des saints qu'elle affectionnait, les anges tressaient pour elle le diadème qui devait orner son front pour l'éternité. Bernadette avait déjà beaucoup souffert. En avançant vers le terme de sa vie, elle put s'apercevoir que le cortège des maladies dont le germe était en elle depuis longtemps l'assaillait de toutes parts avec violence : asthme, tumeurs, rhumatismes, expectorations sanguines, carie des os, tout parut se liguer pour abattre et ruiner sa complexion déjà si délicate. La pauvre enfant était souvent à bout de forces, et il arrivait parfois qu'en offrant ses douleurs au Dieu du tabernacle, elle tombait inerte sur les marches du sanctuaire. Elle demeurait confuse de ses défaillances et disait aux sœurs qui la soignaient :

« Mon Dieu, mes sœurs, que je vaux peu, et que vous devez être scandalisées de mon peu de courage ! »

La mesure paraissait comble, et cependant la patiente était loin encore du terme de ses épreuves. Un jour qu'elle gardait le lit, une lettre, au cachet noir, lui fut remise. Cette lettre lui inspira tout d'abord de lugubres pressentiments : l'instinct du cœur ne l'avait pas trompée. La pauvre infirme l'ouvrit d'une main tremblante et y lut que son père, à peine âgé de cinquante-cinq ans, après une maladie saintement supportée, était décédé à Lourdes, le 4 mars 1870 [1]. Elle fut plongée de nouveau dans

---

[1] C'était le douzième anniversaire du dernier jour de la quinzaine des apparitions. Les *Annales de Notre-Dame de Lourdes* racontent sur cet homme de bien un trait touchant : « Se trouvant un jour, seul au parloir des missionnaires, il s'agenouilla devant le tableau représentant sa fille et se mit à prier avec ferveur. Le missionnaire qui vint interrompre sa prière en fut vivement ému. »

la plus affreuse désolation. Depuis la mort de sa mère, elle croyait avoir épuisé toutes les larmes de sa tendresse ; elle en retrouva pour pleurer son père bien-aimé.

Le corps de sœur Marie-Bernard était comme broyé sous le poids de la souffrance ; son cœur se déchirait par la violence des regrets ; il ne restait plus que l'âme qui eût conservé sa sérénité. Dieu allait l'atteindre par une épreuve suprême.

Sœur Marie-Bernard avait joui jusque-là d'une sécurité parfaite au sujet de son salut. Dans les dernières années de sa vie, elle fut assaillie de terreurs morales mille fois plus poignantes que les douleurs physiques. Elle s'accusait de fautes imaginaires et se tenait pour une grande pécheresse. L'innocente enfant ne parlait des Apparitions que pour dire qu'elle en avait été indigne, et que par son peu de reconnaissance elle méritait la réprobation de la Vierge de la Grotte. Dieu ne fit cesser ce supplice qu'au moment où il se préparait à couronner sa fille bien-aimée.

Mes lecteurs me sauront gré, je pense, d'emprunter aux *Annales de Notre-Dame de Lourdes* le récit ému et détaillé des circonstances qui ont accompagné la mort de sœur Marie-Bernard.

*
* *

« Bernadette vient de s'endormir dans le Seigneur ; sa mission était achevée et son âme prête pour le ciel. L'enfant innocente et naïve, la religieuse constamment fidèle à ses vœux et observatrice scrupuleuse de sa règle, la douce victime qui porta, durant toute sa vie, le sceau de la croix, sœur Marie-Bernard allait recevoir le bonheur que lui promit la Vierge Immaculée.

« Elle avait admirablement rempli la mission que lui confia la Mère de Dieu. Pendant plus de huit ans, elle lui avait rendu témoignage devant les foules, racontant avec une simplicité évangélique ce qu'elle avait vu et entendu, se prêtant aux exigences de la curiosité et aux tortures d'interrogatoires quelquefois malveillants et perfides, ne se contredisant jamais et finissant souvent par convaincre même les esprits les plus prévenus.

« Enfin elle avait trouvé le silence et la paix au cher couvent de Saint-Gildard, à Nevers. Après plus de douze ans d'une vie religieuse modèle, elle avait, le 22 septembre 1878, fait ses vœux perpétuels et s'était ainsi ensevelie à jamais dans le cœur de son Époux crucifié. L'humble vierge était prête pour les noces de l'Agneau.

« Peu de jours après sa consécration définitive et solennelle, sœur Marie-Bernard fut atteinte de sa dernière et cruelle maladie; et le 11 décembre 1878, en l'octave de l'Immaculée Conception, elle reprit à l'infirmerie sa place ordinaire, qu'elle ne devait plus quitter.

« Le lendemain 12 et le surlendemain 13, Dieu lui demanda de proclamer encore, par un dernier et solennel témoignage, les merveilles que la Vierge Immaculée lui avait révélées à la Grotte. Sœur Marie-Bernard fit cette déposition suprême devant les représentants des évêques de Tarbes et de Nevers, en présence de la supérieure générale de la Congrégation de Nevers et de son Conseil. Elle témoigna en ce moment une joie très grande, qui ne lui était pas habituelle en ces occasions; elle répondit volontiers à de longues séries de questions; elle redit avec charme, dans sa douce langue des Pyrénées, les paroles tombées des lèvres de Marie. Plus de vingt ans après les événements, en présence de la mort et de l'éternité, la religieuse affirma ce qu'elle avait dit encore enfant ; elle fut l'écho toujours fidèle de la Mère du Verbe divin.

DERNIÈRE MALADIE

« Bernadette pouvait maintenant mourir ; déjà la mort la consumait cruellement. L'asthme, qui avait empoisonné sa vie entière, la tourmentait de crises plus fréquentes ; une tumeur énorme enveloppait son genou droit et l'avait ankylosé ; enfin la carie dévorait intérieurement ses os. La pauvre infirme ne quittait plus le lit ou le fauteuil, et bientôt elle ne reposa plus que sur des plaies vives qui couvraient son corps délicat ; comme son Époux divin, la religieuse était bien sur la croix.

« La violence de la douleur lui arrachait des cris qu'elle ne pouvait contenir ; mais elle les changeait en prières ardentes. Elle disait avec énergie :

« — Mon Dieu, je vous l'offre... Mon Dieu, je vous aime... ; oui, mon Dieu, je la veux, votre croix. »

« La croix avait aussi touché son âme. Le démon la torturait de ces terribles épreuves de la conscience qui donnent ici-bas une idée de l'enfer aux âmes généreuses qui ont accepté d'être victimes pour les péchés du monde. Bernadette n'avait pas oublié une des grandes paroles de la Grotte, la prière et la pénitence pour les pécheurs. Lorsque le directeur de son âme la fortifiait par la pensée du ciel et par le souvenir des attraits divins de la sainte Vierge qu'elle avait contemplée à la Grotte :

« — Oh ! oui, répondait la religieuse ; cette pensée me fait du bien. »

« La croix brisait ainsi les liens qui rattachaient

Bernadette à la vie. Quand on l'engageait à en faire le sacrifice :

« — Ce n'est pas un sacrifice, disait-elle, de quitter une pauvre vie dans laquelle on éprouve tant de difficultés pour appartenir à Dieu. »

« A mesure que son corps se consumait, son âme prenait une nouvelle force. La vie semblait s'être concentrée dans ses grands yeux qui devenaient de plus en plus limpides et radieux. Ils s'animaient d'un feu céleste lorsqu'elle regardait le ciel, la croix ou l'image de Marie.

« L'aumônier de la communauté, M. l'abbé Febvre, pense qu'elle eut un pressentiment de sa mort prochaine.

« — Qu'avez-vous demandé à saint Joseph ? » disait-il à sœur Marie-Bernard, après la fête du 19 mars.

« La religieuse répondit avec force :

« — Je lui ai demandé la grâce d'une bonne mort. »

« Il sembla qu'elle allait être exaucée. Le 28 mars, son confesseur lui porta les sacrements des mourants. Avant de lui donner le saint Viatique, le prêtre lui fit une courte exhortation. Sœur Marie-Bernard parla à son tour d'une voix forte qui surprit l'assistance :

« — Ma chère Mère, je vous demande pardon de toutes les peines que je vous ai faites par mes infidélités dans la vie religieuse. Je demande aussi pardon à mes compagnes des mauvais exemples que je leur ai donnés. »

« La mort ne vint pas encore ; et dans les rares instants de répit que lui laissait la douleur, sa nature naïve revenait à une joie enfantine ; elle retrouvait quelquefois, même en parlant de sa mort, les douces et aimables plaisanteries qui tombaient de son cœur toujours jeune et riant.

« Mais la cruelle maladie reprenait bien vite son horrible travail de destruction. Les souffrances physiques et morales redoublèrent surtout durant la grande semaine des douleurs de Jésus. Le Sauveur voulait associer sa courageuse épouse au grand et terrible mystère de sa passion.

« — Que ferez-vous à Pâques? » disait-on à la patiente.

« Elle répondait :

« — Ma passion durera jusqu'à ma mort. »

<h3 style="text-align:center">MORT</h3>

« Pâques arriva avec les allégresses de la Résurrection. Sœur Marie-Bernard était toujours au Calvaire ou à Gethsémani.

« Le mardi de Pâques fut le jour de son agonie spirituelle. Le démon la tourmenta violemment, comme il a tourmenté Jésus-Christ et ses saints. Dans la nuit du lundi, on l'entendit s'écrier plusieurs fois :

« — Va-t'en, Satan! »

« Le matin elle confia à son directeur que le démon lui avait causé une grande frayeur en essayant de se jeter sur elle, mais qu'elle avait prononcé le nom de Jésus et que tout avait disparu.

« L'athlète du Christ se fortifia, le mardi matin, par le saint Viatique, et le combat recommença bientôt. Le soir, la sœur Nathalie, seconde assistante de la Congrégation, en qui la sœur Marie-Bernard avait une religieuse confiance, se trouvait près d'elle :

« — Ma sœur, j'ai peur... j'ai peur! » s'écria la pauvre agonisante.

« La religieuse chercha à la calmer.

« — Ah! reprit-elle, j'ai reçu tant de grâces! j'ai peur d'en avoir si peu profité. »

« La chère sœur lui rappela les miséricordes infinies de Jésus.

« — Le doux Sauveur est assez riche pour payer toutes vos dettes; et nous aussi, nous voulons vous aider par nos prières. »

« Sœur Marie-Bernard poussa comme un cri de bonheur :

« — Maintenant je suis tranquille! »

« Ce calme dura jusqu'à la fin.

« Le mercredi, 16 avril, sœur Marie-Bernard était assise sur un fauteuil, priant et attendant la mort. A une heure après midi, elle fit appeler son confesseur; elle voulut se purifier encore par le sacrement de la pénitence.

« — Vous souffrez beaucoup? lui dit une de ses compagnes.

« — Tout cela est bon pour le ciel, reprit sœur Marie-Bernard.

« — Je vais demander à notre Mère Immaculée de vous donner des consolations.

« — Non, répondit la malade, pas de consolations, mais la force et la patience. »

« Elle se souvint alors de la bénédiction spéciale que Pie IX lui avait accordée d'avance pour l'heure de sa mort. Elle voulut tenir à la main le diplôme pontifical; et pour gagner l'indulgence plénière, elle prononça pieusement le nom de Jésus.

« Un instant après, elle dit :

« — Mon Dieu, je vous aime de tout mon cœur, de « toute mon âme et de toutes mes forces. »

« On récita les prières des agonisants. D'une voix faible, mais distincte, elle répétait les actes qu'on lui suggérait. Tous les assistants remarquaient avec émotion que, de temps en temps, ses grands yeux s'ouvraient avec vivacité et jetaient des regards de feu sur le crucifix attaché à la muraille ; on le mit entre ses mains défaillantes.

« Le prêtre lui rappela la parole du Cantique des cantiques, par laquelle l'Époux divin invite l'âme fidèle à le placer lui, son Époux, comme un sceau sur son cœur.

« La mourante saisit avec force le crucifix et le tourna vivement sur son cœur, comme si elle avait voulu l'y enfoncer. On attacha le crucifix sur sa poitrine, de manière à ce qu'elle pût le baiser et le presser sur son cœur. On la vit aussi étendre ses deux bras en forme de croix en murmurant :

« — Ah ! je l'aime. »

« Il était deux heures ; la mort tardait à venir. L'agonisante la croyait encore éloignée ; elle congédia le prêtre qui alla entendre des confessions, et les sœurs qui allèrent dire les litanies du saint Sacrement. Sœur Marie-Bernard continua à prier avec quelques compagnes.

« A deux heures trois quarts, sœur Nathalie, qui venait de se confesser, se sentit intérieurement pressée de monter à l'infirmerie. Renvoyant à un autre moment son action de grâces, elle s'empressa d'aller auprès de la mourante.

« En entrant elle la voit lui tendre les bras :

« — Aidez-moi, aidez-moi, lui dit-elle, priez pour moi. »

« Par deux fois, lui tendant ses mains suppliantes, elle lui adressa la même demande. Les prières de ses chères sœurs lui rendirent un peu de force. La mourante demanda pardon à sœur Nathalie des peines qu'elle lui avait causées. C'était bien l'épouse de Jésus doux et humble de cœur.

« Elle chercha encore sa force en Jésus crucifié ;

prenant amoureusement son crucifix, elle baisa lentement chacune des cinq plaies du Sauveur.

« Puis elle fit signe qu'elle désirait boire ; et tenant elle-même le vase de ses mains défaillantes, elle but par deux fois quelques gouttes.

« Avant d'approcher le vase de ses lèvres, Bernadette fit solennellement un de ces grands signes de croix qu'elle avait appris de la Mère du Sauveur. Ce beau signe de croix émut les témoins de l'agonie, comme il avait ravi les témoins de l'extase.

« La fin approchait : Bernadette était dans la paix. Les sœurs récitèrent encore d'autres prières. La mourante s'y joignit de cœur et même de sa voix presque éteinte. Enfin, elle murmura deux fois la seconde partie de l'*Ave Maria*, qu'elle avait si souvent et si joyeusement redit à la Grotte. Une troisième fois, elle dit :

« — Sainte Marie, mère de Dieu.. »

« Elle ne put achever.

« Ses compagnes, la voyant mourir, se hâtèrent de dire :

« — Jésus, Marie, Joseph, assistez-nous dans notre dernière agonie. »

« Bernadette inclina la tête et rendit son âme à Dieu.

« Il était trois heures, l'heure où Jésus mourut sur la croix.

« C'était le mercredi, le jour consacré à saint Joseph, le bienheureux patron, à qui Bernadette avait demandé la grâce d'une bonne mort.

« C'était le mercredi de Pâques. A pareil jour, il y avait vingt-un ans, Bernadette, en extase devant la Grotte, avait tenu son cierge allumé entre ses mains, sans ressentir aucune atteinte de

la flamme qui passait à travers ses doigts joints pour
la prière. . . . .

« Après vingt-un ans, le mercredi de Pâques,
Bernadette, cette douce lumière que la Vierge Immaculée avait placée sur le chandelier de la sainte
Église, cette pure lumière s'éclipsait ici-bas, mais
pour aller briller au paradis.

« En ce jour, l'Église chantait :

« — Voici le jour que le Seigneur a fait; réjouis-
sons-nous, tressaillons d'allégresse en ce beau jour.
Alleluia !

« La liturgie sacrée rappelait la gloire du Sauveur
ressuscité; et montrant, à la fin des siècles, les
membres du corps mystique de Jésus ressuscité avec
leur chef, elle leur adressait la parole du souverain
Juge :

« — Venez, les bénis de mon Père, posséder le
royaume qui vous a été préparé. »

« Le doux Sauveur aura dit aussi à son épouse fidèle :

« — Venez, levez-vous, ma bien-aimée; l'hiver de
cette vie mortelle est passé avec ses épreuves; les
fleurs de l'éternel printemps ont brillé sur la terre
des vivants. Vous m'avez suivi dans les humiliations et les douleurs du Calvaire; suivez-moi dans
la gloire et les délices du paradis. »

« La Vierge Immaculée aura dit aussi à son humble
servante :

« — Vous avez été fidèle à votre promesse et je serai
fidèle à la mienne. Vous m'avez fait la grâce de
venir à la Grotte pendant quinze jours et vous
m'avez honorée jusqu'au dernier soupir de votre
vie; et moi, je vous fais aussi la grâce que je vous
ai promise. Vous n'avez pas eu le bonheur de ce
monde; venez le goûter dans l'autre, où vous
attend Jésus. »

* *

Les funérailles de la sœur Marie-Bernard furent célébrées avec pompe à Nevers, le 19 avril, trois jours après le décès, sous la présidence de Mgr Lelong, successeur de Mgr Forcade, transféré, à cette époque, au siège archiépiscopal d'Aix. Le corps de la défunte fut placé dans une chapelle dédiée à saint Joseph, au centre d'un vaste jardin attenant à la maison mère de Saint-Gildard.

* *

Bien des récits fantaisistes ont été publiés sur la vie de Bernadette au couvent de Nevers. Les uns prétendent que la sainte Vierge la visitait dans sa cellule; les autres qu'elle avait le don des miracles; d'autres qu'elle a prophétisé à l'occasion de nos défaites nationales de 1870. Tout cela n'est que roman. Bernadette, au couvent de Saint-Gildard, mena la vie d'une religieuse en tous points fidèle à sa règle : c'est tout ce qu'on peut en dire, et c'est le plus glorieux de tous les éloges.

A l'heure où j'écris, elle a retrouvé, sans nul doute, Celle qui lui avait promis le bonheur, non dans cette vie, mais dans l'autre. Puisse-t-elle se rappeler son vieil ami de Lourdes, et lui ménager par ses prières la grâce de voir de ses yeux, dans le ciel, l'IMMACULÉE CONCEPTION, qu'il ne cesse d'invoquer avec une filiale confiance depuis le jour à jamais béni où il s'est agenouillé près d'elle, sous son regard et sous sa main, à la Grotte de Massabieille!

APPENDICE

J'emprunte aux *Annales de Notre-Dame de Lourdes* une remarquable étude que M. l'abbé Richard a consacrée, en 1879, à la fontaine de la Grotte. Elle confirme ce que j'en ai dit moi-même au début de mon travail.

LA FONTAINE DE LA GROTTE

Tout le monde connait M. l'abbé Richard, le fameux hydrogéologue, dont la science a découvert les lois selon lesquelles les sources et les cours d'eau sillonnent la terre pour la féconder. Après avoir exploré toutes les contrées de l'Europe et une partie de l'Asie et de l'Afrique, il a passé huit jours à Notre-Dame de Lourdes, étudiant les sources des environs. La fontaine de la Grotte, qu'il avait déjà plus d'une fois attentivement observée, a été pour lui l'objet d'une étude complète, qu'il veut bien nous communiquer.

Mon Très Révérend Père,

Pendant les huit jours que je viens d'avoir le bonheur de passer dans votre maison, si près du sanctuaire béni de Notre-Dame de Lourdes, entre les consolations religieuses

1 Chap. IV, p. 30, et chap. XVIII, p. 97-100.

dont mon cœur a été comblé, j'ai eu le temps d'étudier de nouveau, avec méditation, sous l'œil de Dieu et après avoir demandé la protection de la sainte Vierge, la source miraculeuse de la Grotte de Massabieille. Et quoique j'aie déjà bien des fois répondu à la question qui m'a été si souvent adressée, savoir : « ce que je pense de la source de Lourdes, » je suis heureux de pouvoir vous exprimer, en peu de mots, toute ma pensée.

Ce qui a été dit et écrit jusqu'ici sur ce sujet peut se résumer en deux hypothèses :

I

Dieu aurait créé cette source au temps des apparitions de la sainte Vierge à Bernadette, et plus spécialement quand la sainte Vierge lui dit : « Allez boire à la fontaine. »

Il n'y aurait rien en cela évidemment qui ne fût conforme aux attributs divins. Dieu, qui a créé au commencement du monde, conserve toujours sa puissance créatrice. Et en vérité, il ne s'agit pas ici de savoir si Dieu *pourrait le faire*, mais *s'il l'a fait*. Nous devons admettre, en principe, que Dieu modifie l'exercice de sa puissance selon les circonstances de temps et de lieu.

Par exemple, lorsqu'il avait à conduire les Hébreux, à demi éclairés par une loi imparfaite, au milieu du désert complètement privé d'eau, il était utile qu'il fît éclater sa puissance de façon à terrifier ces hommes grossiers. Alors il ordonne à Moïse de frapper un rocher, et une source jaillit à la grande stupéfaction de tout le peuple d'Israël. Le rocher frappé par Moïse était isolé du reste de la montagne. C'était un bloc de granit qui avait dû se détacher du sommet du mont Horeb.

Dans de telles conditions, tout le monde le comprend, ce rocher ne pouvait pas contenir de source ; et Moïse le comprenait si bien, qu'il douta et frappa deux fois le rocher. Pour que l'eau en jaillît, Dieu dut la créer à ce moment ou la faire venir d'ailleurs [1].

---

[1] J'ai vu ce rocher en 1869. Ce fut le principal mobile du voyage que j'entrepris alors au milieu du désert sinaïtique. Je voulais savoir quel

Or, à Lourdes c'était bien différent; les circonstances ne sont pas du tout les mêmes. Lourdes est un des pays où il y a le plus de sources. Une source de plus ne devait pas produire, ici, ce qu'elle devait produire au désert; et il semble que ce n'était pas par là que Dieu voulait toucher les hommes; c'était par les attraits et les bontés ineffables de la sainte Vierge.

II

Mais si Dieu n'a pas créé la source en entier, ne l'aurait-il pas au moins créée en partie? Quand la sainte Vierge dit à Bernadette d'aller boire à la fontaine, l'enfant creuse le sable avec les mains, et alors Dieu aurait appelé des entrailles de la terre une source nouvelle pour augmenter ce qui existait déjà. C'est, il me semble, ce qu'on peut dire, à la Salette, de la fontaine miraculeuse que je suis allé étudier aussi.

A la Salette, l'apparition de la sainte Vierge à Mélanie et à Maximin eut lieu près d'une source qui tarissait, chaque année, pendant les mois de juillet, août et septembre. Depuis l'apparition, la source ne cesse jamais de couler; Dieu l'a rendue permanente. La montagne n'a pas pour cela changé de forme; le canal de la source est resté le même. Dieu y supplée par un mode d'intervention dont il garde le secret. C'est le vase plein d'huile de la veuve de Sarepta qui ne s'épuise jamais.

Faut-il appliquer à Lourdes ce second mode d'opération divine? Pas plus que le premier, comme je vais le démontrer par une troisième hypothèse, que j'ai depuis longtemps étudiée, méditée, et que je demande la permission d'exposer.

III

Avant l'apparition, le sol de la Grotte de Massabieille était habituellement humide; il y poussait des plantes aqua-

genre de miracle Dieu avait opéré par l'entremise de Moïse : un miracle de création de source ou de découverte de source ? La source fut créée pour la circonstance ; elle a cessé de couler ; il n'y a plus d'eau.

tiques. Au bas du sable qui s'élevait sensiblement depuis l'entrée jusqu'au fond de la Grotte, il y avait constamment une flaque d'eau. Les faits ont été attestés et le sont encore par un grand nombre de témoins. Or, pour expliquer l'abondance de l'eau que débite actuellement la source, sera-t-il nécessaire de recourir à une *création* d'eau comme au Sinaï, ou à une augmentation et *prolongation* miraculeuse de l'écoulement de la source comme à la Salette? Nous ne le croyons pas. Nous aimons mieux admettre qu'ici le miracle revêt un caractère plus simple. Sous les sables humides qui existaient dans la Grotte au-dessus de la flaque d'eau, il y avait une source *non apparente,* réservée par la divine Providence pour être *découverte* au moment de l'apparition. Bernadette a mis cette source à jour par une inspiration spéciale et surnaturelle, sur la désignation expresse que lui fit la sainte Vierge, qui lui montra la direction de cette source de sa main droite en lui disant : *Allez boire à la fontaine*[1].

Si, en effet, j'examine le rocher de Massabieille et la petite montagne qui est au-dessus, je les trouve faits pour recéler naturellement des sources[2], au point qu'en supposant que je n'eusse jamais entendu parler ni de l'apparition, ni de la source, et que je fusse venu sur le chemin de fer qui passe à quelques centaines de mètres de la Grotte, j'aurais pu dire : « Il y a là une fontaine; » absolument comme je le dis ailleurs, quand je suis en présence d'un terrain qui contient des sources cachées.

En résumé, la source de Lourdes a donc dû être créée quand Dieu créa toutes les sources; mais la presque totalité

---

[1] J'ai entendu Bernadette elle-même raconter en présence de M. le curé de Lourdes, au mois de février 1862, comment elle avait découvert la source. Je me rappelle que, lorsque son récit fut achevé, je me mis à dire que je trouvais tout cela fort intéressant, mais que je n'étais pas content. Elle parut naturellement très étonnée, et ses yeux me demandaient pourquoi j'étais mécontent. « Parce que, ajoutai-je, si la sainte Vierge se met avec vous pour découvrir des sources, vous serez assurément plus forte que moi. »

[2] La source de Massabieille est une source typique de ma théorie; c'est-à-dire que je pourrais la citer comme l'une de celles qui caractérisent plus spécialement ma méthode ou mon art de découvrir les sources.

de son débit resta cachée sous le sable, comme un trésor destiné à faire briller, dans le temps, les munificences de la grâce divine. Bernadette fut l'instrument dont Dieu se servit pour découvrir cette source, ce qui n'empêche pas qu'il y ait là un miracle. Le miracle est dans le fait de la *découverte* de la source, au lieu d'être, comme à la Salette, dans le fait de la *continuité* de l'écoulement d'une source qui devait tarir, comme au Sinaï il est dans le fait de la *création* de la source qui jaillit du rocher.

Tout en prenant ainsi les faits tels qu'ils sont, dans leur scrupuleuse vérité, nous les expliquons et nous leur conservons le caractère essentiellement surnaturel qui les distingue.

N'y a-t-il pas eu du reste à Lourdes une série d'événements qui établissent d'une manière incontestable l'intervention divine? et nous pouvons répéter :

> « Et quel *lieu* fut jamais si fertile en miracles ! »

Les guérisons de toute sorte, les conversions les plus inattendues, cet ensemble de merveilles corporelles et spirituelles fait de Lourdes comme un lieu intermédiaire entre le ciel et la terre. Par tous ces prodiges, Dieu semble dire aux hommes : « Ah! vous ne savez pas ce que vous dédaignez en dédaignant mon ciel. Allez donc à Lourdes boire à la fontaine; et quand vous aurez goûté de cette eau, goûtez surtout des eaux de ma grâce miséricordieuse que je laisse là s'épancher avec tant de profusion; et vous reviendrez meilleurs. »

Veuillez agréer, mon Très Révérend Père, avec tous mes vifs remerciements pour votre accueil si aimable, l'assurance de mes sentiments les plus respectueux.

L'abbé RICHARD,
Hydrogéologue.

Au séminaire de Montlieu (Charente-Inf.), avril 1879.

(Annales de N.-D. de Lourdes, mai 1879.)

TABLE

PREMIÈRE PARTIE

DEUXIÈME PARTIE

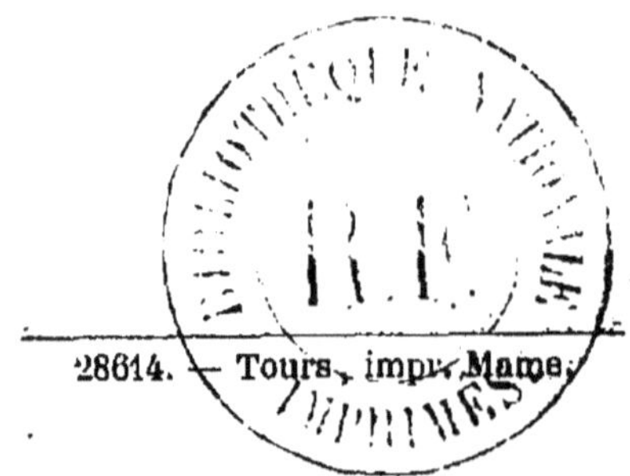

28614. — Tours, impr. Mame.